Zur Verfassungsmäßigkeit einer Geschlechterquote bei Bundestagswahlen

Europäische Hochschulschriften Recht

European University Studies in Law

Publications Universitaires Européennes de Droit

Band/Volume 6313

Cornelius Woermann

Zur Verfassungsmäßigkeit einer Geschlechterquote bei Bundestagswahlen

PETER LANG

Inhaltsverzeichnis

Einleitung

Frauen dürfen seit über 100 Jahren wählen und gewählt werden. Vor allem in den vergangenen 40 Jahren haben Frauen beruflich viel in der Politik erreicht. Legislative und Exekutive sind immer weiblicher geworden. Seit Anfang der 80iger Jahre ist der Anteil der Frauen unter den Parlamentariern im Deutschen Bundestag stetig von unter 10 % auf über 35 % gestiegen. Seit Anfang der 1990er Jahre leiten Frauen Landesregierungen. Seit 2005 wird die Bundesregierung von einer Bundeskanzlerin geleitet.

Allerdings ist das erreichte keineswegs stabil. Nach der Bundestagswahl 2017 ist der Frauenanteil unter den Parlamentariern im Deutschen Bundestag auf knapp 31 % gesunken und damit auf den niedrigsten Wert seit 20 Jahren. Bislang haben lediglich sechs Frauen Landesregierungen geleitet; derzeit, im Frühjahr 2021, sind es nur zwei von 16, Manuela Schwesig in Mecklenburg-Vorpommern und Marie-Luise Dreyer in Rheinland-Pfalz. Gemessen am Frauenanteil der Bevölkerung wird die Dominanz der Männer in der Politik offensichtlich. Trotz des jahrzehntelangen Kampfes um die Emanzipation der Frau und die faktische Gleichberechtigung der Geschlechter dominieren Männer zahlenmäßig noch immer die Politik.

Zur Steigerung des Frauenanteils im Deutschen Bundestag verfolgen die Parteien unterschiedliche Maßnahmen. Sie reichen von satzungsrechtlich verankerten verbindlichen Quoten für die Aufstellung von Wahlkandidatinnen und -kandidaten und parteiinternen Gremien (SPD, BÜNDNIS 90/DIE GRÜNEN, DIE LINKE), über unverbindliche Quoten (CDU) bis hin zur Festschreibung des Ziels ohne Vorgabe einer Quote (FDP). Diese Maßnahmen, die bereits seit Jahrzehnten gelten, haben jedoch nicht zu einer nachhaltigen Angleichung des Frauenanteils im Bundestag an den der Bevölkerung geführt. Dieses Defizit an Frauen unter den Parlamentariern des Deutschen Bundestags führt immer wieder zur Forderung nach einer gesetzlich geregelten Frauenquote bei Wahlen. Das Land Brandenburg hatte als erstes den Schritt gewagt und im Januar 2019 ein Gesetz verabschiedet, das quotierte Wahllisten vorschrieb. Wenig später folgte das Land Thüringen diesem Schritt. Im Sommer/Herbst 2020 wurden die Gesetze jedoch vom Thüringer Verfassungsgerichtshof bzw. vom Verfassungsgericht des Landes Brandenburg wegen Verstößen gegen die jeweiligen Landesverfassungen für nichtig erklärt.

Die vorliegende Arbeit geht der Frage nach, ob eine gesetzlich geregelte Geschlechterquote bei Wahlen verfassungsgemäß ist. Der erste Teil der Arbeit enthält eine Bestandsaufnahme zu den Anteilen der Geschlechter in verschiedenen Parlamenten, skizziert die Gründe der Unterrepräsentation von Frauen in der Politik und untersucht die Wirksamkeit unterschiedlich ausgestalteter Geschlechterquoten. Im zweiten Teil wird anhand einer aufgrund der Ergebnisse des ersten Teils entwickelten konkreten einfachgesetzlichen Quotenregelung geprüft, ob diese verfassungsgemäß ist. Im dritten Teil wird schließlich der Frage nachgegangen, ob das Grundgesetz für eine Geschlechterquote bei Wahlen geändert werden kann, oder ob einer solchen Änderung Art. 79 Abs. 3 GG entgegensteht, sofern das einfachgesetzliche Muster-Quotengesetz gegen Verfassungsrecht verstoßen sollte. Die Arbeit schließt mit einer Zusammenfassung der Ergebnisse und einem rechtspolitischen Ausblick.

In der Arbeit wurde die bis zum 15. Mai 2021 veröffentlichte Literatur und Rechtsprechung berücksichtigt.

Teil 1 Bestandsaufnahme und Gründe für die Unterrepräsentation von Frauen in der Politik

A. Statistische Bestandsaufnahme

„Frauenquote“, *„Parité“*, *„Frauenförderung“* und ähnliche Begriffe rufen in der öffentlichen Diskussion aber auch im wissenschaftlichen Diskurs früher oder später bei fast allen Menschen, aber vor allem bei den (männlichen) Kritikern starke emotionale Reaktionen hervor.[1] Allerdings ist ein Punkt unbestreitbar, denn dieser lässt sich mit Zahlen leicht belegen: Der Anteil der Frauen an der Zahl der Mitglieder des Deutschen Bundestags und der Parlamente der Bundesländer entsprach weder in der Vergangenheit, noch entspricht er in der Gegenwart annähernd dem Frauenanteil an der Gesamtbevölkerung. Gleiches gilt für das Europäische Parlament und die Parlamente der Mitgliedstaaten der Europäischen Union.

I. Frauenanteil an der Bevölkerung der Bundesrepublik Deutschland

Die Bevölkerung der Bundesrepublik Deutschland und der Anteil der Frauen hieran haben sich wie folgt entwickelt:

Die Bevölkerung wuchs nach dem 2. Weltkrieg bis zur Wiedervereinigung von knapp 50 Millionen Menschen im Jahr 1950, von denen circa 25 Millionen (53 %) weiblich waren,[2] über etwa 55 Millionen im Jahr 1960, von denen etwa 30 Millionen (54 %) weiblich waren,[3] auf etwa 61 Millionen Menschen im

---

1 Müller, F.A.Z., 13. November 2018: *„Das Ziel, das Parlament auf einen Frauenanteil von fünfzig Prozent zu bringen, ist weder der DDR noch Nordkorea eingefallen. Aber dort gehört eine solche Idee eigentlich hin.“*; Schmidt, NVwZ 2018, S. 882: *„Bleibt der Wunsch, die Entscheidung [BayVerfGH, Entscheidung vom 26. März 2018, Vf. 15-VII-16] möge auch und gerade von jenen beachtet werden, die ihre Ziele nicht im Weg politischer Willensbildung, sondern über eine Änderung des Wahlrechts durchzusetzen suchen, und die sich damit in eine Reihe stellen mit den Erdogans, Kaczynskis und Orbáns dieser Welt. Doch davon ist – leider! – nicht auszugehen.“*

2 Statistisches Bundesamt, Statistisches Jahrbuch für die Bundesrepublik Deutschland, 1952, S. 12.

3 Statistisches Bundesamt, Statistisches Jahrbuch für die Bundesrepublik Deutschland, 1961, S. 43.

Jahr 1970, von denen rund 32 Millionen (52 %) weiblich waren.[4] Sodann blieb die Bevölkerung bis zur Wiedervereinigung 1990 in etwa konstant.[5] Seit der Wiedervereinigung 1990 leben in Deutschland etwa 80 Millionen Menschen, von denen annähernd 41 Millionen (51 %) weiblich sind.[6] Diese Bevölkerungszahlen umfassen auch Menschen, die keine Deutschen im Sinne des Art. 116 Abs. 1 GG sind und damit prinzipiell auch nicht wahlberechtigt sind. Für den Zweck des Überblicks, der hier gegeben werden soll, ist der Anteil der Ausländer jedoch zu vernachlässigen. Er führt zu einer nur unerheblichen Verzerrung, denn der Frauenteil unter den Ausländern entspricht in etwa dem dargestellten Frauenanteil der Gesamtheit.

II. Frauenanteil an den Abgeordneten des Deutschen Bundestags

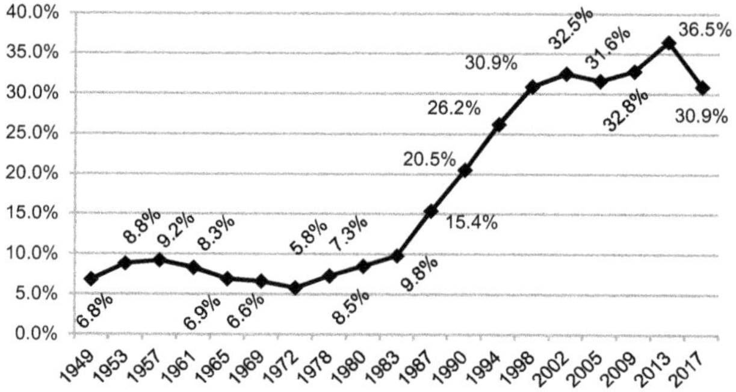

Frauenanteil im Bundestag zum Beginn einer Wahlperiode[7]

4 Statistisches Bundesamt, Statistisches Jahrbuch für die Bundesrepublik Deutschland, 1971, S. 30.

5 Statistisches Bundesamt, Statistisches Jahrbuch für die Bundesrepublik Deutschland, 1992, S. 50.

6 Statistisches Bundesamt, Statistisches Jahrbuch für die Bundesrepublik Deutschland, 1992, S. 58; Statistisches Bundesamt, Statistisches Jahrbuch 2017 für die Bundesrepublik Deutschland, 2017, S. 28.

7 Der Bundeswahlleiter, Informationen des Bundeswahlleiters – Ergebnisse früherer Bundestagwahlen, Stand: 18. August 2017; Der Bundeswahlleiter, Wahl zum 19. Deutschen Bundestag am 24. September 2017, Heft 3, Endgültige Ergebnisse nach Wahlkreisen.

Wie die vorstehende Grafik zeigt, lag in den ersten 35 Jahren seit der Gründung der Bundesrepublik Deutschland der Frauenanteil im Deutschen Bundestag regelmäßig zwischen sieben und 10 %. Erst ab dem Jahr 1987 stieg er kontinuierlich an. Ab 2002 stagnierte er sodann bei etwa 32 %. Bei der Bundestagswahl 2013 stieg er auf 36 %, um dann bei der letzten Bundestagswahl 2017 auf den Wert von 1998 zurückzufallen.

	CDU	SPD	GRÜNE	FDP	DIE LINKE	CSU	AfD
1983	6,9 %	10,4 %	37,0 %	8,6 %		5,6 %	
1987	8,6 %	16,1 %	57,1 %	12,5 %		4,1 %	
1990	14,6 %	27,2 %	37,5 %	20,3 %	47,1 %	9,8 %	
1994	14,8 %	33,7 %	59,2 %	17,0 %	43,3 %	12,0 %	
1998	19,7 %	35,2 %	57,4 %	20,9 %	55,6 %	12,8 %	
2002	22,6 %	37,8 %	58,2 %	21,3 %	100,0 %	20,7 %	
2005	21,1 %	36,0 %	56,9 %	24,6 %	48,1 %	15,2 %	
2009	21,6 %	38,4 %	54,4 %	24,7 %	52,6 %	13,3 %	
2013	24,7 %	42,0 %	55,6 %		56,3 %	25,0 %	
2017	20,5 %	41,8 %	58,2 %	22,5 %	53,6 %	17,4 %	11,7 %

Frauenanteil an den Abgeordneten des Deutschen Bundestags nach Parteien[8]

Um ein besseres Verständnis der Zahlen zu bekommen, lohnt sich ein Blick auf den Anteil der Frauen der im Deutschen Bundestag vertretenen Parteien. Dabei fällt auf, dass je nach Partei und deren politischer Ausrichtung der Frauenanteil sehr unterschiedlich ausfällt. So weisen die Parteien BÜNDNIS 90/DIE GRÜNEN und DIE LINKE, die dem linken Parteienspektrum zugeordnet werden können, einen deutlich höheren Frauenanteil auf als die Parteien, die dem bürgerlich-konservativen bzw. dem national-konservativen Spektrum zugeordnet werden können, wie CDU, CSU und AfD. Der hohe Frauenanteil nach der Wahl zum Deutschen Bundestag 2013 lässt sich zum einen auf den insgesamt hohen Frauenanteil in allen Parteien zurückführen und zum anderen auch auf das Ausscheiden der FDP. Letzteres führte dazu, dass alle Parteien

8 Der Bundeswahlleiter, Informationen des Bundeswahlleiters – Ergebnisse früherer Bundestagwahlen, Stand: 8. November 2018.

mehr Sitze erhielten, als wenn die FDP in den Bundestag eingezogen wäre. So kam der insgesamt hohe Frauenanteil – insbesondere der sehr hohe Frauenanteil von BÜNDNIS 90/GRÜNE und DIE LINKE – besonders zur Geltung.[9] Durch den Wiedereinzug der FDP und den Einzug der AfD wurde dieser Effekt rückgängig gemacht.

Die folgende Grafik veranschaulicht noch einmal die Entwicklung des Frauenanteils im Deutschen Bundestag nach Parteien.

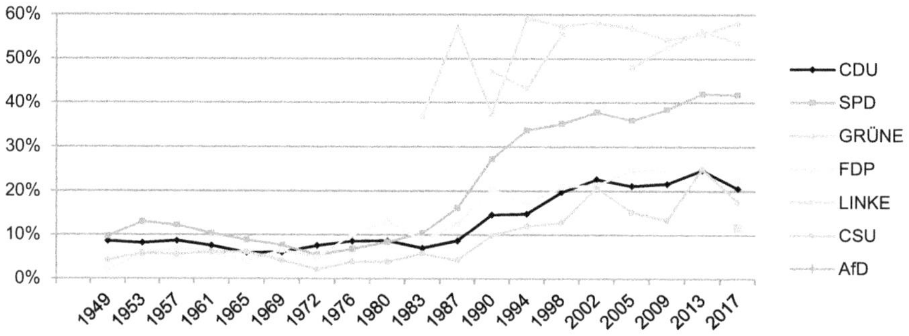

III. Frauenanteil an den Abgeordneten der Parlamente der Bundesländer

Bundesland	Abgeordnete gesamt	Abgeordnete Frauen	Frauenanteil in Prozent
Hamburg	123	54	43,9 %
Bremen	84	31	36,9 %
Hessen	137	47	34,3 %
Saarland	51	17	33,3 %
Berlin	160	53	33,1 %
Brandenburg	88	28	31,8 %

9 Wäre die FDP in den Bundestag eingezogen, so hätte sie entsprechend ihrem Stimmanteil einen Teil der 598 Sitze zugewiesen bekommen. Da diese „frei" waren, nachdem die FDP an der wahlrechtlichen Sperrklausel gescheitert war, erhielten die übrigen Parteien für ihre Stimmen relativ mehr Mandate.

Bundesland	Abgeordnete gesamt	Abgeordnete Frauen	Frauenanteil in Prozent
Rheinland-Pfalz	101	32	31,7 %
Schleswig-Holstein	73	23	31,5 %
Thüringen	90	28	31,0 %
Baden-Württemberg	154	45	29,2 %
Niedersachsen	137	39	28,5 %
Sachsen	119	33	27,7 %
Nordrhein-Westfalen	199	55	27,6 %
Bayern	205	56	27,3 %
Mecklenburg-Vorpommern	71	17	23,9 %
Sachsen-Anhalt	87	19	21,8 %

Frauenanteil der Länderparlament zu Beginn der Legislaturperiode (Stand: Mai 2021)[10]

In den Länderparlamenten ist die Entwicklung der Frauenanteile mit der auf Bundesebene vergleichbar. Es würde den Rahmen der Arbeit sprengen, die Entwicklung in den Länderparlamenten ähnlich ausführlich darzustellen wie die Entwicklung des Frauenanteils im Bundestag. Im Mai 2021 stellte sich der Frauenanteil in den Länderparlamenten wie aus vorstehender Tabelle ersichtlich dar.

IV. Frauenanteil an den Abgeordneten des Europäischen Parlaments und der Parlamente der EU-Mitgliedstaaten

Im Europäischen Parlament und in den Parlamenten der Mitgliedstaaten der Europäischen Union sind die Frauen mit wenigen Ausnahmen ebenfalls unterrepräsentiert.

---

10 Landeszentrale für politische Bildung Baden-Württemberg, https://www.lpb-bw.de/frauenanteil-laenderparlamenten (abgerufen: 15. Mai 2021).

1. *Europäisches Parlament*

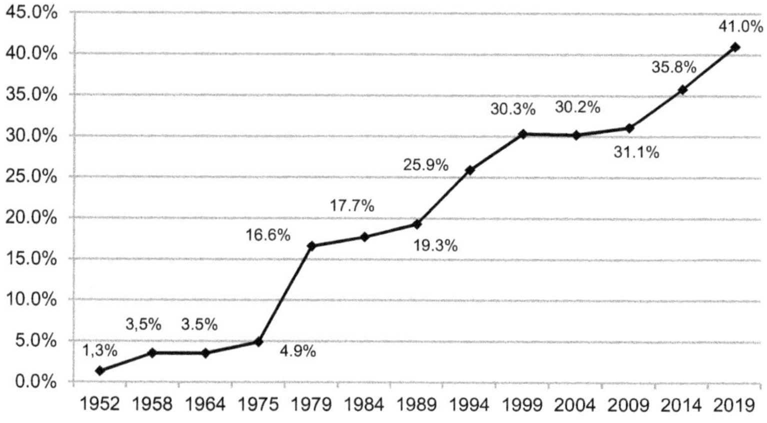

Frauenanteil im Europäischen Parlament[11]

Zum 1. Januar 2020 wurde die Bevölkerung der Europäischen Union auf 447,3 Millionen Menschen geschätzt, davon waren 228,7 Millionen Frauen.[12] Damit lag der Frauenanteil bei etwa 51 %.

Wie sich aus vorstehender Grafik ergibt, die den Frauenanteil im Europäischen Parlament zu Beginn einer jeden Legislaturperiode zeigt, verlief der Weg ähnlich wie bei der Wahl zum Deutschen Bundestag. Erst bei der Wahl 1994 wurde die 20-Prozent-Hürde genommen. Bei der Wahl 1999 lag der Frauenanteil dann zwar bereits bei 30,3 %, stagnierte aber weitere zwei Wahlperioden, bevor er dann erneut anstieg. Bei der letzten Wahl zum Europäischen Parlament 2019 ist der Frauenanteil nochmals gestiegen, auf 41 %.[13]

---

11 European Parliament, https://election-results.eu/mep-gender-balance/2019-2024/ (abgerufen: 15. Mai 2021).

12 Eurostat, Statistiken zur Bevölkerung und zum Bevölkerungswachstum, https://appsso.eurostat.ec.europa.eu/nui/show.do?dataset=demo_pjan&lang=de (abgerufen: 15. Mai 2021).

13 European Parliament, https://election-results.eu/mep-gender-balance/2019-2024/ (abgerufen: 15. Mai 2021).

2. *Parlamente der Mitgliedstaaten der Europäischen Union*

Staat	Anteil	Staat	Anteil
Schweden	48 %	Polen	28 %
Finnland	47 %	Bulgarien	27 %
Belgien	42 %	Irland	24 %
Spanien	42 %	Litauen	24 %
Portugal	40 %	Slowenien	22 %
Dänemark	40 %	Griechenland	21 %
Österreich	39 %	Slowakei	21 %
Frankreich	37 %	Tschechien	21 %
Italien	36 %	Kroatien	20 %
Niederlande	35 %	Rumänien	20 %
Deutschland	32 %	Zypern	18 %
Lettland	30 %	Malta	15 %
Estland	29 %	Ungarn	12 %
Luxemburg	28 %		

Anteil der Frauen in Parlamenten der EU-Mitgliedstaaten
(Stand: 13. Februar 2020)[14]

Die Frauenanteile in den Parlamenten der 27 Mitgliedstaaten der Europäischen Union sind sehr unterschiedlich. Zwischen dem Parlament mit dem geringsten Frauenanteil (Ungarn mit 12 %) und dem Parlament mit dem höchsten Frauenanteil (Schweden mit 48 %) liegt ein Unterschied von 36 Prozentpunkten – oder anders ausgedrückt: Der Frauenanteil im schwedischen Parlament ist 400 % höher als der im ungarischen Parlament. Deutschland liegt mit 32 % im Ranking auf Platz 11.

14 Statista, Europäische Union: Frauenanteil in den nationalen Parlamenten der EU-Mitgliedsstaaten im Jahr 2019, https://de.statista.com/statistik/daten/studie/1110105/umfrage/frauenanteil-in-den-nationalen-parlamenten-der-eu-laender/ (abgerufen: 15. Mai 2021).

V. Frauenanteil an den Abgeordneten ausgesuchter Parlamente weltweit

Staat	Anteil
Ruanda	61,3 %
Kuba	53,2 %
VAE	50,0 %
Neuseeland	48,3 %
Mexico	48,2 %
Nicaragua	47,3 %
Schweden	47,0 %
Südafrika	46,8 %
Grenada	46,7 %
Andorra	46,4 %

Länder mit den höchsten Frauenquoten im Parlament (Stand: Dezember 2020)[15]

Auch weltweit sind Frauen in den Parlamenten unterrepräsentiert. Weltweit liegt der Frauenanteil in nationalen Parlamenten bei etwa 26 %.[16] Mit Ausnahme einiger weniger Länder wird in keinem Länderparlament der Erde eine Frauenquote von 50 % erreicht.

B. Erklärungsansätze für die Unterrepräsentation von Frauen

Soweit der statistische Überblick. Aber was sind die Gründe für die Unterrepräsentation von Frauen in den Volksvertretungen?

---

15 Inter-Parliamentary Union: https://data.ipu.org/women-ranking?month=12&year=2020 (abgerufen: 15. Mai 2021).

16 Inter-Parliamentary Union: https://data.ipu.org/women-averages?month=12&year=2020 (abgerufen: 15. Mai 2021).

I. „Magisches Dreieck"

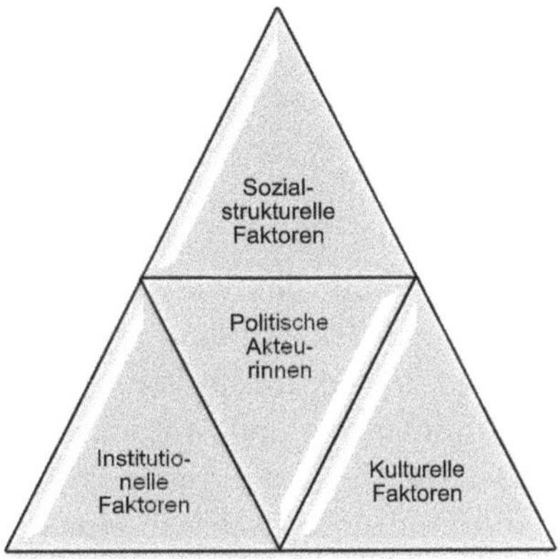

Magisches Dreieck nach HOECKER/FUCHS

In der feministischen politikwissenschaftlichen Literatur besteht weitgehend Einigkeit darüber, dass drei Faktoren die politische Repräsentation von Frauen beeinflussen, wobei die drei Faktoren nicht für sich allein stehen, sondern in einem „magischen Dreieck" verbunden sind.[17] Sie bedingen sich gegenseitig und sind nicht voneinander abgrenzbar. So wird argumentiert, dass politische Kultur, soziale Strukturen und Institutionen drei miteinander verbundene Bestimmungsfaktoren seien, die die politische Partizipation von Frauen beeinflussten. Deutliche Unterschiede gibt es jedoch bei der Beantwortung der Frage, welche Bedeutung den jeweiligen Faktoren zuzumessen ist.[18]

Vor dem Hintergrund dieses „magischen Dreiecks" wird sodann argumentiert, dass für eine erfolgreiche Gleichstellungspolitik auf nationaler sowie europäischer Ebene ein wichtiger Ansatzpunkt darin liege, zu einem Einstellungswandel bei Frauen und Männern beizutragen.[19] Erst wenn die *„gleichberechtigte Teilung der häuslichen Verantwortung zwischen den Geschlechtern"*[20] in jeden deutschen Haushalt Einzug gehalten habe bzw. wenn *„durchweg*

---

17 HOECKER, in: HOECKER, Handbuch, S. 78 ff.; FUCHS/HOECKER, S. 3.
18 HOECKER, ZParl 1/2011, S. 50 (58).
19 FUCHS/HOECKER, S. 5.
20 KINZIG, S. 254.

langfristige gesellschaftliche Lern- und Wandlungsprozesse"[21] griffen, sei mit einer geschlechterparitätischen Repräsentation zu rechnen.

1. *Institutionelle Faktoren*

Institutionelle Faktoren sind die Rahmenbedingungen, in denen sich eine Person politisch engagiert. Dazu gehören das Parteiensystem, die politischen Rekrutierungsmuster und das Wahlsystem.[22]

Verschiedene Studien belegen, dass für die Höhe des Frauenanteils an den Mitgliedern eines Parlaments das Parteiensystem (Zwei- oder Viel-Parteiensystem), die politischen Rekrutierungs- und Laufbahnmuster sowie das Wahlsystem von besonderer Bedeutung sind. Beispielsweise sollen Verhältniswahlsysteme die Kandidaturen und Wahlchancen von Frauen begünstigen, während Mehrheitswahlsysteme diese eher erschweren.[23] Ein Grund für die geringen Chancen von Frauen, im Rahmen eines Mehrheitswahlsystems als Kandidatin aufgestellt und gewählt zu werden, wird darin gesehen, dass Mehrheitswahlen stark personenorientiert sind. Die Wählerinnen und Wähler müssen sich – anders als bei einer Listenwahl/Verhältniswahlen – für eine Kandidatin bzw. einen Kandidaten entscheiden. Dabei würden häufig Männer den Nominierungsprozess gewinnen, weil angeblich nach wie vor Zweifel daran bestünden, dass Frauen im Politikbetrieb erfolgreich sein können. Zudem sei der Partei- und Politikbetrieb historisch bedingt meist männlich geprägt.[24] Vor allem bei Mehrheitswahlsystemen, bei denen eine Kandidatin bzw. ein Kandidat direkt gewählt werde, spiele zudem die Einstellung der Wählerschaft zu Frauen in der Politik eine wichtige Rolle.[25]

2. *Kulturelle Faktoren*

Unter kulturellen Faktoren werden alle (politischen) Meinungen, Einstellungen und Werte verstanden, die im Rahmen des (politischen) Sozialisierungsprozesses gesamtgesellschaftlich vermittelt werden.[26] Hierunter fällt insbesondere die Rolle der Frau, die diese in einer Gesellschaft einnimmt. So wird argumentiert, dass die traditionelle Rollenzuweisung eine politische Karriere für Frauen nicht

21 Hoecker, in: Hoecker, Handbuch, S. 87.
22 Hoecker, ZParl 1/2011, S. 50 (58).
23 Fuchs/Hoecker, S. 4.
24 Hoecker, ZParl 1/2011, S. 50 (58).
25 Holtkamp/Wiechmann/Schnittke, S. 9.
26 Hoecker, ZParl, 1/2011, S. 50 (62).

vorsehe. Aus diesem Grund hätten Frauen tendenziell ein geringeres Interesse an Politik als Männer – jedenfalls in stark formalisierten Strukturen wie man sie in Parteien vorfindet.[27] Als Beleg wird angeführt, dass in Ländern mit eher traditionellen Wertevorstellungen häufig die Frauen in geringerer Anzahl in den Parlamenten vertreten seien als in Staaten mit einer eher egalitären und liberalen Kultur. In diesem Zusammenhang wird insbesondere auf die skandinavischen Länder Schweden, Finnland und Dänemark verwiesen, die eine lange Tradition der Gleichstellung von Frau und Mann haben[28] und im Ranking der Länder mit den meisten Frauen im Parlament regelmäßig vordere Plätze belegen. Das Wahlrecht für Frauen wurde hier zwischen 1913 (Norwegen) und 1919 (Schweden) eingeführt. Dagegen gelten Länder wie Griechenland, Zypern oder Malta als konservativ. Sie können in der Regel auf keine so lange Tradition der Gleichberechtigung von Männern und Frauen verweisen[29] und belegen im Ranking der Länder mit den meisten Frauen im Parlament regelmäßig hintere Plätze. Das Wahlrecht der Frauen wurde hier erst zwischen 1947 (Malta) und 1960 (Zypern) eingeführt.

3. *Sozial-strukturelle Faktoren*

Unter sozial-strukturellen Faktoren werden die individuellen Voraussetzungen des Einzelnen aus dem sozial-strukturellen Bereich verstanden, also Bildung, Berufstätigkeit sowie die persönliche Lebenssituation.[30] So verfügten wegen der noch immer vorherrschenden geschlechtsspezifischen Arbeitsteilung und der damit verbundenen Doppelbelastung von Beruf und Familie viele Frauen über ein zu geringes Zeitbudget für die kontinuierliche politische Arbeit.[31] Auch seien Frauen viel seltener als Männer in beruflichen oder ehrenamtlichen Führungspositionen vertreten, die die Chancen auf ein Mandat im Parlament erhöhten.[32] Zudem wird argumentiert, dass sich zwischen der individuellen Ressourcenausstattung einerseits und der politischen Partizipation andererseits

---

27 Holtkamp/Wiechmann/Schnittke, S. 9; Kinzig, S. 254; Fuchs, in: Hoecker, Politische Partizipation, Kap. 10, S. 241; ähnlich: Hoecker, in: Hoecker, Handbuch, S. 79.

28 So belegen im Global Gender Gap Report 2018 des World Economic Forums von 149 untersuchten Ländern Norwegen Platz 2, Schweden Platz 3 und Dänemark Platz 13.

29 So belegen im Global Gender Gap Report 2018 des World Economic Forums von 149 untersuchten Ländern Griechenland Platz 78, Malta Platz 91 und Zypern Platz 92.

30 Hoecker, ZParl 1/2011, S. 50 (64).

31 Holtkamp/Wiechmann/Schnittke, S. 9.

32 Holtkamp/Wiechmann/Schnittke, S. 9.

ein positives Verhältnis feststellen lasse: Je höher der Bildungsstandard einer Person sei, desto qualifizierter sei ihr Beruf und desto höher ihr Einkommen. Damit steige die Wahrscheinlichkeit eines politischen Engagements. Europäische Untersuchungen belegten, dass sich mit steigendem Bildungsniveau die Unterschiede in den Interessen von Männern und Frauen an institutionalisierter Politik merklich verringerten. So wiesen beispielsweise die nordischen Staaten durchgängig eine hohe Frauenerwerbsquote auf. Länder, die eine mittlere oder niedrige Frauenerwerbsquote zeigten, hätten typischerweise auch einen geringeren Anteil an Frauen in den Parlamenten.[33] Zudem hätten Frauen selten die Gelegenheit, die für Erfolg in der Partei notwendige „Ochsentour" zu unternehmen, da es ihnen aufgrund ihrer Doppelbelastung an der erwarteten zeitlichen Verfügbarkeit und Kontinuität der Tätigkeit fehle.[34]

II. Die Situation in Deutschland

Im Folgenden soll der Frage nachgegangen werden, wie sich die drei soeben dargestellten Faktoren in Deutschland auswirken.

1. Kulturelle Faktoren

Dass sich die oben beschriebenen kulturellen Faktoren insoweit negativ zu Lasten der Kandidatinnen auswirken, dass die Wählerinnen und Wähler in Deutschland diskriminierend wählen oder gegenüber Kandidatinnen aufgrund ihres Geschlechts kritischer eingestellt sind als gegenüber Kandidaten, lässt sich nicht belegen.[35] Die zur Verfügung stehenden Untersuchungen sprechen weder dafür noch dagegen, dass für die Wahlentscheidung das Geschlecht der Kandidatinnen und Kandidaten eine Rolle spielt; sie sind uneinheitlich. In einigen Parteien und bei einigen Wahlen erhalten die Frauen starke Unterstützung seitens der Wählerinnen und Wähler, in anderen Parteien und bei anderen Wahlen wiederum geben die Wählerinnen und Wähler den männlichen Kandidaten den Vorzug.[36]

Soweit ersichtlich, gibt es für Bundestags- oder Landtagswahlen keine dezidierten Untersuchungen zum Verhalten der Wählerinnen und Wähler im Hinblick auf das Geschlecht von Wahlkreiskandidatinnen und -kandidaten. Aufschlussreich sind jedoch aktuelle Umfragen zur Gleichstellung der

33 Fuchs/Hoecker, S. 4.

34 Holtkamp/Wiechmann/Schnittke, S. 9;

35 Schlote, S. 25.

36 Dahlerup/Freidenval, Geschlechterquoten bei Wahlsystemen (2008), S. 30.

Geschlechter in der Politik und Untersuchungen – wenn auch keine repräsentativen – zu Kommunalwahlen.

a) Umfragen zur Gleichstellung der Geschlechter

Bei einer Umfrage in allen EU-Mitgliedstaaten, beauftragt von der Europäischen Union im Jahr 2017[37], stimmten in Deutschland 87 % der Befragten der Aussage zu, dass weibliche Abgeordnete qualifiziert seien, die Interessen der Befragten zu vertreten. Die gleiche Aussage in Bezug auf männliche Abgeordnete bejahten 85 %. Befragt wurden Personen ab dem 16. Lebensjahr. Daten, wie sich die Befragten nach Geschlecht zusammensetzen, also ob gleichermaßen Männer und Frauen befragt wurden und ob Männer und Frauen in nennenswertem Umfang unterschiedliche Antworten gaben, liegen im Gegensatz zu Europa als Ganzem nicht vor. Die Werte für ganz Europa weichen nur geringfügig von den Werten für Deutschland ab. Schließt man deshalb von dem Mittelwert für ganz Europa auf Deutschland, dann dürften die Werte nach Geschlecht nicht signifikant variieren. Europaweit haben der Aussage, dass weibliche Abgeordnete qualifiziert seien, die Interessen der Befragten zu vertreten, 86 % zugestimmt (Deutschland 87 %). Unter den befragten Männern lag die Zustimmungsquote bei 83 %, bei den befragten Frauen bei 88 %. In Bezug auf männliche Abgeordnete wurde der Aussage von 82 % der Befragten zugestimmt (Deutschland 85 %). Unter den befragten Männern lag die Zustimmungsquote bei 84 % und bei den Frauen bei 80 %.

Diese Zahlen deuten zwar darauf hin, dass in geringfügigem Umfang Männer weiblichen Abgeordneten und umgekehrt Frauen männlichen Abgeordneten kritisch gegenüberstehen. Sie belegen aber nicht, dass die männlichen Wähler in Deutschland eine (deutliche) Tendenz zur Diskriminierung von Kandidatinnen haben. Die Zahlen deuten eher in die Richtung, dass die Befragten in größerem Umfang weibliche Abgeordnete für besser geeignet hielten, ihre Interessen zu vertreten als männliche Abgeordnete.

b) Untersuchungen zu Kommunalwahlen

Auch die – wenigen – Untersuchungen von Kommunalwahlen deuten nicht darauf hin, dass Wählerinnen und Wähler in Deutschland diskriminierend wählen.[38]

---

37 "Gender Equality 2017"-Report, Special Eurobarometer 465, June 2017, S. 45 ff.

38 Einen Überblick gibt Friedhoff/Holtkamp/Wiechmann, GENDER 1/2016, S. 91 (93 ff.).

In einer Studie wurde die Kommunalwahl im Jahr 1994 in Baden-Württemberg untersucht.[39] Die baden-württembergische Kommunalwahl findet als Verhältniswahl mit offenen Listen statt. Das ermöglicht es dem Wähler, nicht nur die Liste einer Partei oder Wählervereinigung als Ganzes mit ihrer vorgegebenen Reihenfolge zu wählen, sondern – wenn er will – durch seine Stimme die Reihenfolge zu verändern. In der Studie wurde untersucht, wie viele Kandidatinnen auf den Listen zunächst – nach der Festlegung der Parteien und Wählervereinigungen – gute Aussichten hatten, in die Kommunalparlamente einzuziehen und wie viele sodann nach der Wahl tatsächlich in die Kommunalparlamente eingezogen sind. Nach Auswertung des Datenmaterials kommt die Studie zu dem Ergebnis, dass der Anteil der Frauen, die aufgrund der Listenplatzierung gute Aussichten hatten, in die Kommunalparlamente einzuziehen, insgesamt deutlich höher war als der Anteil der Frauen, der nach der Wahl tatsächlich in die Parlamente eingezogen ist. Der Autor der Studie interpretiert die Zahlen so, dass die Wähler durch gezielte Wahl den schlechter platzierten männlichen Kandidaten zu besseren Ergebnissen verholfen haben. Dies könnte auf eine diskriminierende Einstellung der Wähler deuten. Dies passierte jedoch nicht in allen Wahlkreisen in gleicher Weise. Besonders betroffen waren kleine Gemeinden und hier besonders Kandidatinnen der CDU. Die Kandidatinnen auf den Wahllisten der CDU verschlechterten sich teilweise deutlich. Auf der anderen Seite des politischen Spektrums schafften es die Kandidatinnen von BÜNDNIS 90/DIE GRÜNEN, sich deutlich zu verbessern.

Eine andere Studie aus dem Jahr 1992, die in gleicher Art und Weise wie die zuvor vorgestellte Studie die Kommunalwahlergebnisse in vier baden-württembergischen Städten im Jahr 1989 untersuchte, kommt zu ähnlichen Ergebnissen. In Stuttgart und Tübingen wären ohne Kumulieren mehr Frauen in den Gemeinderat gekommen, in Karlsruhe weniger und in Freiburg genauso viele.[40]

Die Ergebnisse der beiden Studien lassen sich so deuten, dass jedenfalls in traditionell konservativ geprägten Gemeinden und darüber hinaus konservativ geprägte Wählerinnen und Wähler Kandidaten den Kandidatinnen vorziehen und damit in diskriminierender Art und Weise wählen.

Eine weitere Studie, in der punktuell die Kommunalwahlergebnisse in Hessen 2001 untersucht wurden, stützt diese Deutung jedoch nicht. Sie lässt eher den Schluss zu, dass Frauen vom Kumulieren profitieren. Gegenstand der Studie waren die Kommunalwahlergebnisse in den hessischen Städten Frankfurt, Gießen und der Gemeinde Wildeck. In Frankfurt konnten mehr als die Hälfte

39 Wehling, Die Gemeinde, 1994, S. 565 (597).

40 von Rotberg, S. 37.

aller Kandidatinnen ihren Listenplatz verbessern. Ähnlich war das Ergebnis in Gießen. In Wildeck zeigte das Kumulieren keinerlei Auswirkungen.[41]

Auch wenn die Studien etwas älter sind – neuere Studien sind hier nicht bekannt –, so lassen diese jedenfalls nicht den Schluss zu, dass die Wählerinnen und Wähler in relevanter Weise diskriminierend wählen und der geringe Frauenanteil im Bundestag hierauf zurückzuführen ist, zumal eine Auswahl der Kandidatinnen und Kandidaten aufgrund der Einpersonenwahlkreise in den Wahlkreisen und der starren Listen innerhalb einer Partei nicht gegeben sind.[42]

2. *Institutionelle und sozial-strukturelle Faktoren*

Von größerer Bedeutung sind die institutionellen und die sozial-strukturellen Faktoren für die Unterrepräsentation der Frauen im Bundestag. Es ist plausibel, dass einer der Hauptgründe, warum Frauen in der Politik und insbesondere im Bundestag unterpräsentiert sind, darin liegt, dass das parteipolitische Engagement in einer Weise abläuft, die für Frauen – jedenfalls dann, wenn sie Kinder haben – vorsichtig formuliert ungünstig ist.

a) Rahmenbedingungen für ein ehrgeiziges politisches Engagement

Parteien sind im deutschen Politikbetrieb nicht wegzudenken. Ohne die Unterstützung einer Partei hat man auf fast allen Ebenen der demokratischen Partizipation (Kommunal-, Landes-, Bundesebene) keine Chance, ein Mandat zu erwerben. Dies gilt insbesondere für die Bundesebene. Soweit ersichtlich haben seit der Gründung der Bundesrepublik bisher nur drei unabhängige Kandidaten ein Wahlkreismandat erzielen können. Dies war bei der Wahl 1949.[43] Die Bedeutung der Parteien für die politische Partizipation ist vom Grundgesetz gewollt, Art. 21 Abs. 1 Satz 1 GG, wonach Parteien bei der politischen Willensbildung des Volkes mitwirken.

Will ein Bürger oder eine Bürgerin ein Mandat in einem Gemeinderat, einem Landesparlament oder im Bundestag erringen, führt an einer Parteimitgliedschaft realistischer Weise kein Weg vorbei.[44] Will ein Parteimitglied von der Partei für ein Mandat vorgeschlagen werden, muss es sich einerseits auf die Partei mit ihrer Struktur und ihren Eigenheiten einlassen. Es

---

41 Gremmels, S. 5 f.

42 Zu den unterschiedlichen Wahlsystemen vgl. unten D. III. 2., Seite 55).

43 Wahlen, Wahlrecht und Wahlsysteme, http://www.wahlrecht.de/lexikon/parteilose.html (abgerufen: 15. Mai 2021).

44 Höhne, ZParl 1/2020, S. 105 (113).

muss die innerparteilichen Meinungsbildungs- und Entscheidungswege und -verfahren kennenlernen und die formellen und informellen „Qualifikations“-Anforderungen für Wahlämter verstehen.[45] Andererseits muss es sich in der Partei bemerkbar machen und den anderen Mitgliedern signalisieren, dass es dazugehört und sich mit den Zielen der Partei identifiziert. Um für eine Wahl nominiert zu werden, muss das Parteimitglied eine Hausmacht aufbauen. Dieser Prozess beginnt üblicherweise durch Engagement in den lokalen Führungsgremien einer Partei, also den Ortsverbänden bzw. Ortsvereinen, und führt weiter zu den Kreisverbänden bzw. Unterbezirken[46].

Diese Tätigkeit nimmt viel Zeit in Anspruch und erfordert ein hohes Maß an zeitlicher Flexibilität. Denn das parteipolitische Engagement mit dem Ziel, ein Mandat zu erhalten, entwickelt sich typischerweise von einer gelegentlichen Freizeitbeschäftigung über eine Feierabendtätigkeit hin zu einer vollen Nebentätigkeit.[47] Zudem finden Parteitreffen und -versammlungen und andere Veranstaltungen unregelmäßig und meist in den Abendstunden und am Wochenende statt. Hinzu kommt, dass mit dem überörtlichen Engagement eine immer aufwändigere Reisetätigkeit verbunden ist, die ebenfalls Zeit in Anspruch nimmt.

Diese Rahmenbedingungen für ein ehrgeiziges parteipolitisches Engagement sind für Bürgerinnen und Bürger nur annehmbar, wenn sie über große zeitliche Flexibilität verfügen. Sie müssen einen Beruf ausüben, der die notwendige zeitliche Flexibilität zulässt und sie müssen über die notwendige Freizeit verfügen. Dies ist häufiger bei Männern der Fall als bei Frauen. Das liegt daran, dass Familienpflichten, insbesondere die Betreuung von Kindern, häufiger von Frauen übernommen werden, was sich statistisch belegen lässt.[48] Familienpflichten lassen sich mit dem Beruf schon nicht leicht in Einklang bringen;

---

45 Butzer, NdsVBl. 2019, S. 12.

46 Höhne, ZParl 1/2020, S. 105 (116).

47 Butzer, NdsVBl. 2019, S. 12.

48 Im Jahr 2016 übernahmen in Deutschland 88 % der 25- bis 49-jährigen Frauen mit Kindern unter 18 Jahren täglich die Betreuung und Erziehung ihrer Kinder, aber nur 64 % der Männer, Statistisches Bundesamt, DESTATIS, https://service.destatis.de/DE/FrauenMaennerEuropa/ DE_DE_womenmen_core/bloc-3d.html?lang=de (abgerufen: 15. Mai 2021). Außerdem erledigen die Frauen immer noch den Großteil der Hausarbeit; der Anteil der Männer, die täglich kochen oder Hausarbeit verrichten liegt in Deutschland bei 29 %, der Anteil der Frauen bei 72 %, Statistisches Bundesamt, DESTATIS, https://de.statista.com/infografik/15857/verteilung-von-hausarbeit-bei-maennern-und-frauen/ (abgerufen: 15. Mai 2021).

noch schwerer aber wird es, wenn eine parteipolitische Tätigkeit hinzukommt. Familie und Beruf lassen sich nur schwer mit der innerparteilichen Anforderung verbinden, präsent, flexibel und verfügbar zu sein.[49] Steigen Frauen wegen der Familienpflichten vorübergehend aus Beruf und/oder Politik aus, sind sie nicht mehr präsent. An das Aufbauen einer „Hausmacht" in einer Partei ist nicht mehr zu denken und die Chancen, für ein Mandat zur Wahl gestellt zu werden, schwinden.

Das häufig als „Ochsentour" bezeichnete informelle Verfahren für eine Kandidatur als Landtags- oder Bundestagsabgeordneter nährt den ohnehin weitverbreiteten Eindruck, Parteien seien intransparente und undurchlässige Vereinigungen. Die „Ochsentour" hat aber durchaus ihren Sinn: Denn sie wird als notwendiger Prozess politischer Sozialisation verstanden.[50] Sie macht einen Bewerber in einer Partei bekannt und zeigt seine Vertrauenswürdigkeit und Kompetenz. Solche Ressourcen können nur mit der Zeit erworben werden. Politische Quereinsteiger werden hingegen eher kritisch beäugt.[51]

aa) Paritätische Besetzung des Bundestags möglich

	Mitglieder insgesamt	**Frauen**	**Prozentual**	**Frauenanteil 19. WP**
CDU	431.920	112.731	26,1 %	20,5 %
SPD	432.706	139.331	32,2 %	41,8 %
CSU	142.412	28.910	20,3 %	17,4 %
FDP	53.890	12.179	22,6 %	22,5 %
GRÜNE	61.596	24.022	39,0 %	58,2 %
LINKE	58.910	21.738	36,9 %	53,6 %
AfD	25.015	4.002	16,0 %	11,7 %
Gesamt	1.206.449	342.914	28,4 %	30,9 %

Anteil weiblicher Mitglieder ausgewählter Parteien zum 31. Dezember 2016[52]

49 Butzer, NdsVBl. 2019, S. 12.
50 Jürgensen/Orlowski, DÖV 2019, S. 141 (146).
51 Hellmann, ZParl 1/2020, S. 49 (55).
52 Niedermayer, Parteimitglieder in Deutschland: Version 2018.

Aber auch wenn die Rahmenbedingungen für ein ehrgeiziges politisches Engagement familienunfreundlich sind, darf nicht übersehen werden, dass den derzeit im Bundestag vertretenen Parteien statistisch gesehen eine ausreichende Anzahl an Frauen zur Verfügung stehen dürfte, um alle Wahlkreise und -listen paritätisch zu besetzen. Die aus der vorstehenden Tabelle ersichtlichen Zahlen[53] lassen nicht erkennen, warum die Parteien nicht in der Lage sein sollten, eine ausreichende Anzahl an Kandidatinnen für die finanziell durchaus attraktiven Bundestagsmandate aufstellen zu können.

Die CDU beispielsweise hat zur Bundestagwahl 2017 in allen Wahlkreisen und für alle Landeslisten nominal 678 Kandidatinnen und Kandidaten benannt, 253 Wahlkreiskandidatinnen und -kandidaten und 425 Listenkandidatinnen und -kandidaten. Viele Wahlkreiskandidatinnen und -kandidaten waren aber gleichzeitig Listenkandidatinnen und -kandidaten – um genau zu sein 201 („Absicherung über die Liste"). Das heißt, für die CDU sind bei der Bundestagswahl 2017 tatsächlich nur 477 verschiedene Personen zur Wahl angetreten. Ähnliches gilt für die SPD. Nominal sind für die SPD zur Bundestagswahl 2017 774 Kandidatinnen und Kandidaten zur Wahl angetreten, und zwar 299 Wahlkreiskandidatinnen und -kandidaten sowie 475 Listenkandidatinnen und -kandidaten. Von den 475 Listenkandidatinnen und -kandidaten waren allerdings 295 gleichzeitig Wahlkreiskandidatinnen und -kandidaten. Dem entsprechend traten tatsächlich nur 479 verschiedenen Personen für die SPD zur Bundestagwahl 2017 an.[54]

---

53 Angegeben sind Zahlen zum 31. Dezember 2016. Das waren die Mitglieder, die den Parteien im Nominierungsverfahren für die Bundestagswahl 2017 zur Verfügung standen.

54 Eigene Auswertung auf Grundlage von: Der Bundeswahlleiter, Wahl zum 19. Deutschen Bundestag am 24. September 2017, Sonderheft Wahlbewerber – Die Wahlbewerberinnen und Wahlbewerber für die Wahl zum 19. Deutschen Bundestag

	CDU						SPD					
Bundesland	Direkt	Liste	von Liste auch Direkt	nur Liste	tats. Anz. Kand.	Mitglieder	Direkt	Liste	von Liste auch Direkt	nur Liste	tats. Anz. Kand.	Mitglieder
BW	38	60	7	53	91	67.286	38	39	38	1	39	34.711
BY	–	–	–	–	–	–	46	52	46	6	52	59.872
BE	12	15	9	6	18	12.307	12	15	11	4	16	16.895
BB	10	13	10	3	13	5.949	10	32	10	22	32	6.007
HB	2	6	2	4	6	2.341	2	6	2	4	6	4.308
HH	6	11	6	5	11	7.159	6	12	6	6	12	10.439
HE	22	44	22	22	44	39.813	22	49	22	27	49	53.662
MV	6	11	6	5	11	5.396	6	11	6	5	11	2.709
NI	30	57	30	27	57	60.785	30	65	30	35	65	57.684
NW	64	82	54	28	92	134.480	64	86	63	23	87	111.756
RP	15	40	15	25	40	42.238	15	37	14	23	38	37.241
SL	4	21	4	17	21	17.292	4	15	4	11	15	18.640
SN	16	20	11	9	25	11.299	16	16	16	0	16	4.268
ST	9	11	9	2	11	7.081	9	10	9	1	10	3.449
SH	11	21	10	11	22	20.294	11	19	10	9	20	17.282
TH	8	13	6	7	15	10.449	8	11	8	3	11	3.891
Bund	253	425	201	224	477	444.169	299	475	295	180	479	442.814

Anzahl der tatsächlichen Kandidatinnen und Kandidaten von CDU und SPD bei der Bundestagswahl 2017[55]

Um eine geschlechterparitätische Besetzung aller Kandidatinnen- und Kandidatenplätze zu erreichen, hätten CDU und SPD bei der Bundestagswahl tatsächlich jeweils nur knapp 240 Frauen (die Hälfte von 477 bzw. 479 tatsächlichen Kandidatinnen und Kandidaten) aufstellen müssen. Nach der Lebenserfahrung ist nicht vorstellbar, dass CDU und SPD unter ihren 112.000 (CDU) bzw. 139.000 (SPD) weiblichen Mitgliedern nicht jeweils 240 Frauen hätten finden können, die objektiv geeignet und subjektiv gewillt gewesen wären, für ihre jeweilige Partei bei einer Bundestagwahl zu kandidieren und gegebenenfalls

55 Eigene Auswertung auf Grundlage von: Der Bundeswahlleiter, Wahl zum 19. Deutschen Bundestag am 24. September 2017, Sonderheft Wahlbewerber – Die Wahlbewerberinnen und Wahlbewerber für die Wahl zum 19. Deutschen Bundestag

ein Bundestagsmandat zu übernehmen[56] – auch unter Berücksichtigung der „Ochsentour“.[57]

bb) Frauenanteil unter Parteimitgliedern entspricht nicht Frauenanteil unter Kandidatinnen und Kandidaten

Auch wenn die Parteien grundsätzlich in der Lage sein müssten, bei der Bundestagswahl das Kandidatentableau so zu wählen, dass Männer und Frauen zu je 50 % berücksichtigt werden, wäre bei normalem Lauf der Dinge jedenfalls zu erwarten, dass der Frauenanteil unter den Kandidatinnen und Kandidaten tatsächlich dem Frauenanteil unter den jeweiligen Parteimitgliedern entspricht. Dies ist jedoch nicht der Fall, jedenfalls nicht für alle Parteien. Der Frauenanteil variiert erheblich unter den Wahlkreiskandidatinnen und -kandidatinnen und den Listenkandidatinnen und -kandidaten wie folgende Tabelle zeigt.

		Wahlkreiskandidaten/innen				Landeslistenkandidaten/innen				Frauenanteil. BT %	Frauenanteil Partei % 2016
		inges.	Männer	Frauen	Frauen %	insges.	Männer	Frauen	Frauen %		
CDU	BT 2017	253	197	56	22,1	425	256	169	39,8	20,5	26,1
	BT 2013	254	195	59	23,2	399	256	143	35,8	24,7	
SPD	BT 2017	299	186	113	37,8	475	281	194	40,8	41,8	32,2
	BT 2013	299	189	110	36,8	415	247	168	40,5	42,0	
GRÜNE	BT 2017	298	173	125	41,9	274	133	141	51,5	58,2	39,0
	BT 2013	299	178	121	40,5	281	138	143	50,9	55,6	
FDP	BT 2017	299	241	58	19,4	336	260	76	22,6	22,5	22,6
	BT 2013	298	247	51	17,1	324	259	65	20,1	-	
LINKE	BT 2017	298	201	97	32,6	194	95	99	51,0	53,6	36,9
	BT 2013	298	203	95	31,9	187	93	94	50,3	56,3	
CSU	BT 2017	46	38	8	17,4	74	54	20	27,0	17,4	20,3
	BT 2013	45	37	8	17,8	70	49	21	30,0	25,0	
AfD	BT 2017	286	256	30	10,5	235	205	30	12,8	11,7	16,0
	BT 2013	158	140	18	11,4	282	238	44	15,6	-	

Frauenanteil an Wahlkreis- und Landeslistenbewerber/innen ausgewählter Parteien bei den Bundestagwahlen 2013 und 2017[58]

56 Lange, NJW 1988, S. 1174 (1182); Wiechmann, Politische Repräsentanz von Frauen, S. 5.

57 Holtkamp/Schnittke, S. 95.

58 Eigene Auswertung auf Grundlage von: Der Bundeswahlleiter, Wahl zum 19. Deutschen Bundestag am 24. September 2017, Sonderheft Wahlbewerber – Die Wahlbewerberinnen und Wahlbewerber für die Wahl zum 19. Deutschen Bundestag; Der Bundeswahlleiter, Wahl zum 19. Deutschen Bundestag am 27. September 2017, Heft 5,

Bemerkenswert ist, dass selbst bei den Parteien, die sich innerparteilich zu einer Frauenquote bei der Aufstellung von Kandidatinnen und Kandidaten verpflichtet haben, wie BÜNDNIS 90/DIE GRÜNEN und DIE LINKE, aber auch die SPD, der Frauenanteil unter den Wahlkreiskandidatinnen und -kandidaten deutlich hinter dem Frauenanteil unter den Listenkandidatinnen und -kandidaten und der selbst auferlegten Quote zurückbleibt. Die Gründe, warum es zu diesem Unterschied kommt, sind wenig erforscht. Ein Grund dürfte aber ein ganz banaler sein und darin liegen, dass die Wahlkreiskandidaten ohne Rücksicht auf den benachbarten Wahlkreis gewählt werden. Wenn die Wahlkreiskandidaten unabhängig von den Nachbarwahlkreisen gewählt werden, ist der Frauenanteil unter den Wahlkreiskandidaten Zufall. Zudem wird der geringe Frauenanteil unter den Wahlkreiskandidatinnen und -kandidaten auf Diskriminierung der Frauen zurückgeführt. Die Landeslisten hingegen werden von den Landesparteitagen einheitlich gewählt, so dass hier auf die Wahrung eines gewissen Frauenanteils geachtet werden kann. Bei Wahlen durch die Landesmitgliederversammlungen bzw. Landesvertreterversammlungen ist der Einfluss einzelner (meist männlicher) Wortführer deutlich geringer ist als bei den kleineren Kreisparteitagen, auf denen die Wahlkreiskandidatinnen und -kandidaten gewählt werden.

b) Geringeres Interesse der Frauen an Politik

Auch auf die Gefahr hin, in das Kreuzfeuer des biologischen Determinismus zu gelangen, soll nicht unerwähnt bleiben, dass in Umfragen in Deutschland Frauen ein geringeres Informationsinteresse an Politik haben als Männer. Bei der Umfrage 2020 waren 17,3 % der befragten Frauen an Informationen zu Politik „besonders interessiert“, wohingegen der Anteil der männlichen Befragten bei 31,8 % lag. Umgekehrt gaben 37,9 % der befragten Frauen an, an Politik „kaum“ oder „gar nicht“ interessiert zu sein, wohingegen unter den befragten Männern der Anteil bei nur 23 % lag. Annähernd 45 % der Befragten beiderlei Geschlechts gaben an, „auch, aber nicht so sehr“ an Politik interessiert zu sein.[59]

Teil 1 – Textliche Auswertung (Wahlergebnisse); Der Bundeswahlleiter, Wahl zum 18. Deutschen Bundestag am 22. September 2013, Sonderheft Wahlbewerber – Die Wahlbewerberinnen und Wahlbewerber für die Wahl zum 18. Deutschen Bundestag; Der Bundeswahlleiter, Wahl zum 18. Deutschen Bundestag am 22. September 2013, Heft 5, Teil 1 – Textliche Auswertung (Wahlergebnisse); Niedermayer, Parteimitglieder in Deutschland: Version 2016.

59 Statistisches Bundesamt, DESTATISTA, Bevölkerung in Deutschland nach Informationsinteresse an Politik im Geschlechtervergleich im Jahr 2020, https://de.statista.com/statistik/daten/studie/827088/umfrage/umfrage-in-deutschland-zum-informationsinteresse-an-politik-nach-geschlecht/ (abgerufen: 15. Mai 2021).

Es ist also auch davon auszugehen, dass der geringe Anteil von Frauen in der Politik unter anderem auf ein generell geringeres Interesse an Politik zurückzuführen ist, was auch immer die Gründe dafür sind.

III. Zwischenergebnis

Nach alledem ist festzustellen, dass die Unterrepräsentation von Frauen im Bundestag wahrscheinlich weniger auf kulturelle Faktoren zurückzuführen ist, sondern wesentlich durch institutionelle und sozial-kulturelle Faktoren bestimmt wird. Es spricht viel dafür, dass die Unterrepräsentation von Frauen im Deutschen Bundestag durch die politischen Rekrutierungsmuster und das Wahlsystem verursacht werden, die mit der Rolle der Frau in der Familie kollidieren. Über Jahre hat sich ein Verfahren zur Nominierung von Bundestagskandidatinnen entwickelt, das dem Anschein nach geschlechterneutral ist, wegen der tatsächlichen Rollenverteilung in den Familien aber in besonderer Weise Frauen benachteiligt, mithin diese mittelbar diskriminiert. Allerdings ist das Phänomen sicherlich nicht monokausal und verschiedene Ursachen sind für die Situation verantwortlich.

C. Gründe, den Frauenanteil zu erhöhen

Soweit ein Überblick über den Status quo und die Erklärungsansätze für diesen. Vor dem Hintergrund des Themas der vorliegenden Arbeit schließt sich die Frage an, ob es außer der Beseitigung der beschriebenen mittelbaren Diskriminierung weitere Gründe gibt, Maßnahmen zu ergreifen, den Frauenanteil im Bundestag zu erhöhen.

In der wissenschaftlichen und politischen Diskussion zur politischen Partizipation von Frauen gibt es drei grundlegende Muster, um eine Erhöhung des weiblichen Geschlechts unter Abgeordneten zu begründen:[60]

I. Input-orientierte Begründungen

Bei den input-orientierten Begründungen steht der Beitrag der Abgeordneten im Mittelpunkt, der im Rahmen des politischen Willensbildungs- und Entscheidungsprozesses geleistet wird. Es wird argumentiert, dass Frauen und Männer die gleichen Rechte hätten und deshalb auch gleichermaßen das Recht hätten, an politischen Diskussionen teilzunehmen und das Zustandekommen

---

60 Fuchs, in: Hoecker, Politische Partizipation, Kap. 10, S. 237 f.

politischer Entscheidungen zu beeinflussen und an den Entscheidungen teilzunehmen.

Vor diesem Hintergrund wird argumentiert, dass in Parlamenten die wichtigsten gesellschaftlichen Gruppen vertreten sein sollten – und zwar entsprechend ihrem Anteil an der Bevölkerung. Da die Bevölkerung zu (mehr als) der Hälfte weiblich ist, müssten auch Frauen die Hälfte der Mitglieder der Parlamente stellen. Ebenso wird argumentiert, dass die Frage, wer von einer Partei zur Wahl gestellt wird, nicht allein (aber auch) danach zu entscheiden sei, ob diese Person es verdient habe und ob sie kompetent sei, sondern auch anhand der Frage, welche gesellschaftliche Gruppe diese Person vertrete.[61]

II. Output-orientierte Begründungen

Bei den output-orientierten Begründungen stehen das Ergebnis und der Nutzen des politischen Willensbildungs- und Entscheidungsprozesses im Fokus. Die output-orientierten Begründungen gehen davon aus, dass Frauen andere Interessen haben als Männer, weshalb die paritätische Beteiligung beider Geschlechter dazu führe, dass eben diese weiblichen Interessen sich auch in politischen Entscheidungen widerspiegelten. Dies führe zu einer verbesserten Qualität der politischen Entscheidungen.

Vor diesem Hintergrund ist mit einer Erhöhung des Frauenanteils im Deutschen Bundestag die Erwartung verbunden, dass dies ein wichtiger Schritt sei, um einen (auch) für gleichstellungsbezogene Themen sensiblen Gesetzgeber zu erhalten und damit für die Geschlechtergerechtigkeit angemessene Gesetze zu gewährleisten.[62]

Dass diese Erwartungshaltung allerdings nur bedingt berechtigt ist, hat Brunsbach in einer Studie[63] nachgewiesen. Sie kommt hinsichtlich des Deutschen Bundestags zu dem Ergebnis, dass Parlamentarierinnen zwar als Repräsentantinnen frauenspezifischer Interessen gelten können, da sie diesen auf der Ebene der Präferenzen eine größere Priorität einräumen als Männer und ihr parlamentarisches Handeln stärker von diesen geprägt ist. Allerdings spiele hierbei auch die parteipolitische Zugehörigkeit eine erhebliche Rolle. So kommt sie zu dem Ergebnis, dass Frauen im Bereich der frauenspezifischen Interessen andere Präferenzen als Männer besäßen und auch gewillt seien, diese ins Parlament einzubringen. Zu welchem Grad sie dies allerdings täten, hinge nicht so

61 Dahlerup/Freidenval, Geschlechterquoten bei Wahlsystemen (2008), S. 19 f.

62 Dahlerup/Freidenval, Geschlechterquoten bei Wahlsystemen (2008), S. 19 f.

63 Brunsbach, ZParl 1/2011, S. 3.

sehr von ihrer prozentualen Stärke im Parlament ab, sondern vom politischen Kontext.[64]

Weiter wird argumentiert, dass eine Erhöhung des Frauenanteils im Parlament zu einem höheren Wettbewerb qualifizierten Führungspersonals um politische Spitzenämter führe. Dies führe – wenn auch nicht messbar – zu besseren Ergebnissen politischen Handelns. Eine parlamentarische Karriere sei – unabhängig vom Geschlecht – häufig ein Sprungbrett in politische Führungsämter. Einige dieser Ämter setzten sogar einen Sitz im Parlament voraus, wie z.B. das Amt des Bundeskanzlers bzw. der Bundeskanzlerin oder eines Parlamentspräsidenten bzw. einer Parlamentspräsidentin. Weil Frauen im Parlament weniger häufig vertreten seien, seien sie auch in politischen Führungspositionen häufig in der Unterzahl. Ein Großteil begabter und fähiger Politikerinnen tauche so gar nicht in den Parlamenten auf und werde bei der Besetzung politischer Spitzenpositionen häufig gar nicht wahrgenommen.[65]

III. Emanzipatorische Begründungen

Die emanzipatorischen Begründungen verweisen darauf, dass durch eine Erhöhung des Frauenanteils bei der politischen Entscheidungsfindung die patriarchalen Gesellschaftsstrukturen durch politische Entscheidungen beseitigt würden, damit sich eine selbstbestimmte Gesellschaft entwickeln könne. Insoweit wird argumentiert, dass die Erhöhung des Frauenanteils in den Parlamenten zu einer Verbesserung des gesellschaftlichen, insbesondere politischen Engagements in der weiblichen Bevölkerung führe. Frauen in der Politik könnten als Vorbild für Bürgerinnen dienen, sich gesellschaftlich, insbesondere politisch, zu engagieren, und für weibliche Parteimitglieder, verstärkt in ihrer Partei Verantwortung zu übernehmen.[66]

IV. Kritik in der Literatur am Konzept einer weiblichen Politik

Das Konzept einer weiblichen Politik ist nicht ohne Kritik geblieben.[67] So wird kritisiert, dass das Konzept einer weiblichen Politik kein eigenes Konstrukt ist, sondern nur die Dichotomie der Geschlechter fortführe. Das führt zu einem weiteren Kritikpunkt: So wird in dem Konzept einer weiblichen Politik die Gefahr einer „doppelten Verzerrung" gesehen. Aufgrund der Dichotomie

---

64 Brunsbach, ZParl 1/2011, S. 3 (23).

65 Norris/Krook, S. 5.

66 Norris/Krook, S. 6.

67 Eine kurze Übersicht gibt Cordes, S. 78.

werde unterstellt, dass eine weibliche Politik existiere, die dann gesucht werde. Das Selbstbild, dass Politikerinnen von sich entwürfen, werde allerdings nicht hinterfragt. Es werde vielmehr als Ausdruck eines unterstellten Politikverständnisses akzeptiert, ohne das Verhalten in den gesamtpolitischen Kontext zu stellen und zu hinterfragen. Kritikerinnen und Kritiker sehen weiterhin die Gefahr, dass das Konzept weiblicher Politik, Frauen in der Politik weiter marginalisiere. Mit dem Konzept weiblicher Politik, das man meint gefunden zu haben, rufe man bei männlichen Politikern eine Erwartungshaltung hervor. Die Politikerinnen sollten mit ihren angeblich typisch weiblichen Eigenschaften wie Empathie und Beziehungsfähigkeit die männlich geprägte Politik bereichern. Da allerdings die angeblich typisch weiblichen Eigenschaften für die Politik im Ergebnis irrelevant seien, drohten Frauen zum „schmückenden Beiwerk“ männlich geprägter Politik marginalisiert zu werden. Schließlich wird kritisiert, dass das Konzept einer weiblichen Politik von einer generalisierten weiblichen Identität ausgehe, wonach Frauen wegen ihres Geschlechts ein ebenso generalisierter weiblicher Politikstil unterstellt werde. So aber übersähen die Vertreterinnen und Vertreter des Konzepts einer weiblichen Politik die Heterogenität der Politikerinnen.

D. Maßnahmen, den Frauenanteil in Parlamenten zu erhöhen

Im Folgenden werden einige Maßnahmen vorgestellt und einer Bewertung unterzogen, die dazu dienen können, den Frauenanteil in Parlamenten zu erhöhen.

I. Änderung der Rahmenbedingungen

Verfassungsrechtlich unproblematisch sind Maßnahmen zur Erhöhung des Frauenanteils in Parlamenten, durch die die Rahmenbedingungen für ein politisches Engagement geändert werden. Welche Maßnahmen hier sinnvollerweise zu ergreifen sind, hängt maßgeblich davon ab, wie man die Unterrepräsentation von Frauen in der Politik begründet.

Ausgehend von dem magischen Dreieck nach Hoecker/Fuchs (siehe oben B. I., Seite 29) bieten sich hier folgende Maßnahmen an:

- Soweit man die Ursachen bei den institutionellen Faktoren sieht, also den Rahmenbedingungen, in denen sich eine Person politisch engagiert, werden hier eine gezielte Nachwuchsförderung und die Vertiefung innerparteilicher

Gleichstellungsarbeit, wie z. B. die Einführung bzw. der Ausbau von innerparteilichen Frauenquoten als Handlungsempfehlungen genannt.[68]
Derartige Maßnahmen, insbesondere solche, die die Parteiarbeit betreffen, erfordern aber Problembewusstsein und Änderungswillen. Diese sind aber nicht bei allen Parteien vorhanden. Zudem ist eine Änderung der Rahmenbedingungen aus den Parteien heraus, die – wie oben dargestellt – ein wesentlicher Grund für die Unterrepräsentation von Frauen sind, nicht zu erwarten, wie die Vergangenheit zeigt.[69] Hinzu kommt, dass die geforderte Nachwuchsförderung in den bisher männlich geprägten Strukturen in den Parteien vor allem von Männern kommen muss. Dies führt dazu, dass protegierte Frauen lange das Manko mit sich herumtragen, von einer (starken) männlichen Persönlichkeit gefördert worden zu sein. So hängt der Bundeskanzlerin Merkel bis heute an, „Kohls Mädchen“[70] zu sein.
- Soweit man sozial-strukturelle Faktoren für die Unterrepräsentation von Frauen als Ursache sieht, also die individuellen Voraussetzungen des Einzelnen aus dem sozial-strukturellen Bereich, zum Beispiel Bildung, Berufstätigkeit, sowie die persönliche Lebenssituation, so wird gefordert, die Rahmenbedingungen für eine bessere Vereinbarkeit von Amt und Familie mit dem Privatleben zu verbessern als auch allgemein partnerschaftlichere Lebensmodelle zu fördern.[71]
Hierbei handelt es sich um eine gesamtgesellschaftliche Aufgabe, der sich die bundesrepublikanische Gesellschaft nur langsam annimmt. Es wird noch Jahre dauern, bis sich diese persönlichen Rahmenbedingungen ändern.

II. Erhöhung der Transparenz

Eine weitere Möglichkeit, den Frauenanteil zu erhöhen, besteht darin, das Bewusstsein der Wählerinnen und Wähler für den geringen Frauenanteil in Parlamenten zu schärfen.

Diesen Ansatz verfolgte der Landtag Rheinland-Pfalz, als er 2013 das Kommunalwahlrecht änderte, nachdem bei den Kommunalwahlen im Jahr 2009 landesweit lediglich 16,8 % der Mandate von Frauen besetzt worden waren. Mit

68 Lukoschat/Belschner, S. 93 f; vgl. auch: Bericht zur politischen Gleichstellung von Frauen und Männern, 33. Parteitag der CDU Deutschlands 15. und 16. Januar 2021, S. 14, mit diversen Maßnahmen der CDU-Landesverbände.
69 Höhne, ZParl 1/2020, S. 105 (125).
70 Rosenfeld, Welt.de, 30. Juni 2017.
71 Lukoschat/Belschner, S. 93.

dem sechzehnten Landesgesetz zur Änderung des Kommunalwahlgesetzes[72] wurden unter anderem folgende Regelungen eingeführt:

1. Es wurde im Kommunalwahlgesetz das Ziel formuliert, dass Frauen und Männer gleichmäßig in Vertretungskörperschaften repräsentiert sein sollen und aus diesem Grund die Parteien und Wählergruppen bei der Aufstellung der Wahlvorschläge Geschlechterparität anzustreben hätten (§ 15 Abs. 4 Satz 2 RhPfKommWahlG[73])
2. Weiter wurden die gesetzlichen Anforderungen an die Dokumentationspflicht der Parteien und Wählergruppierungen bei der Aufstellung der Kandidatinnen und Kandidaten verschärft. Demnach musste jeweils getrennt nach Frauen und Männern die Anzahl der wahlberechtigten Versammlungsteilnehmerinnen und -teilnehmer sowie die Anzahl der angetretenen und der gewählten Bewerberinnen und Bewerber dokumentiert werden (§ 17 Abs. 5 Satz 4 RhPfKommWahlG[74]).
3. Der Stimmzettel sollte folgende Angaben enthalten:
   - den im Wortlaut abzudruckenden Text des Art. 3 Abs. 2 Satz 1 GG „Männer und Frauen sind gleichberechtigt." (§ 29 Abs. 2 Satz 1 RhPfKommWahlG bei Verhältniswahl, § 30 Abs. 2 Satz 1 RhPfKommWahlG bei Mehrheitswahl[75]),
   - den Geschlechteranteil in der Vertretungskörperschaft zwei Monate vor der Wahl (§ 29 Abs. 2 Satz 1 RhPfKommWahlG bei Verhältniswahl, § 30 Abs. 2 Satz 1 RhPfKommWahlG bei Mehrheitswahl[76]) und

72 GVBl. 2013 Nr. 7 S. 139–142.

73 Landesgesetz über die Wahlen zu den kommunalen Vertretungsorganen (Kommunalwahlgesetz – KWG) vom 31. Januar 1994 in der durch Artikel 1 des Gesetzes vom 8. Mai 2013 (GVBl 2013 Nr. 7 S. 139–142) geänderten Fassung.

74 Landesgesetz über die Wahlen zu den kommunalen Vertretungsorganen (Kommunalwahlgesetz – KWG) vom 31. Januar 1994 in der durch Artikel 1 des Gesetzes vom 8. Mai 2013 (GVBl 2013 Nr. 7 S. 139–142) geänderten Fassung.

75 Landesgesetz über die Wahlen zu den kommunalen Vertretungsorganen (Kommunalwahlgesetz – KWG) vom 31. Januar 1994 in der durch Artikel 1 des Gesetzes vom 8. Mai 2013 (GVBl 2013 Nr. 7 S. 139–142) geänderten Fassung.

76 Landesgesetz über die Wahlen zu den kommunalen Vertretungsorganen (Kommunalwahlgesetz – KWG) vom 31. Januar 1994 in der durch Artikel 1 des Gesetzes vom 8. Mai 2013 (GVBl 2013 Nr. 7 S. 139–142) geänderten Fassung.

- auf Stimmzetteln für Verhältniswahlen Angaben zum Geschlechteranteil auf dem Wahlvorschlag bis zu dem Platz, der der Hälfte der in der Wahl zu vergebenden Plätze entspricht (§ 29 Abs. 2 Satz 4 RhPfKommWahlG[77]).

Dem Gesetz war in wesentlichen Teilen kein langes Leben beschieden. Mit Beschluss vom 4. April 2014 setzte der Verfassungsgerichtshof Rheinland-Pfalz die oben unter 3. dargestellten Vorschriften über den Aufdruck geschlechterparitätsbezogener Angaben auf den Stimmzetteln für die Kommunalwahlen 2014 im Rahmen eines einstweiligen Verfügungsverfahrens außer Vollzug[78], und mit Beschluss vom 13. Juni 2014 wurden die Vorschriften für nichtig erklärt.[79] Die oben unter 2. darstellten Regelungen zur Dokumentation von Angaben zur Geschlechterparität bei Wahlvorschlägen hat der Verfassungsgerichtshof Rheinland-Pfalz hingegen für rechtmäßig gehalten.[80]

1. Die Entscheidung des Verfassungsgerichtshofs Rheinland-Pfalz vom 13. Juni 2014[81]

Im Hinblick auf den Aufdruck geschlechterparitätsbezogener Angaben rügten die Beschwerdeführer (die Piratenpartei Deutschland, Landesverband Rheinland-Pfalz und vier Parteimitglieder) unter anderem eine Verletzung des Grundsatzes der Freiheit der Wahl. Die Angaben auf dem Stimmzettel seien mit dem staatlichen Neutralitätsgebot nicht vereinbar. Sie bezweckten, die Wählerinnen und Wähler *„amtlich zu nötigen, mehr Frauen zu wählen"*. Die Piratenpartei verfüge über deutlich mehr männliche als weibliche Mitglieder und sei offener für intersexuelle oder transsexuelle Personen als die meisten anderen Parteien. Durch die betreffenden Vorschriften des Kommunalwahlgesetzes würden diejenigen Parteien benachteiligt, die aufgrund ihres Parteiprogramms nur wenige oder gar keine männlichen oder weiblichen Mitglieder hätten.

---

77 Landesgesetz über die Wahlen zu den kommunalen Vertretungsorganen (Kommunalwahlgesetz – KWG) vom 31. Januar 1994 in der durch Artikel 1 des Gesetzes vom 8. Mai 2013 (GVBl. 2013 Nr. 7 S. 139–142) geänderten Fassung.

78 RhPfVerfGH, NVwZ 2014, S. 1089.

79 RhPfVerfGH, Beschluss vom 13. Juni 2014 – VGH N 14/14 und VGH B 16/14, BeckRS 2014, 53229.

80 RhPfVerfGH, NVwZ 2015, S. 735.

81 RhPfVerfGH, Beschluss vom 13. Juni 2014 – VGH N 14/14 und VGH B 16/14, BeckRS 2014, 53229; vgl. auch Röhner, Ungleichheit und Verfassung, S. 281 ff., die das Urteil ausführlich darstellt und kommentiert.

Der Landtag Rheinland-Pfalz argumentierte, der Grundsatz der Wahlfreiheit werde nicht berührt, denn es fehle an einer amtlichen Identifizierung mit politischen Parteien oder Wahlbewerberinnen und Wahlbewerber und damit an einer Parteinahme. Es gehe lediglich darum, die Wählerinnen und Wähler wettbewerbsneutral und ohne parteipolitischen Bezug und damit sachgerecht und objektiv zu informieren. Aber selbst wenn in den Grundsatz der Wahlfreiheit eingegriffen würde, wäre der Eingriff mit Blick auf den verfassungsrechtlichen Auftrag an den Staat, Maßnahmen zur Gleichstellung von Männern und Frauen zu ergreifen (Art. 17 Abs. 3 Satz 2 Verf RP und Art. 3 Abs. 2 Satz 2 GG), gerechtfertigt.

Der Verfassungsgerichtshof Rheinland-Pfalz hat der Beschwerde im Wesentlichen stattgegeben. Mit dem Aufdruck geschlechterparitätsbezogener Angaben auf den Stimmzetteln würde der Grundsatz der Freiheit der Wahl (Art. 50 Abs. 1 Satz 1 i.V.m. Art. 76 Abs. 1 Verf RP) verletzt.

Der Verfassungsgerichtshof Rheinland-Pfalz hat zunächst zum Grundsatz der Freiheit der Wahl im Allgemeinen und im Speziellen vor dem Hintergrund der Gestaltung von Stimmzetteln ausgeführt: Der Grundsatz der Freiheit der Wahl verlange, dass jede Wählerin und jeder Wähler ihr bzw. sein Wahlrecht ohne Zwang und Beeinflussung von außen ausüben könne. Der Grundsatz der Freiheit der Wahl werde allerdings nicht schrankenlos gewährt. So seien bei der Gestaltung der Stimmzettel solche Einschränkungen der Freiheit der Wahl gerechtfertigt, die sich zwingend aus dem Verfahren der Stimmabgabe ergäben, sich also auf die notwendige Regelung des Vorgangs der Wahl bezögen und sich im Rahmen der Funktionen des Stimmzettels für die Wahl hielten, namentlich dem Erfassen des Wahlergebnisses und dessen Nachprüfbarkeit. Eine darüber hinausgehende staatliche Einwirkung durch eine Gestaltung des Stimmzettels auf den Inhalt des Willens der Wählerinnen und Wähler im Zeitpunkt des eigentlichen Wahlaktes, also der Stimmabgabe, sei dagegen in jedem Fall unzulässig. Das gelte selbst dann, wenn sie die Verwirklichung materieller Verfassungsaufträge fördern sollen und keinen parteiergreifenden Charakter hätten.

In den Schutzbereich des so verstandenen Grundsatzes der Freiheit der Wahl werde durch den Aufdruck geschlechterparitätischer Angaben auf dem Stimmzettel eingegriffen. Durch den Aufdruck der verschiedenen Angaben auf dem Stimmzettel erhielten die Angaben in ihrem Zusammenwirken bei normativer Betrachtung einen appellativen Charakter. Die Kombination aus dem Wortlaut des Art. 3 Abs. 2 Satz 1 GG, der Angabe des Geschlechteranteils in der zu wählenden Vertretungskörperschaft zwei Monate vor der Wahl, und der Angaben zum Geschlechteranteil auf dem Wahlvorschlag (bei Verhältniswahl) ergäben den an die Wählerinnen und Wähler gerichteten Appell, bevorzugt Kandidatinnen und Kandidaten desjenigen Geschlechts zu wählen, das unterrepräsentiert ist. Auf diese Art und Weise werde aus der Formulierung „Männer und Frauen sind gleichberechtigt“ (Art. 3 Abs. 2 Satz 1 GG) die Aufforderung an die Wählerinnen und Wähler: „Sorge dafür, dass Männer und Frauen gleichberechtigt sind!“

Der Eingriff in den Grundsatz der Freiheit der Wahl könne demnach nicht gerechtfertigt werden. Dass der Gesetzgeber mit der Änderung des Kommunalwahlrechts seinen Verfassungsauftrag aus Art. 17 Abs. 3 Satz 2 Verf RP und Art. 3 Abs. 2 Satz 2 GG – nämlich die tatsächliche Durchsetzung der Gleichberechtigung von Frauen und Männern zu fördern und auf die Beseitigung bestehender Nachteile hinzuwirken – verwirklichen wolle, stelle keine hinreichende Rechtfertigung des Eingriffs dar. Diese Verfassungsaufträge gäben dem Landesgesetzgeber kein Recht, durch die Gestaltung der amtlichen Stimmzettel auf die unbedingt zu schützende Willensbildung der Bürgerinnen und Bürger im Zeitpunkt des eigentlichen Wahlaktes einzuwirken.

2. *Kritik*

Die Entscheidung des Verfassungsgerichtshofs Rheinland-Pfalz überzeugt nicht.

Jeder Wähler und jede Wählerin unterliegt in der einen oder anderen Weise Einflüssen und Beeinflussungsversuchen. Die Beeinflussung der Wählerinnen und Wähler durch die am öffentlichen Meinungsbildungsprozess Beteiligten ist notwendiger Bestandteil einer freien Wahl. Nach der Rechtsprechung des Bundesverfassungsgerichts wird die Freiheit der Wahl daher nur durch solche Maßnahmen beeinträchtigt, die objektiv tauglich und konkret wirksam sind, um den Wähler bzw. die Wählerin zu einem bestimmten Verhalten zu veranlassen, und die geeignet sind, die Entscheidungsfreiheit trotz des bestehenden Wahlgeheimnisses ernstlich zu beeinträchtigen.[82]

Von einer derart verstandenen Wahlbeeinflussung war die Änderung des Kommunalwahlrechts in Rheinland-Pfalz weit entfernt. Der Verfassungsgerichtshof zieht den Schutzbereich des Grundsatzes der Freiheit der Wahl zu eng. Die Angaben auf dem Stimmzettel als Aufforderung an den Bürger zu interpretieren, dass er dafür Sorge tragen soll, dass Männer und Frauen gleichberechtigt sind, verkennt, dass im Zentrum der Verfassungsrechtsprechung der mündige Bürger steht.[83] Dieser weiß mit den Angaben, die das Kommunalwahlrecht in

82 BVerfGE 124, 1 (juris-Tz. 95); 66, 369 (juris-Tz. 32).

83 BVerfGE 124, 1 (juris-Tz. 87); VerfG Bbg, Beschluss vom 19. August 2010, Az. 25/10, zitiert nach juris.

Rheinland-Pfalz vorsahen, umzugehen, weshalb eine die Entscheidungsfreiheit trotz des bestehenden Wahlgeheimnisses ernstliche Beeinträchtigung davon nicht zu erwarten war. Die Entscheidungsfreiheit ist umso größer, je höher der Informationsgrad bei der Person ist, die die Entscheidung zu treffen hat. Die Bürgerinnen und Bürger werden durch die Angaben in ihrer Freiheit also gestärkt. Wählerinnen und Wählern Informationen vorzuenthalten, die Folgen für ihre Wahlentscheidung haben können, heißt, sie zu entmündigen. Das ist das Gegenteil von Freiheit.[84]

Weil die Verfassungen der Länder und das Grundgesetz vom mündigen und verantwortungsvollen Wähler ausgehen, sind bereits jetzt und bisher unbeanstandet auf Stimmzetteln auch nicht nur Angaben zu finden, die dem Verfahren der Stimmabgabe dienen. Im Bund und in vielen Bundesländern sehen die Wahlordnungen vor, dass auf den Stimmzetteln zu Wahlen die Bewerberinnen und Bewerber unter Angabe des Familiennamens, Vornamens, Berufs oder Standes und der Anschrift aufzuführen sind.[85] So auch in Rheinland-Pfalz.[86] Jedenfalls die Angabe des Berufes oder Standes ist aber keine Angabe, die notwendig ist, um das Wahlergebnis sicher zu erfassen und nachprüfbar zu machen. Häufig wird auch der akademische Grad von Kandidatinnen und Kandidaten auf dem Stimmzettel genannt. Dieser kann für den Erfolg von Wahlkreiskandidatinnen und -kandidaten durchaus Bedeutung haben.[87] Das Landesverfassungsgericht des Landes Brandenburg hält derartige Regelungen zu Recht für verfassungskonform.[88] Die Entscheidung des Verfassungsgerichtshofs Rheinland-Pfalz führt somit zu einem nicht zu rechtfertigenden Wertungswiderspruch.

Zudem ist es angesichts des Verfassungsrangs des Ziels faktischer Gleichberechtigung (Art. 3 Abs. 2 Satz 2 GG = Art. 17 Abs. 3 RhPfVerf) im politischen Prozess kein schützenswertes Recht der Parteien, den eigenen Stand der Gleichberechtigung verheimlichen zu dürfen.[89]

---

84 Wieland, in: Eckertz-Höfer/Schuler-Harms, S. 147 (156), der das Land Rheinland-Pfalz vor dem RhPfVerfGH vertrat.

85 Für den Bund: § 45 Abs. 1 Nr. 1 Bundeswahlordnung; für Nordrhein-Westfalen: § 29 Abs. 1 Satz 1 Landeswahlordnung i.V.m. Anlage 17, § 32 Kommunalwahlordnung i.V.m. Anlage 17a; auf dem Stimmzettel für die Kommunalwahl soll in Nordrhein-Westfalen auch das Geburtsjahr angegeben werden.

86 § 37 Abs. 1 Nr. 1 Landeswahlordnung, § 75 Abs. 1 Kommunalwahlordnung.

87 Schneider/Tepe, PVS 2011, S. 248 ff.

88 VerfGBbg, Beschluss vom 18. September 2015, Az. 18/15, zitiert nach juris.

89 Ebsen, Gutachten, Tz. 120.

III. Einführung von Quotenregelungen

Schließlich ist an Regelungen zu denken, die Geschlechterquoten vorgeben.

In der Politikwissenschaft wird unter Quote eine positive Maßnahme verstanden, die einen Prozentsatz bzw. eine bestimmte Zahl für die Nominierung oder Vertretung einer spezifischen Gruppe – im Kontext dieser Arbeit Frauen – in einem Gremium vorschreibt, zumeist in Form eines Mindestprozentsatzes.[90] In der Regel dienen Quoten dazu, die Teilhabe unterrepräsentierter Gruppen in Entscheidungsgremien zu erhöhen.[91]

Diese Quoten können unterschiedlich ausgestaltet sein.

1. *Systematisierung von Geschlechterquoten bei Wahlen*

Geschlechterquoten lassen sich unter zwei Gesichtspunkten systematisieren:[92]

a) *Normative Ebene*

Zum einen kann man Geschlechterquoten anhand der normativen Ebene systematisieren, auf der sie geregelt werden. So können unterschieden werden:

aa) *Parteiintern geregelte Geschlechterquoten*

Viele Parteien haben für die parteiinterne Nominierung von Wahlkandidatinnen und -kandidaten freiwillig Quotenregelungen erlassen. Über die weltweite Verbreitung entsprechender parteiintern geregelter Geschlechterquoten informiert die *Gender Quotas Database* des *International Institute for Democracy and Electoral Assistance*[93]. Sie enthält Informationen zu 126 Ländern. Demnach ist in 56 Ländern in den nationalen Parlamenten mindestens eine Partei vertreten, die parteiintern Quoten für die Aufstellung von Kandidatinnen und Kandidaten enthält. Für die 27 EU-Mitgliedsstaaten liegen der *Gender Quotas Database* Daten für 22 EU-Mitgliedstaaten vor. In 18 von ihnen sind in den nationalen Parlamenten Parteien vertreten, die parteiintern Geschlechterquoten geregelt haben. In Deutschland sind dies die CDU, die SPD, BÜNDNIS 90/DIE GRÜNEN und DIE LINKE.

---

90 Dahlerup, in: Dahlerup, S. 19.

91 Dahlerup, in: Dahlerup, S. 19; Phillips, S. 62 f.

92 Dahlerup, in: Dahlerup, S. 19.

93 International Institute for Democracy and Electoral Assistance (International IDEA), https://www.idea.int/data-tools/data/gender-quotas/database (abgerufen: 15. Mai 2021).

bb) Gesetzlich geregelte Geschlechterquoten

Eine andere Variante ist die Regelung von Geschlechterquoten durch Rechtsvorschriften. Solche sind als Regelungen in der Verfassung eines Landes und/ oder aber als einfachgesetzliche Regelungen anzutreffen. Nach Angaben der *Gender Quotas Database* haben weltweit 84 Länder gesetzliche Geschlechterquoten, unter ihnen zehn EU-Staaten: Belgien, Kroatien, Frankreich, Griechenland, Irland, Italien, Polen, Portugal, Slowenien und Spanien.

b) Verfahrensabschnitt

Zum anderen kann man Geschlechterquoten systematisch danach unterscheiden, an welchem Abschnitt im Wahlverfahren die Quotenregelung ansetzt. Folgende Verfahrensabschnitte kommen in Betracht:

aa) Nominierungsprozess

Eine Geschlechterquote kann im Nominierungsprozess ansetzen. Unterschiede gibt es je nach Wahlsystem. Es wird grundsätzlich zwischen Mehrheitswahl und Verhältniswahl (Listenwahl) unterschieden.

(1) Mehrheitswahl

Eine gängige Ausprägung des Mehrheitswahlsystems bei Parlamentswahlen sieht wie folgt aus: In einem Wahlkreis stellen sich verschiedene Kandidatinnen und Kandidaten zur Wahl. Jede Wählerin und jeder Wähler hat eine Stimme. Die Kandidatin oder der Kandidat, die bzw. der die meisten Stimmen auf sich vereinigt, ist gewählt (sog. relative Mehrheitswahl im Ein-Personen-Wahlkreis).[94]

Bei der Nominierung der Wahlkreiskandidatinnen und -kandidaten hat die Labour Party im Vereinigten Königreich für die Parlamentswahl im Jahr 1997 erstmals sog. *All-Women Shortlists* eingeführt. Grund hierfür war, dass der Frauenanteil an Mitgliedern des Unterhauses in den 1990er Jahren bei unter 10 % lag. Nach der Wahl 1982 lag die Frauenanteil sogar nur bei 3 %.[95] Mit der Einführung der *All-Women Shortlists* durften im Rahmen des Labourparteiinternen Nominierungsprozesses in der Hälfte aller Wahlkreise, in denen die Labour Party eine Chance sah, dass der von ihr aufgestellte Kandidat bzw. Kandidatin gewählt würde, nur Frauen zur Wahl gestellt werden. Aufgrund (aber nicht nur) der Einführung von *All-Women Shortlists* zogen 101 Frauen

94 Badura, Kapitel E, Rn. 4.

95 Harman, The Guardian (online), 10. April 2017.

für die Labour Party in das Unterhaus ein; insgesamt stellte die Labour Party 418 Abgeordnete.[96]

(2) Verhältniswahl/Listenwahl

Die Verhältniswahl zeichnet sich dadurch aus, dass Parteien und Wählergruppen Personengruppen zur Wahl stellen. Man spricht auch von Listenwahl. Proportional zu dem Anteil an den abgegebenen Stimmen kann eine Partei oder Wählergruppe eine bestimmte Anzahl an Kandidatinnen und Kandidaten der Liste in das Parlament entsenden.[97] Geschlechterquoten bei der Aufstellung von Kandidatinnen und Kandidaten sind häufig so ausgestaltet, dass vorgegeben wird, dass ein bestimmter Anteil der Kandidatinnen und Kandidaten dem einen und dem anderen Geschlecht angehören muss. Bei der Verhältniswahl muss die Partei oder Wählergruppe also eine bestimmte Anzahl an Kandidaten und Kandidatinnen eines jeden Geschlechts – z. B. mindestens 40 % jeden Geschlechts – zur Wahl stellen. Häufig wird die Regelung noch durch Vorgaben zur Position der Geschlechter ergänzt, um zu verhindern, dass die Kandidatinnen und Kandidaten des unterrepräsentierten Geschlechts auf die wenig erfolgversprechenden hinteren Listenplätze „abgeschoben" werden. So kann festgelegt werden, dass auf jeder Dekade an Plätzen an beliebiger Stelle mindestens vier Kandidaten und Kandidatinnen des jeweiligen Geschlechts zur Wahl gestellt werden müssen. Bei einer festen Quote von jeweils 50 % jeden Geschlechts ist an ein „Reißverschluss-System" zu denken, in dem die Wahlliste abwechselnd mit einer Kandidatin und einem Kandidaten besetzt wird,

---

96 Im Januar 1995 – während im Vereinigten Königreich bereits die Nominierungsverfahren für die nächste Unterhauswahl liefen – wurde das All-Women Shortlist-System von dem Leeds Industrial Tribunal, einem britischen Arbeitsgericht, für rechtswidrig erklärt, weil es gegen den Sex Discrimination Act verstoße. Von den 48 Wahlkreisen, in denen All-Women Shortlists vorgesehen waren wurden 14 Nominierungsverfahren gestoppt. In den 34 Wahlkreisen, in denen das Nominierungsverfahren bereits abgeschlossen war, wurde das Nominierungsverfahren nicht wiederholt. Es blieb also bei der Nominierung unter Anwendung der All-Women Shortlist, vgl. Rentoul/Ward/Macintyre, The Independent (online), 9. Januar 1996. Der relative hohe Anteil weiblicher Parlamentsmitglieder ist nicht ausschließlich auf die All-Women Shortlist zurückzuführen, sondern auch auf die hohe Zahl an Abgeordneten insgesamt. Nach der Unterhauswahl 1997 stellte die Labour Party mit Tony Blair erstmals seit 18 Jahren wieder einen Ministerpräsidenten. Im Vergleich zur Unterhauswahl 1992 konnte Labour 145 Sitze dazu gewinnen und kam auf 418 Sitze, UK Political Info, https://www.ukpolitical.info/1997.htm (abgerufen: 15. Mai 2021).

97 Badura, Kapitel E, Rn. 4.

wobei das Geschlecht der ersten Person auf der Liste durch das der Spitzenkandidatin bzw. des Spitzenkandidaten vorgegeben ist.

Geschlechterquoten bei der Aufstellung der Kandidatinnen und Kandidaten sind zum Beispiel als parteiinterne Quoten in Deutschland bei SPD, BÜNDNIS 90/DIE GRÜNEN und DIE LINKE anzutreffen (zu Einzelheiten vgl. unten D. III. 3. a), Seite 60). Frankreich hat Regelungen für Geschlechterquoten bei der Aufstellung der Kandidatinnen und Kandidaten durch Gesetz eingeführt (zu Einzelheiten vgl. unten D. III. 3. b), Seite 65).

bb) Verteilung der Sitze im Parlament

Schließlich kann eine Geschlechterquote bei der Verteilung der Sitze im Parlament ansetzen. Eine solche Regelung sieht häufig so aus, dass eine bestimmte Anzahl an Sitzen für Kandidatinnen und Kandidaten eines Geschlechts – in der Regel des weiblichen – reserviert ist. Geschlechterquoten durch Reservierung von Sitzen finden sich häufig in Asien und Nahost sowie in aus Konflikten hervorgegangenen afrikanischen Staaten.[98] Naturgemäß können solche Regelungen nur in der Verfassung oder einfachgesetzlich geregelt werden, nicht jedoch parteiintern.

Quotensysteme mittels reservierter Sitze für ein Geschlecht existieren in der EU nicht.

2. Geschlechterquoten und Wahlsystem

Bei der Wahl von Volksvertretungen können zwei Grundsysteme unterschieden werden: Das Mehrheitswahlsystem und das Verhältniswahlsystem.[99] Das Mehrheitswahlsystem zeichnet sich dadurch aus, dass alle in einem Wahlkreis zu vergebenden Mandate der stärksten Partei zugesprochen werden. Ist nur ein Mandat zu vergeben, wird es dem Kandidaten bzw. der Kandidatin zugesprochen, der bzw. die die meisten Stimmen auf sich vereint („the winner takes it all"). Das Verhältniswahlsystem zeichnet sich dadurch aus, dass die Mandate in einem Wahlkreis jeweils entsprechend dem Stimmenverhältnis auf alle Parteien und Einzelkandidaten verteilt werden.

---

98 Matland, in: Dahlerup, S. 286; Dahlerup, in: Dahlerup, S. 294, Tabelle 14.1.

99 A.A. Meyer: in: Isensee/Kirchhof, HBStR, Bd. 3, 3. Auflage, 2005, § 45, Rn. 25 ff., der die Auffassung vertritt, dass Wahlverfahren nicht primär nach ihrer Technik klassifiziert werden können, denn die wahltechnischen Elemente ließen sich fast beliebig kombinieren.

Das Mehrheitswahlsystem ist häufig so ausgestaltet, dass ein Wahlgebiet entsprechend der Anzahl der zu besetzenden Parlamentssitze in Wahlkreise aufgeteilt wird und pro Wahlkreis ein Parlamentsmitglied gewählt wird. Man spricht dann von einem Einpersonenwahlkreis. Und weil die Persönlichkeit der Kandidaten und Kandidatinnen in diesem Fall im Vordergrund steht, spricht mach auch von einer Persönlichkeitswahl.[100]

Die Verhältniswahl wiederum ist häufig so ausgestaltet, dass die zur Wahl stehenden Kandidatinnen und Kandidaten von den Parteien und Wählergruppen auf Listen in einer bestimmten Reihenfolge zur Wahl gestellt werden.[101] Die Sitze, die auf eine Partei oder Wählergruppe aufgrund der für sie abgegebenen Stimmen entfallen, werden durch ein Verfahren, wie z.B. durch das d'Hondtsche Höchstzahlverfahren, berechnet. Entsprechend der auf eine Partei oder Wählergruppe entfallenden Sitze sind die Kandidatinnen und Kandidaten entsprechend der Reihenfolge der Liste gewählt. Man spricht auch von einer Listenwahl. Die Listen können frei oder starr gestaltet sein. Von freien Listen spricht man, wenn ein Wahlsystem vorsieht, dass die Wählerinnen und Wähler innerhalb einer Liste Kandidatinnen oder Kandidaten wählen können.[102] So können Kandidatinnen oder Kandidaten, die im Rahmen des Nominierungsverfahrens nur hintere Listenplätze erhalten haben, auf einen aussichtsreicheren Listenplatz „nach vorne" gewählt werden. Bei freien Listen haben die Wählerinnen und Wähler also Einfluss auf die Reihenfolge der Liste. Bei starren Listen wiederum kann eine Liste nur als Ganzes gewählt werden, ohne dass die Wählerinnen und Wähler Einfluss auf die Reihenfolge der Kandidatinnen und Kandidaten haben.

Beide Grundsysteme, also das Mehrheitswahlsystem und das Verhältniswahlsystem, können miteinander kombiniert werden. So geschehen in Deutschland, wo man von einem personalisierten Verhältniswahlrecht spricht.[103] So besteht der Deutsche Bundestag, vorbehaltlich der sich aus dem Bundeswahlgesetz ergebenden Abweichungen durch sog. Überhangmandate, aus 598 Abgeordneten, § 1 Abs. 1 BWahlG. Jeder Wähler und jede Wählerin hat zwei Stimmen. Von den Abgeordneten werden 299 nach den Grundsätzen der relativen Mehrheitswahl in Ein-Person-Wahlkreisen (Erststimme) und die übrigen nach den Grundsätzen der Verhältniswahl mit sog. Landeslisten (Zweitstimme) gewählt, § 1 Abs. 2 BWahlG. Bei letzterer entspricht ein Wahlkreis, in dem eine Partei

100 Badura, Kapitel E, Rn. 4.
101 Badura, Kapitel E, Rn. 4.
102 Badura, Kapitel E, Rn. 4.
103 Badura, Kapitel E, Rn. 7.

oder eine Wählergruppe sich zur Wahl stellt, den Grenzen eines jeden der 16 Bundesländer. Für die Verhältniswahl gibt es also 16 Wahlkreise.

Abgesehen von Sonderfällen richtet sich die Zusammensetzung des Deutschen Bundestags – also die Anzahl der Mandate, die jede Partei bzw. jede Wählergruppe erhält – allein danach, wie viele Stimmen eine Partei oder eine Wählergruppe im Rahmen der Verhältniswahl (Zweitstimme) auf sich vereinigt.[104] Die Wählerstimmen werden dabei in zwei Schritten in Mandate umgerechnet. Im ersten Schritt werden jedem der 16 Bundesländer Sitzkontingente anhand des jeweiligen Bevölkerungsanteils zugeteilt, § 6 Absatz 2 Satz 1 BWahlG. Im zweiten Schritt werden diese Sitzkontingente dann entsprechend der im jeweiligen Bundesland erzielten Zweitstimmen auf die Parteien und Wählergruppen verteilt. Die einer Partei oder Wählergruppe zustehenden Sitze im Deutschen Bundestag werden dann zunächst von den mittels Erststimme gewählten Wahlkreiskandidaten und -kandidatinnen besetzt. Falls dann noch Sitze verbleiben, werden diese durch die Kandidatinnen und Kandidaten der Landesliste entsprechend der Reihenfolge (1., 2., 3., ...) vergeben.

Nicht jede Quotenregelung eignet sich für jedes der beschriebenen zwei Grundsysteme oder für Mischsysteme.

a) Einfache Quote beim Verhältniswahlsystem

Bei Wahlen nach dem Verhältniswahlsystem unter Verwendung starrer Listen lässt sich eine Geschlechterquote leicht implementieren. So kann man den Parteien und Wählergruppen vorschreiben, dass ein bestimmter Anteil der Listenplätze mit Männern und ein bestimmter Anteil mit Frauen besetzt sein müssen. So kann eine Regelung beispielhaft lauten, dass auf jeder eingereichten Liste mindestens ein Vertreter jeden Geschlechts genannt sein muss.

b) Qualifizierte Quote mit Vorgaben zur Listenreihenfolge beim Verhältniswahlsystem

Bei Wahlen nach dem Verhältniswahlsystem werden auf den Listen der Parteien und Wählergruppen erfahrungsgemäß häufig mehr Kandidatinnen und Kandidaten aufgestellt als eine Partei oder Wählergruppe nach der Wahl aufgrund ihres Stimmenanteils an Parlamentssitzen besetzen kann. Eine einfache Quote kann daher dazu führen, dass die Kandidatinnen und Kandidaten ihrem Geschlecht nach nicht gleichmäßig auf einer Liste verteilt werden. Es droht also die Gefahr, dass die Kandidatinnen und Kandidaten des einen oder anderen

104 BADURA, Kapitel E, Rn. 7.

Geschlechts auf den hinteren Plätzen platziert werden. Dies hätte zur Folge, dass die Quote sich nicht bei der Besetzung der Sitze in einem Parlament widerspiegelt. Wenn also bei einer Quotenregelung auf einer Liste Kandidatinnen und Kandidaten zu mindestens jeweils 40 % vertreten sein müssen und auf einer Liste mit zehn Kandidaten und Kandidatinnen die ersten sechs Plätze von Männern und die letzten von vier Frauen besetzt werden, dann werden nur Männer gewählt, wenn über diese Liste nur fünf Parlamentssitze zu besetzen sind.

Um diesem Problem vorzubeugen, bietet sich die Regelung einer qualifizierten Quote an, durch die neben der Quote auch Vorgaben über die Verteilung der Sitze auf einer Liste gemacht werden. Bei einer Quote von 50 % bietet sich ein „Reißverschlusssystem" an, bei dem die Listenplätze abwechselnd mit Kandidatinnen und Kandidaten des einen und des anderen Geschlechts besetzt werden. Bei einer Quote von unter 50 % bietet sich an, Vorgaben zu Dekaden von Listenplätzen zu machen. So kann zum Beispiel geregelt werden, dass auf den ersten zehn Listenplätzen Kandidatinnen und Kandidaten jeden Geschlechts zu 40 % vertreten sein müssen; gleiches gilt für die Plätze elf bis 20 usw.

Beim „Reißverschlusssystem" stellt sich allerdings das Problem, ob eine Kandidatin oder ein Kandidat die Liste anführen soll. Bei einer geraden Anzahl an Wahlkreisen bietet sich eine Regelung an, die vorschreibt, dass in der Hälfte der Wahlkreise die Listen von einer Kandidatin und in der anderen Hälfte die Liste von einem Kandidaten angeführt werden muss.

c) Einfache Quote beim Mehrheitswahlsystem mit Einpersonenwahlkreisen

Bei einem Mehrheitswahlsystem ist es schwieriger als bei einem Verhältniswahlsystem eine Geschlechterquote zu implementieren, die sich auch mit Sicherheit bei der Zusammensetzung des zu wählenden Parlaments zeigt. Das gilt jedenfalls für die Fälle, in denen das Mehrheitswahlsystem mit Einpersonenwahlkreisen umgesetzt wird. Treten bei einer Wahl zwei Parteien an und stellen über Kreuz in der einen Hälfte Kandidatinnen und in der anderen Hälfte Kandidaten (Wahlkreis 1: X-Partei ein Mann, Y-Partei eine Frau; Wahlkreis 2: X-Partei eine Frau, Y-Partei ein Mann), dann kann im Ergebnis das Parlament trotzdem nur mit Mitgliedern eines Geschlechts besetzt sein (Wahlkreis 1: X-Partei gewinnt = ein Mann wird Parlamentsmitglied; Wahlkreis 2: Y-Partei gewinnt = ein Mann wird Parlamentsmitglied). Erschwerend kommt hinzu, dass bei einer einfachen Quote beim Mehrheitswahlsystem die Gefahr droht, dass Kandidatinnen und Kandidaten eines Geschlechts vermehrt in Wahlkreisen aufgestellt werden, in denen ein Sieg als wenig aussichtsreich gilt, und es so zu einer Diskriminierung kommt. Dem hat die Labour-Party im Vereinigten

Königreich versucht durch *All-Women-Shortlists* entgegenzuwirken (vgl. oben D. III. 1. b) aa) (1), Seite 53). Ein weiteres Modell wurde bei der Wahl zum schottischen Parlament 1999 von der schottischen Labour Party angewandt. Es handelt sich um das so genannte „twinning". Dabei wurden immer zwei Wahlkreise unter dem Gesichtspunkt der Aussicht, den Wahlkreis zu gewinnen, „gepaart". In den jeweils gepaarten Wahlkreisen mussten in einem ein Mann, in einem andern eine Frau als Wahlkreiskandidaten aufgestellt werden.[105]

Eine sichere Umsetzung einer Geschlechterquote in einem Mehrheitswahlsystem mit Einpersonenwahlkreisen wäre also nur dann gewährleistet, wenn in einem Wahlkreis alle Kandidaten demselben Geschlecht angehören würden.

d) Einfache Quote beim Mehrheitswahlsystem mit Zweipersonenwahlkreisen

Das oben beschriebene Problem lässt sich lösen, wenn man das Mehrheitswahlsystem nicht in Einpersonenwahlkreisen, sondern in Zweipersonenwahlkreisen umsetzt. Bei dieser Form des Mehrheitswahlsystems wählt jeder Wähler bzw. jede Wählerin mit seiner bzw. ihrer Stimme gleichzeitig zwei Kandidaten im Tandem, wobei das Tandem aus einer Kandidatin und einem Kandidaten besteht. Der Unterschied zum Verhältniswahlsystem bleibt dabei bestehen, da von Anfang an klar ist, dass das Tandem, das die meisten Stimmen (relativ) auf sich vereint, gewählt ist. Das Mehrheitswahlsystem kann auch so ausgestaltet werden, dass in jedem Wahlkreis mehr als zwei Personen zur Wahl antreten, wobei je nach Quotenwunsch Vorgaben zu den Geschlechtern der gemeinsam antretenden Kandidatinnen und Kandidaten gemacht werden können.

Die Umstellung eines Mehrheitswahlsystems von Einpersonen- auf Zweipersonenwahlkreise hat eine Verdoppelung der Wahlkreismandate zur Folge – es sei denn, man halbiert die Anzahl der Wahlkreise.

e) Einfache Quote beim Mehrheitswahlsystem und Ausgleich über eine Liste

Bei einem Mischsystem von Mehrheitswahlsystem und Verhältniswahlsystem, wie dem in der Bundesrepublik Deutschland zur Anwendung kommenden personalisierten Verhältniswahlrecht, bietet sich noch folgende Lösung der Probleme an, die bei einer einfachen Quote mit Einpersonenwahlkreisen auftreten: Wie oben beschrieben, werden die Mandate des Bundestags zur Hälfte an Wahlkreiskandidatinnen und -kandidaten und zur anderen Hälfte an Listenkandidatinnen und -kandidaten vergeben. Eine Unwucht bei dem

---

105 Dahlerup/Freidenval, Geschlechterquoten bei Wahlsystem (2008), S. 17.

Geschlecht der Wahlkreiskandidaten könnte in diesem Fall durch die Verteilung der Mandate über die Wahllisten ausgeglichen werden. Eine Überrepräsentation eines Geschlechts bei den Wahlkreiskandidaten könnte so durch die Listenkandidaten ausgeglichen werden, indem von der Liste nur Kandidatinnen und Kandidaten des unterrepräsentierten Geschlechts in den Bundestag einziehen.

Eine derartige Regelung hat allerdings einen Nachteil: Zwar wird die Hälfte der Mandate über Wahlkreismandate und zur anderen Hälfte über Listenmandate vergeben. Dies trifft aber nicht auf alle Parteien gleichermaßen zu. So hat beispielsweise bei der Wahl zum 19. Deutschen Bundestag (Bundestagswahl vom 12. September 2017) die CSU ihre 46 Mandate allein durch Wahlkreismandate gewonnen und kein Mandat über die Landesliste. Im Gegensatz dazu hat beispielsweise die FDP alle ihre Mandate über die Liste gewonnen. Mit anderen Worten: Bei dem jetzigen Wahlsystem sind durchaus Konstellationen denkbar, in denen eine Partei das Defizit des einen Geschlechts nicht durch die Liste ausgleichen kann. Ein Ausgleich durch die Liste müsste dann parteiübergreifend erfolgen, was rechtlich nicht vertretbar ist und politisch nicht durchsetzbar ist. Denn von einer Quotenregelung wären in diesem Fall die Parteien, die keine Wahlkreismandate erzielen, deutlich stärker betroffen als jene, die viele Wahlkreismandate gewinnen.

3. *Wirksamkeit von Geschlechterquoten*

Schließlich stellt sich die Frage nach der Wirksamkeit von Geschlechterquoten. Im Folgenden soll der Frage nachgegangen werden, ob und unter welchen Voraussetzungen die Regelung einer Geschlechterquote auch tatsächlich zu der gewünschten Quote führt.

a) Quotenregelungen in Deutschland

In Deutschland haben von den im 19. Deutschen Bundestag vertretenen Parteien vier Parteien Bestimmungen zu Geschlechterquoten in ihre Satzungen aufgenommen.

Das Organisationsstatut[106] der SPD sieht in § 11 Abs. 2 vor, dass unter den Mandatsträgern der Partei mindestens 40 % Frauen und mindestens 40 % Männer vertreten sein müssen. Es handelt sich um eine Selbstverpflichtung (im Gegensatz zu einer Sollvorschrift wie zum Beispiel bei der CDU, siehe sogleich).

106 Stand: 6. Dezember 2019.

Die SPD hat die parteiinterne Frauenquote bereits 1988 eingeführt. Zunächst galt eine Geschlechterquote von 33 % für Ämter und Mandate. Seit 1998 gilt die Geschlechterquote von 40 %.[107]

Gemäß § 3 Abs. 1 der Satzung des Bundesverbandes[108] der Partei BÜNDNIS 90/DIE GRÜNEN in Verbindung mit § 1 Abs. 1 Frauenstatut sind Wahllisten grundsätzlich alternierend mit Frauen und Männern zu besetzen, wobei den Frauen die ungeraden Plätze zur Verfügung stehen. Frauen können auch auf den geraden Plätzen kandidieren. Es ist deshalb von einer „Mindestparität" die Rede; auch reine Frauenlisten sind somit möglich. Auch hierbei handelt es sich um eine Selbstverpflichtung. Eine Frauenquote hat BÜNDNIS 90/DIE GRÜNEN bereits bei ihrer Gründung 1979 (als DIE GRÜNEN) in die Satzung aufgenommen.

Nach § 10 Abs. 5 der Bundessatzung[109] der Partei DIE LINKE ist bei der Aufstellung von Wahlbewerbern und Wahlbewerberinnen für Parlamente und kommunale Vertretungskörperschaften auf einen mindestens hälftigen Frauenanteil in der Fraktion bzw. in der Abgeordnetengruppe hinzuwirken. Bei Wahlvorschlagslisten sind einer der beiden ersten Listenplätze und im Folgenden die ungeraden Listenplätze Frauen vorbehalten, soweit Bewerberinnen zur Verfügung stehen. Es handelt sich auch hier um eine Selbstverpflichtung. Reine Frauenlisten sind möglich. Die innerparteiliche Frauenquote existiert seit der Gründung im Jahr 2007.[110]

In der CDU sollen gemäß § 15 Abs. 2 der Parteistatuten[111] Frauen an öffentlichen Mandaten mindestens zu einem Drittel beteiligt sein. § 15 Abs. 5 ergänzt, dass bei der Aufstellung von Listen für Kommunal- und Landtagswahlen, für die Wahlen zum Deutschen Bundestag und zum Europäischen Parlament das vorschlagsberechtigte Gremium unter drei aufeinander folgenden Listenplätzen jeweils mindestens eine Frau vorschlagen soll. Es handelt sich also um eine Sollvorschrift und keine Selbstverpflichtung. Die CDU spricht auch nicht von einer Quote sondern von einem „Frauenquorum", vgl. § 15 Abs. 3 der Parteistatuen. Die CDU hat das Frauenquorum 1996 eingeführt.[112]

---

107 Davidson-Schmich/Kürschner, ZParl 1/2011, S. 25 (27).

108 Stand: 18. Dezember 2020.

109 Stand: 22. Februar 2019.

110 Beschluss der Parteitage der WASG und der Linkspartei.PDS am 24. und 25. März 2007 in Dortmund.

111 Stand: 2. Februar 2019.

112 Alemann, S. 143.

Die Satzungen von AfD, FDP und CSU enthalten keine Quotenregelungen. Die Satzung der AfD schließt sie sogar ausdrücklich aus.[113]

		Wahlkreiskandidaten/ innen				**Landeslistenkandidaten/ innen**			
		insges.	**M**	**F**	**F in %**	**insges.**	**M**	**F**	**F in %**
CDU	BT 2017	253	197	56	22,1	425	256	169	39,8
	BT 2013	254	195	59	23,2	399	256	143	35,8
	BT 2009	254	199	55	21,7	397	256	141	35,5
	BT 2005	254	208	46	18,1	465	316	149	32,0
SPD	BT 2017	299	186	113	37,8	475	281	194	40,8
	BT 2013	299	189	110	36,8	415	247	168	40,5
	BT 2009	299	192	107	35,8	438	275	163	37,2
	BT 2005	299	195	104	34,8	479	295	184	38,4
GRÜNE	BT 2017	298	173	125	41,9	274	133	141	51,5
	BT 2013	299	178	121	40,5	281	138	143	50,9
	BT 2009	296	190	106	35,8	198	100	98	49,5
	BT 2009	297	197	100	33,7	238	132	106	44,4
LINKE	BT 2017	298	201	97	32,6	194	95	99	51,0
	BT 2013	298	203	95	31,9	187	93	94	50,3
	BT 2009	297	190	106	35,8	227	123	104	45,8
	BT 2005	290	224	66	22,8	302	168	134	44,5

Anteil der Geschlechter der Kandidatinnen und Kandidaten von Parteien mit parteiinterner Geschlechterquote in ausgewählten Bundestagswahlen[114]

Anhand der Geschlechter der Wahlkreiskandidatinnen und -kandidaten und Listenkandidatinnen und -kandidaten der vergangenen Bundestagswahlen lässt sich überprüfen, wie es den Parteien gelingt, ihre parteiinternen Regelungen umzusetzen. Schaut man sich die letzten vier Bundestagswahlen (2005,

113 § 5 Abs. 2 der Bundessatzung vom 29. November 2015, zuletzt geändert am 1. Dezember 2019.

114 Eigene Auswertung auf Grundlage der Daten des Bundeswahlleiters zu den Bundestagwahlen 2005, 2009, 2013, 2017.

2009, 2013, 2017) in der vorstehenden Tabelle an, fällt generell über alle Parteien hinweg auf, dass es besonders schwierig ist, die parteiinternen Quotenregelungen bei der Aufstellung der Wahlkreiskandidatinnen und -kandidaten umzusetzen. Selbst die Parteien, die dem linken Parteispektrum zugeordnet werden können und bei denen traditionell die Frauenförderung einen höheren Stellenwert hat als bei den Parteien, die dem mittigen und bürgerlich-konservativen Spektrum der Parteien zugeordnet werden können, haben Schwierigkeiten, die selbst gesteckten Ziele zu erreichen. Anders hingegen zeigt sich das Bild bei der Nominierung der Kandidatinnen und Kandidaten für die Landeslisten. Hier haben alle Parteien ihre intern gesteckten Ziele weitgehend erreicht.

		Wahlkreis-kandidatinnen in %	**gewählte Wahl-kreiskandidatinnen in %**	**Listenkandi-datinnen in %**	**gewählte Listen-kandidatinnen in %**
CDU	BT 2017	22,1	19,5	39,8	33,3
	BT 2013	23,2	19,4	35,8	40,6
	BT 2009	21,7	19,1	35,5	42,9
	BT 2005	18,1	14,2	32,0	31,1
SPD	BT 2017	37,8	27,1	40,8	51,0
	BT 2013	36,8	31,0	40,5	48,9
	BT 2009	35,8	29,7	37,2	45,1
	BT 2005	34,8	25,9	38,4	45,5
GRÜNE	BT 2017	41,9		51,5	57,6
	BT 2013	40,5		50,9	56,5
	BT 2009	35,8		49,5	55,2
	BT 2005	33,7		44,4	58,0
LINKE	BT 2017	32,6		51,0	54,7
	BT 2013	31,9		50,3	56,7
	BT 2009	35,8		45,8	55,0
	BT 2005	22,8		44,5	47,1

Anteil der Frauen unter den Kandidatinnen und Kandidaten und den gewählten Mitgliedern des Bundestags von Parteien mit parteiinterner Geschlechterquote[115]

115 Eigene Auswertung auf Grundlage der Daten des Bundeswahlleiters zu den Bundestagwahlen 2005, 2009, 2013, 2017.

Die Umsetzung der parteiinternen Vorgaben bei der Aufstellung der Wahlkreiskandidatinnen und -kandidaten sowie der Listenkandidatinnen und -kandidaten ist aber nur der erste Schritt für die Beantwortung der Frage, wie wirksam die parteiinternen, geregelten Geschlechterquoten in Deutschland sind. Entscheidend ist, ob und wie sich die Quote im Wahlergebnis niederschlägt. Dies lässt sich durch einen Vergleich der Geschlechter der Kandidatinnen und Kandidaten und der Geschlechter der gewählten Parlamentsmitglieder ermitteln. Die Zahlen der letzten vier Bundestagswahlen zeigen, dass der Frauenanteil an den Wahlkreiskandidaturen deutlich höher ist als unter den in den Wahlkreisen tatsächlich gewählten Mitgliedern des Bundestags. Für die SPD stellten sich zur Bundestagswahl 2007 in den 299 Wahlkreisen 113 Frauen zur Wahl. Die Frauenquote lag somit bei 37,8 %. Die SPD gewann in 59 Wahlkreisen; unter den 59 Wahlkreissiegerinnen und -sieger waren allerdings nur 16 Frauen, die Frauenquote lag mithin nur noch bei 27,1 %. Einzelheiten für die CDU und andere Bundestagswahlen ergeben sich aus der obigen Tabelle. Da nur CDU und SPD bei den vergangenen Bundestagswahlen Wahlkreismandate in nennenswertem Umfang gewinnen konnten, lassen sich nur für sie die Zahlen vergleichen. Die Zahlen lassen den Schluss zu, dass Frauen vermehrt in solchen Wahlkreisen aufgestellt werden, in denen wenig Aussicht für die aufstellende Partei besteht, diese zu gewinnen.

Bei den Landeslisten ist das umgekehrte Phänomen zu erkennen. Wenn man sich das Verhältnis ansieht zwischen dem Frauenanteil auf den Landeslisten und dem Anteil der Frauen, die über die Landeslisten in den Bundestag einziehen, fällt auf, dass der Frauenanteil unter den gewählten Personen höher ist als unter den Kandidatinnen und Kandidaten. So hatte die SPD bei der Bundestagswahl 2017 beispielsweise 475 Listenkandidatinnen und -kandidaten zur Wahl gestellt, wovon 194 weiblich waren. Dies entspricht einem Frauenanteil von 40,8 %. Tatsächlich zogen von den 475 Kandidatinnen und Kandidaten 94 in den Bundestag, wovon 48 Frauen waren. Die Frauenquote unter den über die Landeslisten gewählten Kandidatinnen und Kandidaten lag somit bei 51 %. Dieses Ergebnis lässt sich so erklären, dass auf den vorderen aussichtsreichen Listenplätzen der Frauenanteil höher war, als unter den weniger aussichtsreichen Plätzen am Ende der Listen. Weitere Einzelheiten für andere Parteien und Bundestagswahlen ergeben sich ebenfalls aus der obigen Tabelle.

Als Ergebnis lässt sich festhalten, dass parteiinterne Frauenquoten durchaus ihre Wirkung zeigen, dass der Grad der Wirksamkeit jedoch im Rahmen des Mehrheitswahlsystems und des Verhältniswahlsystems sehr unterschiedlich ist.

b) Das Parité-Gesetz in Frankreich

Zum Schluss soll noch ein Blick auf Frankreich geworfen werden, wo im Jahr 2000 eine gesetzlich geregelte Geschlechterquote eingeführt wurde und die von Befürwortern von Geschlechterquoten häufig als Vorbild für den Erfolg solcher Quoten genannt wird.[116]

aa) Inhalt des Parité-Gesetzes

Das Parité-Gesetz wurde durch Verfassungsänderung im Juli 1999 vorbereitet.[117] Es wurde dem Artikel 3 folgender Absatz angefügt: „*Das Gesetz fördert den gleichen Zugang von Frauen und Männern zu den Wahlmandaten und -ämtern.*" Weiter wurde Artikel 4 wie folgt ergänzt: „*[Die Parteien] tragen unter den gesetzlich festgelegten Bedingungen zur Verwirklichung des im letzten Absatz von Artikel 3 enthaltenen Grundsatzes bei.*"

Mit Gesetz vom 6. Juni 2000[118] wurde dann das „*Gesetz über den gleichen Zugang von Frauen und Männern zu Wahlmandaten und auf Wahl beruhenden Ämtern*" erlassen. Das Gesetz wird häufig als „Parité-Gesetz" bezeichnet, obwohl das Wort „parité" vermieden wurde.[119]

Das Parité-Gesetz galt zunächst für die Europawahlen, die Wahlen zur Nationalversammlung (Unterhaus), die Wahlen zum Senat (Oberhaus) in Départements mit mehr als vier Senatoren, die Regionalwahlen, die Kommunalwahlen in Gemeinden ab 3.500 Einwohnern (dies betrifft nur 7,7 % der Kommunen[120]) sowie die Wahlen zur Volksvertretung von Korsika. Im Rahmen einer Gesetzesänderung im Mai 2013[121] wurde für die Anwendbarkeit des Parité-Gesetzes die Einwohnerzahl für Kommunalwahlen auf 1.000 Einwohner herabgesetzt.

In Frankreich kommen bei den Wahlen zu den verschiedenen Volksvertretungen verschiedene Wahlsysteme zur Anwendung. So werden die Mitglieder zur Nationalversammlung im Wege der Mehrheitswahl gewählt.[122] Die Wahlen

---

116 Laskowski, djbZ 2014, S. 93.

117 Einen Überblick geben: Zimmermann, EuGRZ 2000, S. 431; Mayer EuGRZ 2005, S. 17.

118 Loi n° 2000–493 du 6 juin 2000 tendant à favoriser l'égal accès des femmes et des hommes aux mandats électoraux et fonctions électives.

119 Dahlerup/Freidenval, Geschlechterquoten bei Wahlsystem (2008), S. 57.

120 Sineau, in: Dahlerup/Freidenval, Electoral Gender Quota Systems (2011), S. 71.

121 Loi n° 2013–403 du 17 mai 2013 relative à l'élection des conseillers départementaux, des conseillers municipaux et des conseillers communautaires, et modifiant le calendrier électoral.

122 Landeszentrale für politische Bildung Baden-Württemberg, https://www.lpb-bw.de/das-franzoesische-wahlsystem (abgerufen: 15. Mai 2021).

zum Senat finden teilweise im Weg der Mehrheitswahl und teilweise im Weg der Verhältniswahl statt. Welches Wahlsystem Anwendung findet, richtet sich nach der Einwohnerzahl des Départements. In Départements, die bis zu drei Senatoren wählen (die Mehrheit der Départements), wird im Wege der Mehrheitswahl gewählt. In Départements, die vier und mehr Senatoren wählen (ca. 60), erfolgt die Wahl nach dem Verhältniswahlrecht.[123] Ebenfalls im Wege der Verhältniswahl werden die Wahlen zum Gemeinderat, zum Regionalrat und zum Europäischen Parlament abgehalten.

Verhältniswahl
Bei Wahlen, die nach den Regeln der Verhältniswahl durchgeführt werden, müssen die Parteien nach dem Gesetz Wahllisten aufstellen, auf denen die Geschlechter der Kandidaten und Kandidatinnen nicht mehr als ein Prozent abweichen dürfen. Der Anteil der Geschlechter darf also jeweils nicht unter 49,5 % liegen. Je nach Volksvertretung, die gewählt wird, macht das Parité-Gesetz noch Vorgaben, wie die Männer und Frauen auf den Wahllisten zu verteilen sind.

Für Senatswahlen, Regionalwahlen und bei der Wahl zum Europäischen Parlament muss ein Reißverschlusssystem angewandt werden. Es müssen also abwechselnd Frauen und Männer auf die Liste gesetzt werden.

Bei den Wahlen zum Gemeinderat sieht das Gesetz im Hinblick auf die Paritätsverpflichtungen Erleichterungen vor. Zum einen findet das Parité-Gesetz – wie zuvor bereits erwähnt – auf Gemeinderatswahlen in Gemeinden mit weniger als 1.000 Einwohnern keine Anwendung. Zum anderen genügt es, dass in jeder Gesamtgruppe von sechs Kandidaten eine gleiche Anzahl von jedem Geschlecht vertreten sein muss.

Mehrheitswahl
Die Wahlen zur französischen Nationalversammlung finden im Wege der Mehrheitswahl statt. Die Nationalversammlung besteht aus 577 Abgeordneten. Sie werden direkt nach dem Mehrheitswahlrecht in zwei Wahlgängen gewählt. Im ersten Wahlgang ist gewählt, wer 50 % + X der abgegebenen Stimmen (absolute Mehrheit) und gleichzeitig mindestens 25 % der Stimmen der registrierten Wählerinnen und Wähler erhält. Erreicht diese Zahlen keine Kandidatin bzw. kein Kandidat, darf am zweiten Wahlgang teilnehmen, wer im ersten Wahlgang mindestens 12,5 % der Stimmen der registrierten Wähler und Wählerinnen

---

123 Landeszentrale für politische Bildung Baden-Württemberg, https://www.lpb-bw.de/das-franzoesische-wahlsystem (abgerufen: 15. Mai 2021)

erhalten hat. Gewonnen hat die Kandidatin bzw. der Kandidat, die bzw. der die relative Mehrheit der abgegebenen Stimmen auf sich vereint.[124]

In jedem der 577 Wahlkreise kann jede Partei nur eine Kandidatin bzw. einen Kandidaten aufstellen. Nach dem Parité-Gesetz müssen die Parteien Kandidatinnen und Kandidaten so aufstellen, dass die Differenz zwischen Kandidatinnen und Kandidaten nicht mehr als zwei Prozent beträgt. Das heißt, dass von allen Kandidatinnen und Kandidaten mindestens 49 % bzw. 51 % das eine bzw. das andere Geschlecht haben dürfen. Allerdings sind nach dem Parité-Gesetz nur Parteien dazu verpflichtet, die in mindestens 50 Wahlkreisen, verteilt auf mindestens 30 Départements, antreten.

bb) Sanktionen

Bei Verhältniswahlen – also allen Wahlen, außer denen zur Nationalversammlung – werden Parteien, deren Wahllisten nicht den Anforderungen des Parité-Gesetzes entsprechen, nicht zur Wahl zugelassen. Bei den Wahlen zur Nationalversammlung, die im Wege der Mehrheitswahl durchgeführt werden, sieht das Parité-Gesetz vor, dass die staatlichen Zuschüsse zur Parteienfinanzierung gekürzt werden.[125]

Die staatliche Finanzierung der Parteien und politischen Gruppierungen in Frankreich erfolgt auf folgende Art und Weise: Die Höhe der staatlichen Zuschüsse errechnet sich zum einen anhand der Anzahl der Stimmen, die eine Partei oder politische Gruppierung im ersten Wahldurchgang erreichte, zum anderen anhand der Zahl der tatsächlich erreichten Sitze in der Nationalversammlung.

Die Kürzung der staatlichen Zuschüsse betrifft nur den Teil der staatlichen Finanzierung, der anhand der Anzahl der Stimmen errechnet wird, die eine Partei oder politische Gruppierung im ersten Wahldurchgang erreichte. Die Höhe der Kürzung richtet sich nach der prozentualen Abweichung von der Paritätsvorgabe und betrug zunächst die Hälfte der prozentualen Differenz. Wenn eine Partei von 40 % Frauen und 60 % Männern in der Nationalversammlung vertreten wurde, dann betrug die Differenz 20 Prozentpunkte. Die staatlichen Zuschüsse wurden dann um die Hälfte von 20 %, also um 10 % gekürzt. Nach der Reform des Gesetzes 2007[126] wurden die Sanktionen verschärft. Die

---

124 WD BT, Neuregelung der Wahl der französischen Nationalversammlung, S. 3.

125 Galetti/Wissmann, S. 3.

126 Loi n° 2007–128 du 31 janvier 2007 tendant à promouvoir l'égal accès des femmes et des hommes aux mandats électoraux et fonctions électives.

Kürzung beträgt nun 75 % der Differenz und nicht mehr 50 %. Im obigen Beispiel würde die Kürzung demnach 15 % des Anteils der Parteienfinanzierung betragen, der anhand der Anzahl der Stimmen errechnet wird, die eine Partei oder politische Gruppierung im ersten Wahldurchgang erreichte. Die Reform fand bei der Wahl zur Nationalversammlung 2007 erstmals Anwendung.[127]

cc) Bewertung des Parité-Gesetzes

Das französische Parité-Gesetz zeigte dort die gewünschte Wirkung, wo Verstöße gegen die Regeln durch Zurückweisung der Wahlvorschläge sanktioniert wurden, und es zeigt, dass Parité-Regeln bei Verhältniswahlen deutlich einfacher zu implementieren sind als bei Mehrheitswahlen.

(1) Nationalversammlung

Während der Fünften Französischen Republik, die durch die Verfassung von 1958 bestimmt wird, hat sich der Frauenanteil bei den Wahlen zur Nationalversammlung wie folgt entwickelt:

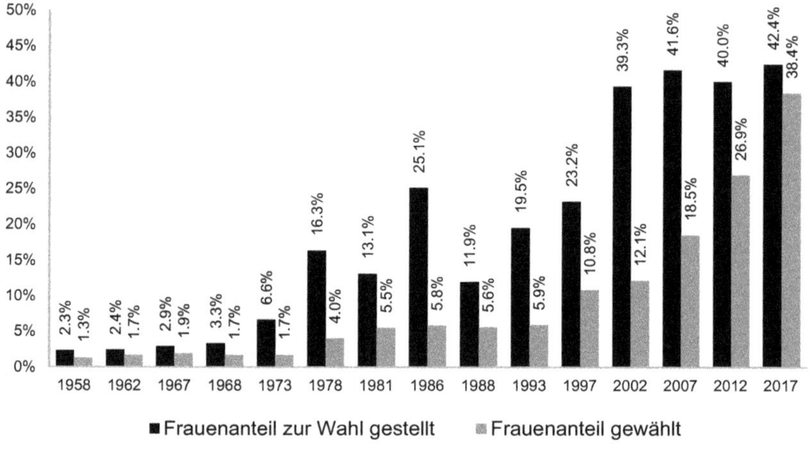

Entwicklung des Frauenanteils bei der Wahl zur französischen Nationalversammlung[128]

127 Sineau, in: Dahlerup/Freidenval, Electoral Gender Quota Systems (2011), S. 72.

128 Législatives 2017: 224 femmes élues, un chiffre historique, Le Monde, 19. Juni 2017, https://www.lemonde.fr/elections-legislatives-2017/article/2017/06/19/legislatives-2017-223-femmes-elues-un-record_5146848_5076653.html (abgerufen: 15. Mai 2021).

Wie die Grafik zeigt, entfaltete das Parité-Gesetz bei der ersten Wahl zur Nationalversammlung 2002 kaum Wirkung. Der Frauenanteil stieg nur um 1,3 Prozentpunkte von 10,8 % auf 12,1 % an. Erst in den folgenden Wahlen erhöhte sich der Frauenanteil deutlich. Allerdings wurde selbst bis zur letzten Wahl im Jahre 2017 noch keine Gleichheit der Geschlechter erreicht, wie sie das Parité-Gesetz eigentlich beabsichtigte zu erzielen.

Man kann sich daher durchaus fragen, ob das Parité-Gesetz überhaupt eine Auswirkung auf den Anteil der Frauen in der Nationalversammlung hatte und hat. Oder wäre der Frauenanteil nicht möglicherweise durch eine grundsätzliche Änderung der Einstellung in den Parteien und in der Bevölkerung zu Frauen in der Politik gleichermaßen angestiegen? Diese Frage drängt sich umso mehr auf, als der Frauenanteil vor Erlass des Parité-Gesetzes zwischen den Wahlen von 1993 und 1997 von 5,9 % auf 10,8 %, d.h. um 81 %, angestiegen ist, was darauf zurückzuführen ist, dass die Parti Socialiste (PS) 1996 für Wahlen zur Nationalversammlung eine parteiinterne Frauenquote von 30 % eingeführt hat.[129]

Was allerdings die Zahlen nahelegen ist, dass die Parteien mit dem Inkrafttreten des Parité-Gesetzes deutlich mehr Frauen aufgestellt haben als vor dem Inkrafttreten des Parité-Gesetzes. Jedenfalls sind seit Inkrafttreten des Parité-Gesetzes etwa durchgehend 40 % der aufgestellten Kandidatinnen und Kandidaten weiblich. Der im Verhältnis zu diesem Anteil schlechte Anteil der Frauen an den gewählten Kandidatinnen und Kandidaten legt die Vermutung nahe, dass die Parteien zwar die Vorgaben aus dem Parité-Gesetz dem Anschein nach erfüllen wollen und gleich viele Kandidatinnen und Kandidaten aufstellen, die Kandidatinnen dann aber in Wahlkreisen aufstellen, in denen sie kaum Chancen haben. Eine weitere Erklärung könnte sein, dass die Wählerinnen und Wähler derart frauenfeindlich gesinnt sind, dass sie keine Frauen wählen. Der Anteil von „nur“ 40 % Frauen unter den Kandidatinnen und Kandidaten zeigt jedenfalls, dass die Sanktion im Wege der Parteienfinanzierung nicht ausreicht, um das Ziel des Parité-Gesetzes zu erreichen.

(2) Gemeinderäte

In der gleichen Zeit entwickelte sich der Frauenanteil bei den Wahlen zu den französischen Gemeinderäten wie folgt:

129 Hergenhan, Feministische Studien 2002, S. 260 (261).

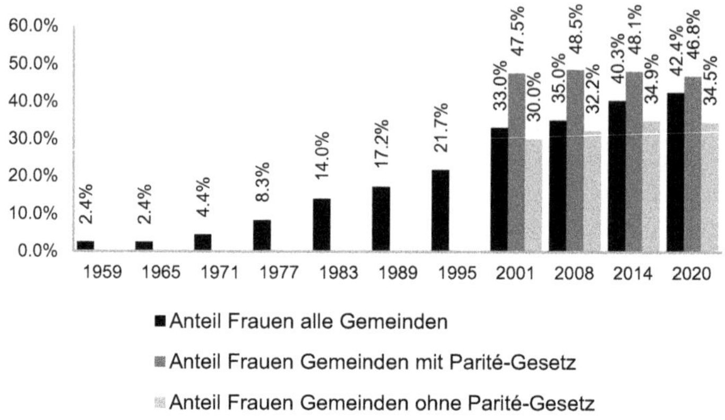

Entwicklung des Frauenanteils bei den französischen Gemeindewahlen[130]

Die Grafik zeigt sehr gut, was ein Paritätsgesetz bei Verhältniswahlen bewirken kann, zumal hier ein direkter Vergleich zwischen Gemeinderatswahlen mit und ohne Parité-Gesetz möglich ist, denn das Parité-Gesetz findet nicht auf alle Gemeinderatswahlen Anwendung. Zunächst fand das Parité-Gesetz nur auf Gemeinderatswahlen in Gemeinden mit mehr als 3.500 Einwohnern Anwendung; seit der Änderung des Parité-Gesetzes im Mai 2013 findet es auf Gemeinderatswahlen in Gemeinden mit mehr als 1.000 Einwohnern Anwendung.[131] Dies ermöglicht einen Vergleich von Wahlen in Gemeinden, in denen das Parité-Gesetz Anwendung findet und solchen, in denen es keine Anwendung findet. Die obige Grafik zeigt deutlich, dass in den Gemeinden, die ihre Gemeinderäte im Wege der Verhältniswahl und unter Anwendung des Parité-Gesetzes wählen, der Anteil der Frauen an den Gewählten bei knapp 50 % liegt, so wie es das Parité-Gesetz vorsieht.

130 Anteil der Frauen alle Gemeinden: Vie public, https://www.vie-publique.fr/en-bref/276083-municipales-2020-les-femmes-plus-nombreuses-dans-conseils-municipaux (abgerufen: 15. Mai 2021); Anteil der Frauen Gemeinden mit und ohne Parité-Gesetz 2001: Bird, French Politics 1/2003, S. 5 (17); Anteil der Frauen Gemeinden mit und ohne Parité-Gesetz 2008, 2014, 2020: Bulletin d'Information Statistique de la Direction Générale des Collectivités Locales No. 145, September 2020.

131 Loi n° 2013–403 du 17 mai 2013 relative à l'élection des conseillers départementaux, des conseillers municipaux et des conseillers communautaires, et modifiant le calendrier électoral.

(3) Gründe für den durchwachsenen Erfolg des Parité-Gesetzes
Aus zwei Gründen zeigt das Parité-Gesetz bei den Wahlen zu den Nationalversammlungen bisher keinen durchschlagenden Erfolg.

Die großen Parteien, die eher dem konservativen Flügel der Parteienlandschaft zuzuordnen sind, stellten in den Wahlen nach Einführung des Parité-Gesetzes vor allem Amtsinhaber zur Wiederwahl. Dies machte es schwierig für Frauen, Zugang zu den Kandidatenplätzen zu erhalten. So stellte z.B. die damalige l'Union pour un mouvement populaire (UMP) – heute Les Républicains (LR) – bei der Wahl zur Nationalversammlung 2007 360 Abgeordnete zur Wiederwahl auf. Erst mit der Wahl zur Nationalversammlung 2017, bei der die Partei von Emmanuel Macrons La République en Marche (LRM) gewann, gelang eine Änderung. Drei Viertel der gewählten Abgeordneten sind neu im Parlament. Gleichzeitig stieg die Frauenquote auf 38,6 %.[132]

Zum zweiten waren die Strafen zu gering, die verhängt wurden, wenn die Vorgaben des Parité-Gesetzes nicht eingehalten wurden. Sie reichten nicht aus, die Parteien dazu anzuhalten, die Regeln des Parité-Gesetzes einzuhalten.[133] Während der Legislaturperiode 2012 bis 2017 betrug der Frauenanteil unter den Abgeordneten der UMP/LR 25,5 %. Dies führte dazu, dass die staatlichen Hilfen für die UMP/LR um ca. 3,5 Millionen Euro pro Jahr gekürzt wurden. Sie erhielt jährlich nur ca. 20 Millionen Euro, obwohl ihr etwa 23,5 Millionen Euro zugestanden hätten. Bei den Sozialisten, die eine Frauenquote von 42,6 % erreichten, führte dies zu Reduktionen von ca. 1,3 Millionen Euro pro Jahr.

Insgesamt lässt sich sagen, dass das Parité-Gesetz nur bedingt erfolgreich ist. Soweit es Vorgaben für Wahlen macht, die nach dem Verhältniswahlsystem durchgeführt werden, zeigt es Wirkung wegen der harten Sanktion, nämlich der Nichtzulassung der Wahlliste. Im Übrigen ist seine Wirkung eher eingeschränkt. Ob der hohe Anteil an Frauen bei den Wahlen zur Nationalversammlung 2017 sich wiederholt oder ein einmaliges Ergebnis ist, bleibt abzuwarten.

4. *Gesetzliche Geschlechterquoten und das personalisierte Verhältniswahlrecht*

Nach alledem bleibt festzuhalten: Mit Hilfe gesetzlicher Geschlechterquoten kann der Anteil des unterrepräsentierten Geschlechts in den Parlamenten wirksam erhöht werden, wenn die Regelung zwei Voraussetzungen erfüllt:

---

132 Volkert, Süddeutsche Zeitung (online), 19. Juni 2017.

133 Weinrich, djbZ 2018, S. 147 (149).

- Damit die Quotenregelung optimal wirkt, muss sie an das Wahlsystem individuell angepasst werden.
- Ein Verstoß gegen die Quotenregelung muss hinreichend sanktioniert werden, im Idealfall dadurch, dass der Wahlvorschlag zurückgewiesen wird.

Fraglich ist, wie ein Quotengesetz für das personalisierte Verhältniswahlrecht deutscher Art auszugestalten ist, damit es optimale Wirkung zeigt. Eine einfache Quote bei den Wahlen in den Wahlkreisen mit einem Ausgleich über eine Liste scheidet aus den oben genannten Gründen aus – jedenfalls dann, wenn tatsächliche Parität erreicht werden soll (vgl. oben D. III. 2. e), Seite 59). Damit eine gesetzliche Quote optimal wirkt, muss sie vielmehr sowohl die Aufstellung der Wahlkreiskandidatinnen und -kandidatinnen als auch die der Listenkandidatinnen und -kandidaten erfassen. Denn würde die Quote nur die Aufstellung der Listenkandidatinnen und -kandidaten erfassen, wären die Parteien in erheblicher Weise unterschiedlich von der Quote betroffen und zum anderen würde sie nur in geringem Umfang zur Verbesserung des Frauenanteils beitragen.

Durch die Kombination von zwei Wahlsystemen im personalisierten Verhältniswahlrecht deutscher Art würde eine Frauenquote, die sich allein auf die im Wege der Verhältniswahl zu vergebenden Bundestagsmandate beschränkt, die Parteien sehr unterschiedlich treffen. Eine Auswertung der Zahlen verschiedener Bundestagswahlen ergibt, dass die stärkste Partei, die von ihr gewonnenen Sitze zu dem weit überwiegenden Teil über Wahlkreismandate besetzt und nur zu einem geringen Anteil über die Landeslisten. Umgekehrt besetzen die schwächeren Parteien, die nur einen geringen Anteil an den Zweitstimmen haben, ihre Mandate überwiegend mit Kandidatinnen und Kandidaten der Landeslisten. So hat beispielsweise bei der Bundestags Wahl 2017 die CDU 26,8 % aller gültigen Zweitstimmen erhalten. Auf sie entfielen damit 200 Bundestagsmandate, von denen 185 von Wahlkreiskandidatinnen und -kandidaten besetzt wurden und nur 15 über die Landesliste. Auf die SPD hingegen entfielen 20,5 % aller gültigen Zweitstimmen. Damit konnte sie 153 Bundestagsmandate erringen, von denen 59 von Wahlkreiskandidatinnen und -kandidaten besetzt wurden und 94 von Kandidatinnen und Kandidaten der Landeslisten. Die AfD erhielt mit den von ihr erzielten 12,6 % der gültigen Zweitstimmen 94 Bundestagsmandate, von denen 91 über die Landesliste besetzt wurden. Die FDP, auf die 10,7 % der Zweitstimmen entfielen, besetzte alle auf sie entfallenen 80 Bundestagsmandate mit Kandidatinnen und Kandidaten der Landeslisten. DIE LINKE, auf sie entfielen 9,2 % der abgegebenen Stimmen, besetzte 64 der auf sie entfallenen 69 Bundestagsmandate mit Kandidatinnen und Kandidaten der

Landesliste. BÜNDNIS 90/DIE GRÜNEN, auf die 8,9 % der abgegebenen Zweitstimmen entfielen, besetzte 66 der auf sie entfallenen 67 Bundestagsmandate mit Kandidatinnen und Kandidaten der Landesliste. Eine Ausnahme machte lediglich die CSU, auf die 6,2 % der abgegebenen Zweitstimmen entfielen. Sie erhielt 46 Bundestagsmandate, die allesamt mit Wahlkreiskandidatinnen und -kandidaten besetzt wurden.[134] Gemessen am Maßstab der Bundestagswahl 2017 müsste die CDU auf ihrer Liste deutlich weniger Frauen zur Wahl stellen als zum Beispiel die AfD.

Eine Geschlechterquote, die sich nur auf die Landeslisten beschränkt, würde zudem den tatsächlichen Frauenanteil nur in geringem Umfang anheben, denn der Anteil der Frauen, der über die Landeslisten in den Bundestag einzieht, ist bereits recht hoch. So lag bei der Bundestagswahl 2017 der Frauenanteil unter den Abgeordneten, die durch einen Sieg in einem Wahlkreis errungen werden konnten, bei 21,4 %, wohingegen der Frauenanteil unter den Abgeordneten, die über die Landeslisten in den Bundestag eingezogen sind, bei 37,6 % lag.[135] Ein Quotengesetz, das nur die Aufstellung der Landeslisten erfassen würde, hätte bei der Bundestagswahl lediglich zu einer Erhöhung des Frauenanteils um etwa acht Prozentpunkte auf 39 % geführt.[136] Die Erhöhung des Frauenanteils um 12,4 %-Punkte würde durch den niedrigen Frauenanteil unter den Wahlkreismandaten teilweise wieder aufgezehrt. Wenn nicht auch die Aufstellung der Wahlkreiskandidatinnen und -kandidaten von einer Paritätsregelung erfasst wird, kann eine solche Regelung über Symbolpolitik hinaus wenig bewirken. Denn dann entzieht sich mit den Wahlkreisnominierungen ein Rekrutierungsbereich der gesetzlichen Regelung, bei dem Frauen ohnehin schlechtere Durchsetzungschancen haben als auf der Liste.[137]

---

134 Eigene Auswertung auf Grundlage der Daten des Bundeswahlleiters zur Bundestagwahl 2017.

135 Der Bundeswahlleiter, Ergebnisse früherer Bundestagswahlen, Stand: 8. November 2018, S. 102.

136 Debus/Stecker, Repräsentationseffekte.

137 Höhne, APuZ 38/2020, S. 32; vgl. auch oben B. II. 2. a) bb), Seite 40.

Teil 2 Verfassungsmäßigkeit einer einfachgesetzlich geregelten Geschlechterquote

Im folgenden Teil 2 soll anhand eines konkreten Gesetzentwurfs geprüft werden, ob eine Geschlechterquote einfachgesetzlich verfassungsgemäß implementiert werden kann. Dazu soll zunächst das zu untersuchende Quotengesetz skizziert werden. Sodann soll die Verfassungsmäßigkeit des skizzierten Quotengesetzes geprüft werden.

A. Das zu untersuchende Quotengesetz (Muster-Quotengesetz)

Entsprechend der oben unter Teil 1 D. III, Seite 52 ff. herausgearbeiteten Anforderungen für ein wirksames Quotengesetz soll der verfassungsrechtlichen Prüfung folgendes Muster-Quotengesetz zugrunde gelegt werden:

Hinsichtlich der Wahl in Wahlkreisen wird das Bundeswahlgesetz dahingehend geändert, dass statt Einpersonenwahlkreisen Zweipersonenwahlkreise geschaffen werden. Jede Partei stellt in einem Wahlkreis demnach zwei Personen zur Wahl wobei jeweils eine Person männlich und eine Person weiblich sein muss. Bei der Wahl sind zwei Möglichkeiten denkbar: Entweder hat jeder Wähler zwei Stimmen, mit denen er, wenn er es wünscht auch parteiübergreifend, eine Frau und einen Mann wählen muss. Andernfalls ist seine Stimme unwirksam. Oder jeder Wähler hat nur eine Stimme und er muss ein „Paket", bestehend aus einer Kandidatin und einem Kandidaten, wählen.

Parteilose Kandidatinnen und Kandidaten können auch allein kandidieren.

Hinsichtlich der Wahl nach Landeslisten wird im Bundeswahlgesetz eine feste Geschlechterquote eingeführt. Danach sind 50 % der Listenplätze mit Frauen und 50 % mit Männern zu besetzen. Die Listen sind im Reißverschlusssystem zu besetzen, also abwechselnd mit einem Mann und einer Frau, wobei die Besetzung des ersten Listenplatzes (Mann oder Frau) im Losverfahren vergeben wird.

Wahlvorschläge, die nicht den gesetzlichen Voraussetzungen entsprechen, werden dadurch sanktioniert, dass sie nicht zur Wahl zugelassen werden.

Wenn notwendig, soll dieses Modell im Laufe der Prüfung – soweit möglich – an das Prüfergebnis angepasst und modifiziert werden.

B. Berücksichtigung des „dritten Geschlechts"

Seit einigen Jahren beschäftigen sich auch Rechtswissenschaft und Rechtsprechung mit Personen, die eine Variante der Geschlechtsentwicklung vorweisen.

Mit dem Urteil des Bundesverfassungsgerichts vom 10. Oktober 2017[138] zum verfassungsrechtlichen Schutz der geschlechtlichen Identität sind die Hindernisse, vor denen diese Personen stehen, auch einer breiteren Öffentlichkeit bekannt geworden. Das Urteil führte zu einer Änderung des Personenstandsgesetzes und eröffnet nun Personen mit Besonderheiten bei der Geschlechtsentwicklung die Möglichkeit, sich als „divers" eintragen zu lassen.

Geschlechterquoten im Allgemeinen, die auf der Binarität der Geschlechterordnung aufbauen, stellen die Personengruppe mit Besonderheiten bei der Geschlechtsentwicklung vor Herausforderungen. Das liegt zum einen an der Rechtsordnung, die historisch auf der Binarität der Geschlechter aufgebaut ist. Art. 3 Abs. 2 Satz 1 GG spricht zum Beispiel ausdrücklich von Männern und Frauen. Zum anderen ist die Gruppe im Verhältnis zu den Geschlechtern „männlich" und „weiblich" gering, weshalb es schwierig ist, sie quotenmäßig zu berücksichtigen. Im Folgenden soll daher eine Lösung erarbeitet werden, wie Personen, die bei der Geschlechtsentwicklung Besonderheiten aufweisen, im Muster-Quotengesetz berücksichtigt werden können.

Die Schätzungen der Zahl der Menschen in der Bundesrepublik Deutschland, die bei der Geschlechtsentwicklung Besonderheiten aufweisen und daher weder dem weiblichen Geschlecht noch dem männlichen Geschlecht zugehörig sind, gehen weit auseinander. Sie reichen von 8.000[139] über 100.000[140] bis zu 160.000[141]. Hinzu kommt, dass nicht jede Person, die eine Besonderheit bei der Geschlechtsentwicklung aufweist, sich auch selbst als „divers" betrachtet. Im Rahmen einer Studie eines europäischen Forscherkonsortiums (dsd-Life) unter Personen mit Besonderheiten bei der Geschlechtsentwicklung bezeichneten sich von 1.040 Befragten nur zwölf selbst als „intersexuell", die große Mehrheit kreuzte als Geschlecht „männlich" oder „weiblich" an.[142] Bis Mitte April 2019

---

138 BVerfGE 147, 1.

139 Stüvel, Welt (Online), 20. Juli 2008.

140 Groll, Zeit (online), 8. November 2017.

141 Gesetzentwurf der Bundesregierung, Entwurf eines Gesetzes zur Änderung der in das Geburtenregister einzutragenden Angaben, BT-Drs. 19/4669.

142 „Zahl der Menschen mit drittem Geschlecht geringer als angenommen", in: aerzteblatt.de, 9. Mai 2019, https://www.aerzteblatt.de/nachrichten/102938/Zahl-der-Menschen-mit-drittem-Geschlecht-geringer-als-angenommen (abgerufen: 15. Mai 2021).

haben lediglich 20 Personen bei den Standesämtern in Deutschland beantragt, ihren Geschlechtseintrag auf „divers“ ändern zu lassen.[143]

Würde man die Menschen, die eine Besonderheit bei der Geschlechtsentwicklung aufweisen, als drittes Geschlecht und damit genauso wie Männer und Frauen behandeln, müsste man sie im Muster-Quotengesetz entsprechend ihrem Anteil an der Bevölkerung der Bundesrepublik Deutschland berücksichtigen. Selbst wenn man extrem hochgegriffen von 100.000 Menschen ausgeht, die eine Variante der Geschlechtsentwicklung aufweisen und sich als „divers“ bezeichnen, würde das dazu führen, dass man sie bei der Aufstellung von Kandidaten zur Bundestagswahl unberücksichtigt lassen müsste. Denn um im Bundestag mit seinen 598 Regelsitzen quotenmäßig präsent zu sein, müsste man eine Gruppe von etwa 140.000 Personen repräsentieren (Verhältnis Abgeordnete zur Gesamtbevölkerung). Sie wären damit nie im Bundestag präsent.[144] Dieses Ergebnis dürfte allerdings den Grundsatz der Allgemeinheit und Gleichheit der Wahl verletzen. Im Rahmen des oben skizzierten Muster-Quotengesetzes sollen daher Menschen, die bei der Geschlechtsentwicklung Besonderheiten aufweisen und sich selbst als „divers“ betrachten, sich vor Beginn der Auswahl der Wahlkandidatinnen und -kandidaten entscheiden, ob sie in der Gruppe der „Frauen“ oder in der Gruppe der „Männer“ sich um eine Kandidatur bewerben wollen.[145]

Unter Berücksichtigung der Rechtsprechung des Bundesverfassungsgerichts zum Schutz der geschlechtlichen Identität[146] verletzt die vorgeschlagene Lösung weder das allgemeine Persönlichkeitsrecht gemäß Art. 2 Abs. 1 i. V. m. Art. 1 Abs. 1 GG noch das Diskriminierungsverbot des Art. 3 Abs. 3 GG der Personen mit Besonderheiten bei der Geschlechtsentwicklung, die sich als „divers“ ansehen. Sie stellt bereits keinen Eingriff dar; jedenfalls wäre ein Eingriff aber gerechtfertigt.[147]

---

143 „Zahl der Menschen mit drittem Geschlecht geringer als angenommen“, in: aerzteblatt.de, 9. Mai 2019, https://www.aerzteblatt.de/nachrichten/102938/Zahl-der-Menschen-mit-drittem-Geschlecht-geringer-als-angenommen (abgerufen: 15. Mai 2021).

144 Kritisch zur Geschlechterbinarität und zu möglichen Folgen der Rechtsprechung des Bundesverfassungsgerichts: Rixen, in: Eckertz-Höfer/Schuler-Harms, S. 59 (67 f.).

145 Ebenso Wawzyniak, Stellungnahme Thüringen, S. 2.

146 BVerfGE 147, 1.

147 Anderer Ansicht Wapler, Die Kurx mit der Quote, S. 18.

Die betreffenden Personen werden vor und nach der Phase der Wahlvorbereitung und auch während der Phase der Wahlvorbereitung entsprechend ihrer „diversen“ Geschlechtsidentität behandelt und nicht als „Mann“ oder „Frau“ oder als geschlechtslos. Sie müssen sich nur im Rahmen des Bewerbungsverfahrens für eine von zwei Gruppen entscheiden, in der sie sich um eine Kandidatur bewerben. Das ändert aber nichts daran, dass sie ihre geschlechtliche Identität „behalten“ dürfen. Der Sachverhalt weicht daher deutlich von dem ab, der der Entscheidung des Bundesverfassungsgerichts zugrunde lag. Dort ging es um die (dauerhafte) personenstandsrechtlich Beurkundung des Geschlechts einer Person. Es ging um eine *dauerhafte* Zuordnung eines Geschlechts. Mit der vorliegenden Lösung werden die verfassungsrechtlich geschützten Positionen der betreffenden Personen allenfalls berührt. Die Regelung hat aber keine Eingriffsqualität.

Selbst wenn man ihr Eingriffsqualität zuspräche, wäre der Eingriff gerechtfertigt. Die Regelung dient dazu, Personen mit Besonderheiten bei der Geschlechtsentwicklung, die sich als „divers“ betrachten, im Rahmen einer Quotenregelung die Kandidatur zur Bundestagswahl zu ermöglichen. Das Wahlrecht ist elementarer Bestandteil des Demokratieprinzips. Es ist als Anspruch auf freie und gleiche Teilhabe an der öffentlichen Gewalt Teil der Würde des Menschen gemäß Art. 1 Abs. 1 GG.[148] Durch die Regelung werden also zwei verfassungsrechtlich geschützte Positionen im Sinne der praktischen Konkordanz zum verhältnismäßigen Ausgleich gebracht.

Die Regelung benachteiligt auch nicht Bewerberinnen und Bewerber des „klassischen“ Geschlechts. Denn Personen mit Besonderheiten bei der Geschlechtsentwicklung waren bereits vor der Änderung des Personenstandsgesetzes, das nunmehr den Eintrag „divers“ kennt, existent. Sie wurden allerdings bei Geburt einem männlichen oder weiblichen Geschlecht zugeordnet. Die personenstandrechtliche Schaffung einer dritten Geschlechterkategorie führt tatsächlich zu keiner Änderung der Situation bei der Aufstellung von Kandidatinnen und Kandidaten für die Bundestagswahl und damit zu keiner Ungleichbehandlung.

Aber selbst wenn man eine Ungleichbehandlung annähme, führte diese nicht zu einer Verfassungswidrigkeit der vorgeschlagenen Regelung.[149] Denn der Gleichheitssatz zwingt den Gesetzgeber nicht zu einer Berücksichtigung

148 BVerfG NJW 2019, 3204 (juris-Tz. 116); BVerfGE 144, 20 (juris-Tz. 538 ff.); 142, 123 (juris-Tz. 124); 129, 124 (juris-Tz. 101); 123, 267 (juris-Tz. 211).

149 So aber VerfGBbg, NVwZ 2021, S. 59 (juris-Tz. 172).

jeder individuellen Besonderheit eines Sachverhalts. Er ist befugt, unter Umständen eine Vereinfachung und Typisierung vorzunehmen.[150] Unter dem Gesichtspunkt der Typisierung[151] wäre die Ungleichbehandlung als unbeachtlich anzusehen[152], denn die mit der Berücksichtigung von Personen mit Besonderheiten bei der Geschlechtsentwicklung verbundenen Härten wären nur unter Schwierigkeiten vermeidbar und der Verstoß gegen den Gleichheitssatz wäre nicht sehr intensiv.

Schließlich könnte noch in Betracht gezogen werden, das Los entscheiden zu lassen, in welcher Geschlechterkategorie eine Person mit Besonderheiten bei der Geschlechtsentwicklung zur Wahl antritt. Losentscheidungen sind im Wahlrecht nicht ungewöhnlich.[153]

C. Begründung des Muster-Quotengesetzes

Die Begründung eines Gesetzes, das in Grundrechte und grundrechtsgleiche Rechte eingreift, kann für die Rechtfertigung des Eingriffs entscheidend sein.[154] Im Folgenden sollen zwei mögliche Begründungen des Muster-Quotengesetzes dargestellt werden, die in der Praxis immer wieder bemüht werden.

Entsprechend der in Teil 1 diskutierten Gründe für eine Unterrepräsentation der Frauen in deutschen Parlamenten (vgl. oben Teil 1 B., Seite 28) setzt eine Begründung bei deren Ursachen an, die andere bei den gewünschten Effekten einer Geschlechterparität. Zum einen kann auf die strukturelle Benachteiligung der Frauen im Rahmen des Aufstellungsverfahrens im Vorfeld einer Wahl verwiesen werden und zum anderen kann zur Begründung auf die fehlende weibliche Perspektive in der Gesetzgebung abgestellt werden, aber auch auf die

---

150 Müller, in: von Mangoldt/Klein/Starck, GG, Art. 38, Rn. 129.

151 BVerfGE 132, 39 (juris-Tz. 29); zu Einzelheiten der Möglichkeit der Typisierung von Sachverhalten vgl. Kischel, in: BeckOK GG, Art. 3, Rn. 122 ff.

152 VerfGBbg, NJW 2020, S. 3579, Sondervotum Hesselmann (juris-Tz. 148).

153 Vgl. zum Beispiel § 67, Satz 7 Niedersächsisches Kommunalverfassungsgesetz oder § 93 Abs. 3 Satz 2 VwVfG.

154 In der Judikatur des Bundesverfassungsgerichts wird die Frage, ob es für die Rechtfertigung eines Grundrechtseingriffs auf den subjektiven Willen des Gesetzgebers oder einen objektiv möglichen Zweck ankommt, unterschiedlich beantwortet: Objektiv denkbare, aber im Gesetzgebungsverfahren nicht angeführte Zwecke sind berücksichtigungsfähig meint BVerfGE 93, 386 (juris-Tz. 44); 130, 131 (juris-Tz. 47) jeweils m.w.N.; objektiv denkbare Zwecke für nicht berücksichtigungsfähig, jedenfalls bei Regelungen Steuern und Gebühren, hält BVerfGE 108, 1 (juris-Tz. 63).

Vorbildfunktion von Frauen in politischen Ämtern. Beide Argumentationslinien stehen nicht exklusiv nebeneinander.

I. Beseitigung struktureller Benachteiligung

Der erste Begründungsansatz setzt bei den Ursachen der Unterrepräsentation an. Oben wurde dargelegt, dass die Unterrepräsentation von Frauen im Bundestag weniger auf kulturelle Faktoren zurückzuführen ist, sondern wesentlich durch institutionelle und sozial-strukturelle Faktoren hervorgerufen wird (vgl. oben Teil 1, B. II. 2., Seite 35). Die Gleichberechtigung der Geschlechter vor dem Gesetz ist zwar im Wesentlichen hergestellt.[155] Die gesellschaftlichen Strukturen sind aber weiterhin durch die vorherige Verwehrung gleicher Rechte geprägt.[156] Daraus folgt, dass Sinn und Zweck des Muster-Quotengesetzes darin bestehen, einen Zustand herbeizuführen, der mutmaßlich bestehen würde, wenn Frauen nicht über Jahre diskriminiert worden wären. Entsprechend wird der Gesetzentwurf zur Einführung einer paritätischen Aufstellung der Wahllisten mit Männern und Frauen im Landtag Nordrhein-Westphalen begründet.[157]

II. Weibliche Perspektive in der Gesetzgebung und Vorbildfunktion

Der zweite Begründungsansatz setzt bei den Effekten der Geschlechterparität an. Er bezieht sich auf die oben dargestellten input- und output-orientierten Begründungen (vgl. oben Teil 1, C. I. und II., Seite 42 ff.). In der Begründung zum Gesetzentwurf zur Einführung einer paritätischen Quote in das Thüringer Wahlgesetz wurde darauf verwiesen, dass die fehlende Parität sich auf den Inhalt politischer Entscheidungen auswirke, insbesondere auf die Rechtssetzung. Eine unausgeglichene parlamentarische Männer-Frauen-Bilanz habe angesichts der unterschiedlichen Sozialisation von Frauen und Männern, ihren unterschiedlichen Erfahrungen, Blickrichtungen, Interessen und Prioritäten weitreichende Konsequenzen. Die Qualität politischer Entscheidungen hänge nicht zuletzt vom subjektiven Vorverständnis der an der politischen

---

155 *„In Deutschland haben wir seit Bestehen der Bundesrepublik die juristische Gleichstellung von Frauen und Männern erreicht.“* – Bundesministerin für Familie, Senioren, Frauen und Jugend, Plenarprotokoll 15/31 vom 13. März 2003, S. 2379 B.

156 Mangold, in: Eckertz-Höfer/Schuler-Harms, S. 111 (118).

157 Gesetz zur Änderung des Landeswahlgesetzes in Nordrhein-Westfalen – Einführung einer paritätischen Aufstellung der Wahllisten mit Frauen und Männern vom 5. November 2019, Drs. 17/7753.

Entscheidung Beteiligten ab.[158] Im Gesetzentwurf für ein Parité-Gesetz in Brandenburg wurde ausgeführt, dass die Unterrepräsentation von Parlamentarierinnen im Landtag dazu führe, dass die (Wahl-)Bürgerinnen dort mit ihren spezifischen Perspektiven und Interessen nicht angemessen „gespiegelt" würden. Es dominiere ein „männlicher Blick". Dies widerspreche der vom Demokratieprinzip gemäß Art. 20 Abs. 1 GG geforderten gleichberechtigten demokratischen Teilhabe und effektiven Einflussnahme der Bürgerinnen und Bürger auf die Staatsgewalten, vermittelt durch Wahlen.[159]

Ebenso wird teilweise in der Literatur argumentiert.[160] Zudem wird auf die Vorbildfunktion von Frauen in politischen Ämtern verwiesen.[161] Und es wird auf die „Präsenz des Ähnlichen" hingewiesen; dahinter steht die These, dass es den Wahlberechtigten wichtig sein kann, sich von Menschen repräsentiert zu sehen, mit denen sie einen Erfahrungshintergrund teilen.[162]

III. Stellungnahme

Mit dem Muster-Quotengesetz soll das Ziel verfolgt werden, die strukturelle Benachteiligung von Frauen in der Politik zu beseitigen, nicht zuletzt deshalb, da empirisch bisher nicht nachgewiesen wurde, dass Frauen andere Entscheidungen treffen als Männer (vgl. oben Teil 1, C. II., Seite 43).

D. Überblick über den Stand der Diskussion zu gesetzlichen Geschlechterquoten bei Parlamentswahlen in Gesetzgebung, Literatur und Rechtsprechung

Die Diskussion über die Einführung gesetzlicher Geschlechterquoten bei Parlamentswahlen ist nicht neu. Sie wurde in der Literatur bereits erstmals vor

158 Gesetzentwurf der Fraktionen DIE LINKE, der SPD und BÜNDNIS 90/DIE GRÜNEN: Siebtes Gesetz zur Änderung des Thüringer Landeswahlgesetzes – Einführung der paritätischen Quotierung, 20. März 2019, Drucksache 6/6964, S. 1.

159 Gesetzentwurf der Fraktion BÜNDNIS 90/DIE GRÜNEN: Inklusives Parité-Gesetz – (Drittes Gesetz zur Änderung des Brandenburgischen Landeswahlgesetzes), Drucksache 6/8210, S. 1, 26.

160 Laskowski, djbZ 2014, S. 93 (96 f.); Dies., Gutachten 2014, S. 9, 12; Völzmann, djbZ 2019, S. 130 (131).

161 Boysen, in: Eckertz-Höfer/Schuler-Harms, S. 85 (88).

162 Boysen, in: Eckertz-Höfer/Schuler-Harms, S. 85 (88); Wapler, Die Krux mit der Quote, S. 10.

30 Jahren geführt.[163] Seit einigen Jahren hat die Diskussion wieder an Fahrt aufgenommen. So haben Anfang/Mitte der 2010er Jahre einige Bundesländer in ihre Kommunalwahlgesetze Soll-Vorschriften aufgenommen, wonach Männer und Frauen bei der Aufstellung eines Wahlvorschlags gleichermaßen berücksichtigt werden sollen.[164] Sie sind nicht verpflichtend, sondern haben nur Appellcharakter. Nochmals beschleunigt wurde die Diskussion dadurch, dass in einigen Landtagen Gesetzentwürfe mit Paritätsregelungen eingebracht wurden, teilweise auch verabschiedet wurden und bereits auch wieder von den Landesverfassungsgerichten für nichtig erklärt wurden.

I. Stand der Gesetzgebung

1. Brandenburg

Den Anfang machte der Landtag von Brandenburg, der im Januar 2019 als erstes Bundesland für Landtagswahlen gesetzliche Vorgaben für die geschlechterparitätische Zusammensetzung der Wahllisten erließ.[165] Der Landtag in Brandenburg besteht aus mindestens 88 Mitgliedern. 44 Sitze werden durch Wahlkreiskandidatinnen und -kandidaten besetzt und die weiteren 44 Sitze mittels Wahllisten. Die paritätische Regelung betraf nur die Aufstellung der Wahllisten. Wahllisten sollten alternierend besetzt werden.

Mit Entscheidung vom 23. Oktober 2020 hat das Verfassungsgericht des Landes Brandenburg das Gesetz für nichtig erklärt.[166]

2. Thüringen

Im Juli 2019 folgte der Landtag Thüringen mit einem vergleichbaren Gesetz.[167] Auch in Thüringen besteht der Landtag aus mindestens 88 Mitgliedern. Die

---

163 Oebbecke, JZ 1988, S. 176; Ebsen, JZ 1989, S. 553; von Nieding, NVwZ 1994, S. 1171; Lange, NJW 1988, S. 1174; Sachs, NJW 1989, S. 553.

164 § 9 Abs. 6 KomWG Baden-Württemberg (in der Fassung vom 16. April 2013); § 12 Abs. 1 Satz 2 KWG Hessen (in der Fassung vom 20. Dezember 2015); § 15 Abs. 4 KWG Rheinland-Pfalz (in der Fassung vom 8. Mai 2013).

165 Zweites Gesetz zur Änderung des Brandenburgischen Landeswahlgesetzes – vom 12. Februar 2019.

166 VerfGBbg, NJW 2020, S. 3579 (Az. VfGBbg 9/19); NVwZ 2021, S. 59 (Az. VfGBbg 55/19); zu den Einzelheiten der Entscheidung NJW 2020, 3579 vgl. unten III. 4, Seite 93.

167 Siebtes Gesetz zur Änderung des Thüringer Landeswahlgesetzes – Einführung der paritätischen Quotierung vom 30. Juli 2019.

Hälfte der Sitze wird durch Wahlkreiskandidatinnen und -kandidaten besetzt; die andere Hälfte wird durch Wahllisten besetzt. Auch das Thüringische Gesetz sah nur eine Quotierung der Wahllisten vor. Männer und Frauen sollten alternierend aufgestellt werden.

Das Gesetz ist mittlerweile vom Thüringer Verfassungsgerichtshof für nichtig erklärt worden.[168]

3. *Bayern*

In Bayern haben die Fraktionen von SPD und BÜNDNIS 90/DIE GRÜNEN getrennt voneinander im Januar 2019 Gesetzentwürfe beim Landtag eingebracht.[169] Der Landtag in Bayern besteht aus mindestens 180 Mitgliedern. 91 Mandate werden durch Wahlkreiskandidatinnen und -kandidaten besetzt, 89 Mandate werden über Landeslisten vergeben.

Der Entwurf der SPD-Fraktion sah lediglich eine alternierende Besetzung der Landeslisten vor, wohingegen der Entwurf der Fraktion von BÜNDNIS 90/DIE GRÜNEN eine Änderung der Landesverfassung vorsah und einfachgesetzlich geschlechterparitätisch besetzte Duos für die Wahlkreise sowie eine alternierende Besetzung der Landeslisten.

Die Gesetzentwürfe wurden in zweiter Lesung im April 2019 vom Bayerischen Landtag abgelehnt.[170]

4. *Sachsen-Anhalt*

In Sachsen-Anhalt hat die Fraktion DIE LINKE im Februar 2019 ein Gesetz zur paritätischen Aufstellung von Landtagskandidatinnen und -kandidaten beim Landtag eingebracht.[171] Der Landtag besteht aus mindestens 87 Mitgliedern, von denen 43 in Wahlkreisen gewählt werden und 44 über Wahllisten.

---

168 ThürVerfGH, NVwZ 2020, S. 1266; zu den Einzelheiten der Entscheidung vgl. unten III. 3, Seite 90.

169 Gesetzentwurf der SPD zur Änderung des Landeswahlgesetzes und des Zuständigkeitsgesetzes Einführung paritätischer Vorgaben im Landeswahlrecht vom 12. Januar 2019, Drs. 18/51; Gesetzwurf BÜNDNIS 90/DIE GRÜNEN zur Änderung der Verfassung des Freistaates Bayern und des Landeswahlgesetzes – Tatsächliche Gleichstellung von Frauen und Männern im Wahlrecht vom 29. Januar 2019, Drs. 18/206.

170 Plenarprotokoll vom 2. April 2019, Nr. 18/14 PL.

171 Entwurf eines Gesetzes zur Gewährleistung einer paritätischen Zusammensetzung der Verfassungsorgane des Landes Sachsen-Anhalt mit Frauen und Männern (Parité-Gesetz Sachsen-Anhalt) vom 20. Februar 2019, Drs. 7/3968.

Ebenso wie der Gesetzentwurf der Fraktion von BÜNDNIS 90/DIE GRÜNEN in Bayern sieht auch dieser Entwurf eine Verfassungsänderung vor. Er geht allerdings weiter als der Vorschlag der Fraktion von BÜNDNIS 90/DIE GRÜNEN in Bayern, denn der Gesetzgeber soll verpflichtet werden, *„für die Möglichkeit einer gleichen Repräsentation von Frauen und Männern in gewählten Vertretungen, in der Landesregierung und im Landesverfassungsgericht"*[172], zu sorgen. Im Übrigen sieht auch dieser Entwurf für die Wahlkreise geschlechterparitätisch besetzte Duos vor; die Listen sollen alternierend besetzt werden.

Der Gesetzentwurf befindet sich derzeit[173] noch im Ausschuss für Recht, Verfassung und Gleichstellung des Landtags von Sachsen-Anhalt.

5. *Sachsen*

In Sachsen brachte die Fraktion DIE LINKE im März 2019 ebenfalls einen Entwurf zur geschlechter-paritätischen Aufstellung der Landtagskandidatinnen und -kandidaten beim Landtag ein.[174] Der Landtag Sachsen besteht aus 120 Mitgliedern, von denen die Hälfte durch Wahlkreiskandidatinnen und -kandidaten besetzt werden und die andere Hälfte durch Listenkandidatinnen und -kandidaten.

Der Gesetzentwurf sah nur Vorgaben für die Aufstellung der Listenkandidatinnen und -kandidaten vor, die alternierend besetzt werden sollten. Der Gesetzentwurf wurde in zweiter Lesung vom Landtag Sachsen abgelehnt.[175]

6. *Nordrhein-Westfalen*

In Nordrhein-Westfalen haben die Fraktionen von SPD und BÜNDNIS 90/DIE GRÜNEN im November 2019 einen Gesetzentwurf zur geschlechterparitätischen Aufstellung der Landtagskandidatinnen und -kandidaten beim Landtag eingebracht.[176] Der Landtag hat mindestens 181 Mitglieder, von denen 128 durch Wahlkreiskandidatinnen und -kandidaten besetzt werden und die

---

172 Art. 34 Abs. 2 Verfassung Sachsen-Anhalt n.F.

173 15. Mai 2021.

174 Gesetz zur Gewährleistung der paritätischen Vertretung von Frauen und Männern im Sächsischen Landtag – Sächsisches Parité-Gesetz (SächsParitéG) vom 5. März 2019, Drs. 6/16948

175 Plenarprotokoll vom 2./3. Juli 2019, PlPr 6/94.

176 Gesetz zur Änderung des Landeswahlgesetzes in Nordrhein-Westfalen – Einführung einer paritätischen Aufstellung der Wahllisten mit Frauen und Männern vom 5. November 2019, Drs. 17/7753.

übrigen im Wege von Wahllisten. Der Entwurf betrifft nur die Aufstellung der Kandidatinnen und Kandidaten für die Wahllisten, die alternierend besetzt werden sollen.

Der Gesetzentwurf wird derzeit[177] von verschiedenen Ausschüssen beraten. Am 11. März 2021 hat eine Expertenanhörung stattgefunden.

II. Stand der Diskussion in der Literatur

Im Rahmen des Gesetzgebungsverfahrens zur Änderung des brandenburgischen Wahlgesetzes wurden verschiedene rechtswissenschaftliche Stellungnahmen abgegeben. Während Wawzyniak[178] den Entwurf für verfassungsgemäß hielt, bewerteten ihn Morlok/Hobusch und der parlamentarische Beratungsdienst des Landtags Brandenburg als verfassungswidrig.[179] Alle Verfasser konstatierten, dass der Gesetzentwurf in verfassungsrechtlich geschützte Positionen eingreift. Überwiegend wurde jedoch die Auffassung vertreten, dass diese Eingriffe nicht gerechtfertigt werden könnten.

Auch das thüringische Gesetzesvorhaben wurde von rechtswissenschaftlichen Stellungnahmen und Gutachten begleitet.[180] Während Fisahn/Maruschke, Laskowski und Wawzyniak den Gesetzentwurf für verfassungsgemäß hielten, wurde er von Morlok/Hobusch und vom Wissenschaftlichen Dienst des Landtags Thüringen für verfassungswidrig gehalten. Auch hier stellten alle Verfasser Eingriffe in verfassungsrechtlich verbürgte Rechtspositionen fest, waren sich jedoch uneins über die Frage, ob diese gerechtfertigt werden könnten oder nicht.

Ähnlich ist das Bild in Nordrhein-Westfalen. Auch das dortige Gesetzesvorhaben wurde von rechtswissenschaftlichen Stellungnahmen begleitet.[181] Während Hohmann-Dennhardt, Laskowski und Lyndian/Fontana den Entwurf für verfassungsgemäß hielten, lehnten ihn Hahlen und Merten als verfassungswidrig ab. Auch hier ist streitig, ob die verfassungsrechtlichen Eingriffe gerechtfertigt werden können oder nicht.

---

177 15. Mai 2021.

178 Wawzyniak, Stellungnahme Brandenburg.

179 Morlok/Hobusch, Stellungnahme Brandenburg; PBD LT Brandenburg, Gutachten.

180 Fisahn/Maruschke, Gutachten; Laskowski, Stellungnahme Thüringen; Morlok/Hobusch, Stellungnahme Thüringen; Wawzyniak, Stellungnahme Thüringen; WD LT Thüringen, Gutachten.

181 Hahlen, Stellungnahme NRW; Hohmann-Dennhardt, Stellungnahme NRW; Laskowski, Stellungnahme NRW; Lyndian/Fontana, Stellungnahme NRW; Merten, Stellungnahme NRW.

Die in den verschiedenen rechtswissenschaftlichen Stellungnahmen zu Tage getretenen kritischen Stimmen werden auch von den wissenschaftlichen Diensten einiger anderer Parlamente geteilt, die sich losgelöst von konkreten Gesetzesvorhaben mit der Frage der verfassungsrechtlichen Zulässigkeit verpflichtender Quotenregelungen für die Aufstellung von Kandidatinnen und Kandidaten zu Parlamentswahlen beschäftigt haben.[182]

Auch darüber hinaus wird in der Literatur die Zulässigkeit von verpflichtenden Quotenregelungen bei der Aufstellung von Walkandidatinnen und -kandidaten rechtswissenschaftlich kritisch gesehen und vielfach abgelehnt.[183] Die Autorinnen und Autoren, die mit einer solchen Regelung einhergehende Eingriffe in verfassungsrechtliche Positionen für gerechtfertigt erachten oder gar darin eine verfassungsrechtliche Pflicht zur paritätischen Ausgestaltung des Wahlvorschlagsrechts sehen, sind (noch) deutlich in der Minderheit.[184]

Einzelheiten der Diskussion in der Literatur werden im Laufe der Arbeit dargestellt und zu ihnen Stellung genommen.

III. Stand der Rechtsprechung

Bisher hat sich die Rechtsprechung in vier Fällen mit verfassungsrechtlichen Fragen im Zusammenhang mit gesetzlich geregelten Geschlechterquoten für Parlamente in unterschiedlichen Fallgestaltungen auseinandergesetzt. Die Entscheidungen des Bundesverfassungsgerichts[185] und des Bayerischen Verfassungsgerichtshofs[186] setzten sich mit der Frage auseinander, ob die derzeit im

---

182 WPD AH Berlin, Gutachten; WD LT Schleswig-Holstein, Gutachten.

183 Badura, in: Kahl/Waldhoff/Walter, BK GG, 193. Aktualisierung Oktober 2018, Anh. z. Art. 38: BWahlG, Rn. 30; Burmeister/Greve, ZG 2019, S. 154 (160 ff.); Ebsen, Gutachten, Tz. 84; Hecker, NJW 2020, S. 3563 (3566), Ders., ZRP 2020, S. 226; Kingreen, in: Kahl/Waldhoff/Walter, BK GG, Art. 3, 202. Aktualisierung Februar 2020, Rn. 459; Morlok/Hobusch, DÖV 2019, S. 14 (20); Dies., NVwZ 2019, S. 1734 (1738); Pautsch, JSE 2019, S. 1 (4); Rixen, in: Eckertz-Höfer/Schuler-Harms, S. 59 (75); Hahlen, in: Schreiber, § 27, Rn. 14; von Ungern-Sternberg, JZ 2019, S. 525 (529 ff.); Zypries/Holste, NJW 2008, S. 3400 (3402).

184 Demir/Donau, Gutachten 2018, S. 30 ff.; Fontana, djbZ 2019, S. 128, Gassner/Neusüss/Viezens, Gutachten 2012; Laskowski, Streit 2015, S. 51 (57); Dies., djbZ 2014, S. 93 (98); Meyer, NVwZ 2019, S. 1245 (1245); Röhner, Ungleichheit und Verfassung, S. 291 ff.; Dies., Verfassungsblog vom 4. Januar 2019; Völzmann, djbZ 2019, S. 130.

185 BVerfG, NVwZ 2021, S. 469.

186 BayVerfGH, NVwZ-RR 2018, S. 457.

Bund bzw. in Bayern geltenden Vorschriften zur Aufstellung von Kandidatinnen und Kandidaten für Wahlen verfassungswidrig sind und der Gesetzgeber verpflichtet ist, das Wahlvorschlagsrecht geschlechterparitätisch auszugestalten. Die Entscheidungen des Thüringer Verfassungsgerichtshofs[187] und des Verfassungsgerichts des Landes Brandenburg[188] befassten sich hingegen mit der Frage, ob die geschlechterparitätischen Vorschriften in den Landeswahlgesetzen von Thüringen und Brandenburg (siehe oben D. I., Seite 82) verfassungswidrig waren.[189]

1. Bundesverfassungsgericht, Beschluss vom 15. Dezember 2020[190]

Gegenstand der Entscheidung des Bundesverfassungsgerichts war eine Wahlprüfungsbeschwerde, mit der vorgetragen wurde, dass die derzeitige Ausgestaltung des Wahlvorschlagsrechts angesichts der eklatanten Unterrepräsentation von Frauen nach der Wahl zum 19. Deutschen Bundestag am 24. September 2017 verfassungswidrig sei und der Gesetzgeber verpflichtet sei, die Vorschriften geschlechterparitätisch auszugestalten.

Das Bundesverfassungsgericht hat die Wahlprüfungsbeschwerde als unzulässig verworfen. Die Beschwerde hätte nicht den hohen Begründungsanforderungen genügt, die an eine Rüge gesetzgeberischen Unterlassens gestellt werden. Das Bundesverfassungsgericht hat allerdings in seiner Entscheidung ungewöhnlich ausführlich dargelegt, was die Antragstellerinnen hätten darlegen müssen.

Im Hinblick auf Art. 38 Abs. 1 Satz 1 GG hätten die Beschwerdeführerinnen nicht hinreichend dargelegt, dass der Gesetzgeber aufgrund der passiven Wahlrechtsgleichheit gehalten gewesen sei, bei der Ausgestaltung des Wahlvorschlagsrechts Paritätsgesichtspunkten Rechnung zu tragen. Dabei hätten sie sich mit dem Gesichtspunkt auseinandersetzen müssen, dass eine paritätische Regelung im Widerspruch zur Wahlrechtsgleichheit steht.[191]

Gleiches gilt für das Demokratieprinzip. Warum sich aus diesem eine verfassungsrechtliche Verpflichtung zur „Spiegelung“ des Bevölkerungsanteils

---

187 ThürVerfGH, NVwZ 2020, S. 1266.

188 Zwei Entscheidungen betreffen dasselbe Gesetz: VerfGBbg, NJW 2020, S. 3579 (VfGBbg 9/19) und NVwZ 2021, S. 59 (VfGBbg 55/19).

189 Einen Überblick über die Urteile der Landesverfassungsgerichte gibt Friehe, NVwZ 2021, S. 39.

190 BVerfG, NVwZ 2021, S. 469 mit Urteilsanmerkungen: Hecker, NVwZ 2021, S. 479.

191 BVerfG, NVwZ 2021, S. 469 (juris-Tz. 55 ff.).

von Frauen und Männern im Deutschen Bundestag ergebe, sei nicht vorgetragen worden und auch nicht ersichtlich. Der sich aus dem Grundgesetz ergebende Grundsatz der Gesamtrepräsentation, der im engen Zusammenhang mit dem Demokratieprinzip stehe, sehe nicht vor, dass das Parlament ein verkleinertes Abbild der Wählerschaft sei. Dass der so verstandene Grundsatz der Gesamtrepräsentation verfassungsrechtlichen Vorgaben nicht genügt, hätten die Beschwerdeführerinnen nicht dargelegt.[192]

Weiter hätten die Beschwerdeführerinnen nicht ausreichend konkret vorgetragen, dass der Gesetzgeber aufgrund des Gleichstellungsgebots des Art. 3 Abs. 2 Satz 1 und 2 GG zum Erlass von Paritätsgeboten im Wahlvorschlagsrecht verpflichtet sei.[193]

Schließlich setzten sich die Beschwerdeführerinnen nicht hinreichend damit auseinander, dass der Gesetzgeber bei Wahrnehmung des Gleichstellungsauftrags im Wahlvorschlagsrecht gleichwertige Verfassungsgüter zu beachten habe, in die durch eine Paritätsregelung eingegriffen würde, namentlich die Grundsätze der Freiheit und Gleichheit der Wahl gemäß Art. 38 Abs. 1 Satz 1 GG und der Parteienfreiheit gemäß Art. 21 Abs. 1 GG. Die Beschwerdeführerinnen ließen zudem außer Acht, dass von den staatlichen Organen grundsätzlich in eigener Verantwortung zu entscheiden sei, wie sie dem Gleichstellungsauftrag des Art. 3 Abs. 2 Satz 2 GG Rechnung trügen, und es bliebe offen, weshalb diesem Auftrag im Bundestagswahlrecht ausschließlich durch die Anordnung von Paritätsgeboten Rechnung getragen werden könne.[194]

2. *Bayerischer Verfassungsgerichtshof, Urteil vom 26. März 2018*[195]

Der gleichen Fragestellung wie das Bundesverfassungsgericht musste der Bayerische Verfassungsgerichtshof im März 2018 nachgehen. Im Rahmen einer Popularklage vor dem Bayerischen Verfassungsgerichtshof wurde die Verfassungsmäßigkeit einzelner Regelungen aus dem Wahlvorschlagsrecht der Parteien und Wählergruppen bei den Landtags-, Bezirkstags-, Gemeinde- und Landkreiswahlen in Bayern in Zweifel gezogen. Das Klagebegehren ging dahin, die angegriffenen Regelungen im Hinblick auf eine fehlende geschlechterparitätische Ausgestaltung für verfassungswidrig und nichtig zu erklären und den Gesetzgeber zu verpflichten, den verfassungswidrigen Zustand zu beseitigen

192 BVerfG, NVwZ 2021, S. 469 (juris-Tz. 64 ff.).
193 BVerfG, NVwZ 2021, S. 469 (juris-Tz. 84 ff.).
194 BVerfG, NVwZ 2021, S. 469 (juris-Tz. 99 ff.).
195 BayVerfGH, NVwZ-RR 2018, S. 457.

und paritätische Wahlvorschlagsregelungen für die Landtagswahlen, Kommunalwahlen und Bezirkswahlen zu erlassen.

Die Klage war nicht erfolgreich.[196] Der Bayerische Verfassungsgerichtshof äußerte Zweifel an der Zulässigkeit der Klage, ließ diese aber offen, da die Klage jedenfalls unbegründet sei. Weder verstießen die angegriffenen Regelungen gegen die Bayerische Verfassung, noch ergäbe sich aus der Bayerischen Verfassung die Pflicht des Gesetzgebers, die bisher geltenden wahlrechtlichen Bestimmungen um paritätische Vorgaben zu ergänzen. Dieses für ein Gericht – vorsichtig formuliert – ungewöhnliche Vorgehen, Bedenken der Zulässigkeit gegen die Klage zu Gunsten einer materiell-rechtlichen Auseinandersetzung zurückzustellen, dürfte der mit dem Verfahrensgenstand verbundenen Emotionalität geschuldet sein.

In seiner Urteilsbegründung hat der Bayerische Verfassungsgerichtshof ausgeführt, dass nach bayerischem Verfassungsrecht grundsätzlich kein verfassungsgerichtlich verfolgbarer Anspruch auf ein bestimmtes Handeln des Gesetzgebers bestehe. Das Verlangen nach Erlass einer bestimmten Regelung könne nur ausnahmsweise dann im Wege einer Popularklage geltend gemacht werden, wenn ein ausdrücklicher Auftrag der Verfassung gegeben sei, der Inhalt und Umfang der Gesetzgebungspflicht im Wesentlichen umgrenzt, oder wenn ein relevantes Unterlassen des Normgebers gerügt wird, weil dieser im Zusammenhang mit einer bestimmten Rechtsmaterie etwas nicht getan habe, wozu er unter Beachtung des Gleichheitssatzes oder anderer Verfassungsbestimmungen verpflichtet gewesen wäre. Als Verfassungsauftrag für die geforderte strikte und bindende paritätische Ausgestaltung des Wahlvorschlagsrechts komme weder das von den Antragstellerinnen und Antragstellern bemühte „*menschenwürdebasierte Grundrecht auf Demokratie*" in Betracht noch Art. 118 Abs. 2 Satz 2 BV[197]. Aus dem Demokratieprinzip der Bayerischen Verfassung ergebe sich kein Recht einzelner Bevölkerungsgruppen, auch nicht von Frauen, entsprechend ihrem Bevölkerungsanteil proportional mit Mandatsträgern im Landtag oder in kommunalen Vertretungskörperschaften vertreten zu sein. Aus Art. 118 Abs. 2 Satz 2 BV ergebe sich keine nach Inhalt und Umfang hinreichend umgrenzte Gesetzgebungspflicht, um verfassungsrechtlich den Anspruch auf ein bestimmtes Handeln des Gesetzgebers begründen zu können,

196 Ebenso ablehnend: VerfGBbg, NJW 2020, S. 3579 (juris-Tz. 130).

197 Art. 118 Abs. 2 Satz 2 BV lautet: „*Der Staat fördert die tatsächliche Durchsetzung der Gleichberechtigung von Frauen und Männern und wirkt auf die Beseitigung bestehender Nachteile hin.*" und entspricht somit Art. 3 Abs. 2 Satz 2 GG.

zumal der Normgeber bei der hier betroffenen Regelungsmaterie verschiedene, teils gegenläufige verfassungsrechtliche Gewährleistungen, insbesondere auch grundrechtlich geschützte Positionen Dritter, zu berücksichtigen und gegeneinander abzuwägen habe.[198] Zwar könne das Staatsziel des § 118 Abs. 2 Satz 2 BV im Grundsatz Legitimationsgrundlage gesetzlicher Quotenregelungen sein und auch die Gleichheit der Wahl stehe differenzierenden Regelungen nicht schlechthin entgegen. Der Gesetzgeber verfüge auch im Bereich des Wahlrechts über die Gestaltungsbefugnis, verfassungsrechtlich legitime Ziele und etwaige gegenläufige Grundsätze oder Verbürgungen zum Ausgleich zu bringen. Allerdings müsse die Abwägung dem Gesetzgeber überlassen bleiben. Das Ergebnis seiner Erwägungen könne nur auf Einhaltung der verfassungsrechtlichen Grenzen überprüft werden, nicht aber darauf, ob er zweckmäßige oder rechtspolitisch erwünschte Lösungen gefunden habe.[199]

Unter Beachtung dieser Grundsätze lasse sich eine Verpflichtung des Gesetzgebers zum Erlass der geforderten, an die Parteien und Wählergruppen gerichteten, strikten und bindenden gesetzlichen Quotenvorgaben zur Förderung der tatsächlichen Gleichberechtigung von Frauen bei der Bewerbung um Plätze auf Wahlvorschlagslisten für Landtags-, Bezirkstags-, Kreistags- und Gemeinderatswahlen nicht begründen. Schließlich bestünden auch Zweifel an der Verhältnismäßigkeit der geforderten Regelungen. Ihre Eignung und Erforderlichkeit liege jedenfalls nicht auf der Hand. Zum einen sehe das Wahlsystem in Bayern bei den betroffenen Wahlen keine starren Listen vor. Zum anderen habe der Frauenanteil im bayerischen Landtag seit 1946 weitgehend kontinuierlich und in durchaus beträchtlichem Umfang zugenommen, weshalb keine *„extreme tatsächliche Ungleichheit von Männern und Frauen [besteht] […], der dringend und zwingend durch den Gesetzgeber entgegengewirkt werden müsste und bei der auch kein milderes Mittel mehr zur Verhinderung einer drohenden Verfestigung der Verhältnisse denkbar wäre“*.[200]

3. *Thüringer Verfassungsgerichtshof, Urteil vom 15. Juli 2020*[201]

Der Thüringer Verfassungsgerichtshof hat im Rahmen einer abstrakten Normenkontrolle das Thüringer Paritätsgesetz[202] für nichtig erklärt.

---

198 BayVerfGH, NVwZ-RR 2018, S. 457 (juris-Tz. 122 ff.).

199 BayVerfGH, NVwZ-RR 2018, S. 457 (juris-Tz. 126 ff.).

200 BayVerfGH, NVwZ-RR 2018, S. 457 (juris-Tz. 147 ff, 154).

201 ThürVerfGH, NVwZ 2020, S. 1266; von Roetteken, GiP 1/2021, S. 19 und Gersdorf, DÖV 2020, S. 779 jeweils mit einer ausführlichen Kritik.

202 Siehe oben, D. I., Seite 82.

Der Thüringer Verfassungsgerichtshof kommt zu dem Ergebnis, dass das Thüringer Paritätsgesetz den Grundsatz der Freiheit der Wahl, die passive Wahlfreiheit sowie die aktive und passive Gleichheit der Wahl beeinträchtigt, ebenso wie das Recht der Parteien auf Betätigungsfreiheit, Programmfreiheit und Chancengleichheit. Diese Beeinträchtigungen könnten nicht gerechtfertigt werden. Der Ansicht der Landesregierung, das Demokratieprinzip verlange eine paritätische Aufstellung von Kandidatinnen und Kandidaten in den Wahlvorschlägen der Parteien, ist das Gericht genauso wie das Bundesverfassungsgericht und der Bayerische Verfassungsgerichtshof nicht gefolgt, da eine solche „Spiegelungstheorie" dem deutschen Verfassungsrecht fremd sei. Auch verlange das Ziel von Landtagswahlen, den Charakter von Wahlen als Integrationsvorgang bei der politischen Willensbildung zu sichern, nicht, dass alle Bürgerinnen und Bürger paritätisch am Prozess der Willensbildung teilnehmen. Schließlich könne auch das in Art. 2 Abs. 2 Satz 2 ThürVerf verankerte Gleichstellungsgebot die mit dem Paritätsgesetz einhergehende Beeinträchtigungen nicht rechtfertigen.[203] Zwar könne Art. 2 Abs. 2 Satz 2 ThürVerf grundsätzlich zur Rechtfertigung von Beeinträchtigungen der Gleichheit und Freiheit der Wahl herangezogen werden. Es könne aber nicht die Einführung einer paritätischen Quotierung bei der Aufstellung der Landeslisten legitimieren. Dem Wortlaut der Norm lasse sich nicht entnehmen, dass Art. 2 Abs. 2 Satz 2 ThürVerf den Gesetzgeber ermächtige, paritätische Quotenregelungen für die Aufstellung von Landeslisten vorzugeben. Zudem lasse sich aus der Entstehungsgeschichte folgern, dass der Verfassungsgeber Art. 2 Abs. 2 Satz 2 ThürVerf nicht als Rechtfertigung für starre paritätische Quotenregelungen verstanden wissen wollte.

Das Urteil ist mit sechs zu drei Stimmen ergangen. Die dissentierenden Richter haben zwei Sondervoten abgegeben.

Richterin Hesselmann[204] vertritt die Ansicht, dass Art. 2 Abs. 2 Satz 2 ThürVerf durchaus als Rechtfertigungsgrund für sämtliche mit dem Thüringer Paritätsgesetz verbundenen Eingriffe herangezogen werden könne. Eingriffe in die Wahlrechtsgrundsätze seien nach der Rechtsprechung des

---

203 Der Regelungsgehalt von Art. 2 Abs. 2 Satz 2 ThürVerf ist ein geringfügig anderer, als der von Art. 3 Abs. 2 Satz 2 GG. Während Art. 3 Abs. 2 Satz 2 GG ein Förderungsgebot normiert (*„Der Staat fördert die tatsächliche Durchsetzung der Gleichberechtigung von Frauen und Männern …"*), Regelt Art. 2 Abs. 2 Satz 2 ThürVerf ein Sicherungsgebot (*„Das Land, … [ist] verpflichtet, die tatsächliche Gleichstellung von Frauen und Männern … durch geeignete Maßnahmen zu fördern und zu sichern."*)

204 ThürVerfGH, NVwZ 2020, S. 1266 (juris-Tz. 144 ff.).

Bundesverfassungsgerichts gerechtfertigt, wenn diese durch die Verfassung legitimiert seien und von mindestens gleichem Gewicht wie die Wahlrechtsgrundsätze seien. Das Thüringer Paritätsgesetz erfülle diese Voraussetzungen. Die mit Hilfe von Art. 2 Abs. 2 Satz 2 ThürVerf geförderte Beteiligung von Frauen im Parlament sei nämlich sowohl verfassungsrechtlich legitimiert als auch von gleichem Gewicht wie die Wahlrechtsgrundsätze, in die eingegriffen werde. Der Wortlaut von Art. 2 Abs. 2 Satz 2 ThürVerf stehe dem Paritätsgesetz nicht entgegen. Es bedürfe keiner ausdrücklichen Erwähnung von Maßnahmen der Wahlrechtsgesetzgebung, denn auch andere Maßnahmen seien nicht ausdrücklich genannt, weshalb das Fehlen der Benennung keinen Rückschluss auf die Zulässigkeit erlaube. Auch spreche die Entstehungsgeschichte nicht gegen die Rechtfertigung paritätischer Quotenregelungen. Die Debatte im Rahmen der Beratungen der Thüringer Verfassung sei viel zu unspezifisch gewesen, um hieraus einen Rückschluss zu ziehen, gesetzliche Regelungen zur Listenparität seien unerwünscht. Zudem erziele das Thüringer Paritätsgesetz keine Parität der Geschlechter im Parlament, weil das Gesetz nur die Listenaufstellung betreffe, nicht aber die Aufstellung der Wahlkreismandate. Es handele sich damit auch nicht um eine starre Quote, noch führe es zu Ergebnisgleichheit; es werde lediglich das Gesamtergebnis der Wahl modifiziert.

Richterin Licht und Richter Petermann haben ein eigenes Sondervotum verfasst. Sie kritisieren im Wesentlichen, dass die Mehrheit Art. 2 Abs. 2 Satz 2 ThürVerf falsch auslege. Die Mehrheit verkürze unzulässig die Auslegung des Wortlautes, beschränke sich auf eine statisch-historische Auslegung unter Berücksichtigung des angeblichen Willens des Verfassungsgebers und lasse eine teleologische Betrachtung unter Berücksichtigung der Rechtsprechung des Bundesverfassungsgerichts zu einem materiellen Gleichheitsverständnis unberücksichtigt. Einerseits gehe die Mehrheit davon aus, dass der Wortlaut von Art. 2 Abs. 2 Satz 2 ThürVerf grundsätzlich die Möglichkeit der Einschränkung der Wahlrechtsgrundsätze und der Chancengleichheit der Parteien eröffne, meine aber andererseits, dass der Wortlaut zu unbestimmt sei, um eine Paritätsregelung zu rechtfertigen. Dies sei widersprüchlich. Durch die Worte „*in allen Bereichen des öffentlichen Lebens*“ werde das Land verpflichtet, auch im Bereich der Wahlen die tatsächliche Gleichstellung zu fördern und zu sichern. Ermittle man zudem bei der historischen Auslegung von Verfassungsnormen – wie auch das Bundesverfassungsgericht – den objektiven Willen des Gesetzgebers, so hätte auch die Mehrheit zu dem Schluss kommen müssen, dass durch Art. 2 Abs. 2 Satz 2 ThürVerf die fragliche Paritätsregelung durchaus gerechtfertigt gewesen wäre. Die Mehrheit stütze ihre historische Auslegung allein auf die Tatsache, dass während der Beratung und Ausarbeitung der Verfassung des

Freistaates Thüringen Versuche, eine ausdrückliche Regelung über die Pflicht zu einer hälftigen bzw. paritätischen Repräsentation der Geschlechter aufzunehmen, gescheitert waren. Damit berücksichtige die Mehrheit aber allein den subjektiven Willen des historischen Gesetzgebers und lasse unberücksichtigt, dass die Diskussion damals nicht abgeschlossen gewesen sei. So dann verweisen Licht und Petermann auf Fälle der jüngeren Verfassungsgeschichte, in denen der einfache Gesetzgeber und das Bundesverfassungsgericht Regelungen für verfassungskonform hielten, obwohl sie prima facie nicht dem Willen des historischen Verfassungsgesetzgebers entsprochen hätten. Zudem bemängeln Licht und Petermann, dass die Mehrheit fälschlicherweise von einem formalen Gleichheitsverständnis ausgehe und somit die tatsächlich existierende strukturelle Diskriminierung von Frauen in der Politik verkenne. Lege man ein materielles Gleichheitsverständnis als Maßstab zu Grunde, so komme man nicht umhin zu erkennen, dass Männer und Frauen gerade nicht gleichermaßen teilnahmeberechtigt an der politischen Willensbildung seien, sondern Frauen vielmehr einer mittelbaren und strukturellen Diskriminierung ausgesetzt seien.

4. *Verfassungsgericht des Landes Brandenburg, Urteile vom 23. Oktober 2020*

In zwei Urteilen vom 23. Oktober 2020 hat sich das Verfassungsgericht des Landes Brandenburg mit der Frage der Verfassungswidrigkeit des Brandenburgischen Paritätsgesetzes beschäftigt und dieses im Ergebnis für nichtig erklärt. Gegenstand war zum einen ein Organstreitverfahren der Landesverbände von NPD und AfD[205] und zum anderen eine Verfassungsbeschwerde von vier Parteimitgliedern der AfD.[206]

Das Verfassungsgericht sah die Organisations- und Programmfreiheit, die Wahlvorschlagsfreiheit und die Chancengleichheit der Parteien verletzt, ebenso wie die Grundrechte auf Gleichheit der Wahl in der Ausprägung als passive Wahlrechtsgleichheit und das Verbot der Ungleichbehandlung wegen des Geschlechts der Bürgerinnen und Bürger. Eingriffe in die genannten Rechte könnten nicht gerechtfertigt werden. Das Paritätsgesetz stelle kein Wahlorganisationsrecht dar, das lediglich das Wahlrecht ausgestalte. Es habe vielmehr Auswirkungen auf das Demokratieprinzip in seiner bisher verfassten Form. Dieses sehe den Grundsatz der Gesamtrepräsentation vor. Dem widerspräche

205 VerfGBbg, NJW 2020, S. 3579.
206 VerfGBbg, NVwZ 2021, S. 59.

jedoch eine Regelung, nach der sich die Bevölkerung nach dem Geschlecht in der Zusammensetzung des Parlaments widerspiegeln soll. Auch könnten die Eingriffe nicht durch den in der Landesverfassung verankerten Gleichstellungsauftrag gerechtfertigt werden. Diesem Schutzauftrag lasse sich nicht die Befugnis entnehmen, durch einfaches Gesetz eine jeweils hälftige Verteilung der Landtagssitze an Frauen und Männer herbeizuführen. Das gelte umso mehr, als das Gesetz das Demokratieprinzip modifiziere, was durch den Gleichstellungsauftrag keinesfalls gerechtfertigt sein könne.

E. Gesetzliche Geschlechterquoten als Teil des Wahlorganisationsrechts

Soweit ein Überblick über den Stand der Gesetzgebung und der Diskussion der Probleme einer gesetzlichen Geschlechterquote im Wahlrecht in Literatur und Rechtsprechung.

Im Hinblick auf die Verfassungsmäßigkeit des Muster-Quotengesetzes soll zunächst der Frage nachgegangen werden, ob Geschlechterquoten im Wahlrecht möglicherweise das Wahlorganisationsrecht betreffen und ihre Rechtmäßigkeit deshalb nicht an Art. 38 GG zu prüfen sind.

I. Stand der Diskussion in der Literatur und Stand der Rechtsprechung

In der Literatur[207] wird verschiedentlich die Auffassung vertreten, die Regelung einer Geschlechterquote betreffe das Wahlorganisationsrecht und nicht das Wahlrecht und sei deshalb nicht an dem strengen Maßstab des Art. 38 GG zu messen. Die Geschlechterquote sei Teil des vom Gesetzgeber zu wählenden Wahlsystems. Soweit ersichtlich, wurde diese Auffassung erstmals von Lange vertreten. Nach dieser Auffassung betrifft das Wahlorganisationsrecht Entscheidungen, die dem Wahlverfahren vorausgehen und denen sich das Wahlverfahren, das an Art. 38 GG zu messen sei, unterzuordnen habe. Dem Wahlorganisationsrecht sei beispielsweise die Entscheidung zuzuordnen, ein Organ mit nur zehn Mitgliedern zu besetzen. In diesem Fall wären die Stimmen für den Bewerber mit der elfthöchsten Stimmenzahl verloren. Gleichwohl käme niemand auf den Gedanken, in der Erfolglosigkeit dieser Wählerstimmen

---

207 Lange, NJW 1988, S. 1174; Laskowski, Streit 2015, S. 51 (57); vgl. auch Bundesschiedsgericht (BÜNDNIS 90/DIE GRÜNEN), Entscheidung vom 7. November 1998, NVwZ-RR 1999, S. 545; so wohl auch Mayer, EuGRZ 2005, S. 17 (22).

eine Beschränkung des Grundsatzes der Wahlrechtsgleichheit zu erblicken. Die Entscheidung, dass ein Organ je zur Hälfte mit Frauen und Männern zu besetzen sei, sei mit der Entscheidung, einem Organ eine bestimmte Größe zu geben, vergleichbar.[208]

Das Verfassungsgericht des Landes Brandenburg vertritt die Auffassung, dass die Regelung einer gesetzlichen Geschlechterquote nicht Teil des Wahlorganisationsrechts sei. Die Paritätsvorgaben hätten intensive Beschränkungen unter anderem des Wahlvorschlagsrechts bis hin zu einem faktischen Ausschluss der Aufstellung bestimmter Bewerberinnen und Bewerber zur Folge. Bei der Festlegung der technischen Einzelheiten einer Wahl verfüge der Gesetzgeber zwar über einen weiten Gestaltungsspielraum. Dieser gestatte jedoch nur die Ausfüllung des verfassungsrechtlichen Rahmens, nicht aber davon abweichende Regelungen.[209]

II. Stellungnahme

Ob gesetzliche Quoten das Wahlrecht betreffen oder das Wahlorganisationsrecht, kann dahinstehen. Bei der Unterscheidung zwischen Wahlrecht und Wahlorganisationsrecht handelt es sich um rechtstheoretische Kategorien zur Beschreibung und Systematisierung verschiedener Regelungsmaterien, die der einen oder der anderen Gruppe zugeordnet werden. Es handelt sich jedoch um keine verfassungsrechtliche Systematisierung, aus der sich ergibt, dass das Wahlorganisationsrecht nicht am Maßstab des Art. 38 GG zu messen ist. Selbst wenn Geschlechterquoten bei Wahlen systematisch das Wahlorganisationsrecht beträfen, berührten sie trotzdem die Wahlgrundsätze gemäß Art. 38 Abs. 1 GG[210], wie noch im Einzelnen nachgewiesen wird. Die Unterscheidung zwischen Wahlrecht und Wahlorganisationsrecht ist keine Systematisierung, die – je nach Kategorie, in die eine Regelung fällt – dazu führt, dass die Wahlgrundsätze nicht eingegriffen würde.

Auch stellt sich entgegen der Ansicht von LANGE in dem von ihm gebildeten Beispiel die Frage nach der Wahlrechtsgleichheit. Immer dann, wenn abgegebene Stimmen bei einer Wahl keine Wirkung zeigen, stellt sich die Frage nach der Wahlrechtsgleichheit. Sperrklauseln und Mehrheitswahl werden in der Literatur unter dem Gesichtspunkt der Wahlgleichheit kritisch gesehen.[211]

---

208 LANGE, NJW 1988, S. 1174 (1178).

209 VerfGBbg, NJW 2020, S. 3579 (juris-Tz. 118 ff.).

210 EBSEN, JZ 1989, S. 553 (557); FISAHN/MARUSCHKE, Gutachten, S. 22.

211 Zur Sperrklausel vgl. nur BVerfGE 131, 316; kritisch zum Mehrheitswahlsystem: MEYER, in: ISENSEE/KIRCHHOF, HBStR, Bd. 3, 3. Auflage, 2005, § 45 Rn. 31.

Zudem übersehen die Vertreter der Ansicht, dass die Zulässigkeit gesetzlicher Geschlechterquoten nicht an Art. 38 GG zu messen sei, dass Regelungen zur Bestimmung der Größe eines Gremiums und Regelungen zur Zusammensetzung eines Gremiums nach Festlegung der Größe, nicht vergleichbar sind. Beide Regelungen haben auf die Chancengleichheit der Kandidatinnen und Kandidaten unterschiedliche Auswirkungen. Geht man von einem zu besetzenden Gremium von zehn Personen und zwölf Kandidaten und Kandidatinnen aus, dann hat jeder Kandidat bzw. jede Kandidatin unabhängig von seinem bzw. ihrem Geschlecht die gleiche Chance gewählt zu werden. Die Chance liegt bei 0,8. Beschränkt man aber nun die Kandidatinnen- und Kandidatenwahl weiter um die Vorgabe, dass fünf Frauen und fünf Männer vertreten sein müssen, ändern sich jedenfalls dann die Chancen, wenn unter den Kandidaten und Kandidatinnen die Geschlechter nicht gleich verteilt sind. Sind von den zwölf Kandidaten und Kandidatinnen fünf weiblich und sieben männlich, verschieben sich die Chancen, gewählt zu werden, in den jeweiligen Geschlechtergruppen deutlich: Während von den Kandidatinnen alle gewählt werden, die Chance, gewählt zu werden, also bei 1 liegt, liegt sie unter den (männlichen) Kandidaten deutlich schlechter, nämlich bei 0,7.

F. Gesetzliche Geschlechterquoten als Ausgestaltung des Demokratieprinzips

In Literatur und Rechtsprechung wird die Diskussion geführt, ob gesetzliche Geschlechterquoten bei Wahlen lediglich das Demokratieprinzip ausgestalten, unter Umständen sogar aus dem Demokratieprinzip heraus geboten sind, oder ob diese das Demokratieprinzip und dessen Ausformungen beschränken, insbesondere die Wahlgrundsätze gemäß Art. 38 Abs. 1 Satz 1 GG.

Wären gesetzliche Geschlechterquoten bei Wahlen aus dem Demokratieprinzip heraus geboten, dann wäre der Gestaltungsspielraum des Gesetzesgebers für gesetzliche Quoten deutlich geringer. Für den Fortgang der Prüfung würde feststehen, dass das Muster-Quotengesetz dem Grunde nach rechtmäßig ist und sich nur noch die Frage nach der Rechtmäßigkeit der konkreten Ausgestaltung stellen.

Ähnlich wäre der Gang der Prüfung, würden gesetzliche Geschlechterquoten bei Wahlen das Demokratieprinzip „nur" ausgestalten. Auch hier würde sich nur noch die Frage der Rechtmäßigkeit der konkreten Ausgestaltung stellen.

I. Stand der Diskussion in der Literatur

1. Geschlechterquoten als Ausgestaltung des Demokratieprinzips

Eine Mindermeinung in der Literatur vertritt die Auffassung, gesetzliche Geschlechterquoten bei Parlamentswahlen in Deutschland gestalteten lediglich das Demokratieprinzip aus. Sie stellten keinen Eingriff in das Demokratieprinzip und die das Demokratieprinzip ausgestaltenden Wahlgrundsätze gemäß Art. 38 GG und weitere verfassungsrechtliche Garantien dar[212]. Die Parteien übten seit der Gründung der Bundesrepublik Deutschland ihr gesetzliches Wahlvorschlagsrecht überwiegend zugunsten männlicher Kandidaten aus. Ergebnis sei, dass seit 1949 im Verhältnis zur Bevölkerung unterproportional wenige Frauen in den Bundestag und die Länderparlamente gewählt würden. Es fehle daher an gleichberechtigter demokratischer Teilhabe und effektiver Einflussnahme[213] der Staatsbürgerinnen auf die Entscheidungen des Deutschen Bundestages und der Länderparlamente. Diese sei aber für die demokratische Legitimation der aus Wahlen hervorgehenden Parlamente und deren Entscheidungen erforderlich. Die Unterrepräsentanz von Frauen führe daher zu einem Legitimationsdefizit und widerspreche damit dem Demokratieprinzip im Sinne von Art. 20 Abs. 2 Satz 1 GG. Die nicht-paritätische Zusammensetzung der Parlamente habe Auswirkungen auf die Qualität politischer Entscheidungen. Gesetzliche Regelungen würden zu Lasten der Frauen getroffen. Verwiesen wird in diesem Zusammenhang auf die Entgeltgleichheit und den Versorgungsabschlag für ehemals teilzeitbeschäftigte Beamtinnen und Beamte nach dem Beamtenversorgungsgesetz.[214] Das Demokratieprinzip weise – parallel zur grundrechtlichen Dogmatik – eine gewährleistende Dimension auf: Es gewährleiste im Hinblick auf die auf eine faktische Diskriminierung zurückzuführende Unterrepräsentanz der Frauen in Bundestag und Länderparlamenten die gleichberechtigte Anwesenheit von Frauen als ehemals Ausgeschlossene und damit die gleichberechtigte Teilhabe von Frauen an der Staatsgewalt.[215] Da die repräsentative Demokratie des Grundgesetzes als Parteiendemokratie ausgestaltet sei, müsse die effektive Einflussnahme auf die Ausübung der Staatsgewalt im Hinblick auf die Parlamente über die Parteien erfolgen. Damit komme

---

212 Laskowski, Gutachten 2014, S. 36 ff.; Dies., Streit 2015, S. 51 (56 f.); Röhner, Ungleichheit und Verfassung, S. 291 ff.; Dies., Unterrepräsentation von Frauen, S. 20 ff.

213 Laskowski, Gutachten 2014, S. 39, unter Verweis auf BVerfGE 83, 60 (juris-Tz. 37).

214 Laskowski, Gutachten 2014, S. 12 ff.

215 Röhner, Unterrepräsentation von Frauen, S. 21.

entscheidendes Gewicht dem *„geschlechterdemokratischen Verhalten der Parteien“*[216] im Vorfeld einer Wahl zu. Da bis heute trotz freiwilliger parteiinterner Maßnahmen keine geschlechtergerechte effektive Einflussnahme auf die Gesetzgebung erreicht werden konnte, bedürfe es einer gesetzlichen Quote für alle Parteien, die die innerparteiliche Demokratie gemäß Art. 21 Abs. 1 Satz 3 GG ausgestalte. Teilweise wird die Auffassung vertreten, eine Geschlechterquote sei sogar verfassungsrechtlich geboten[217]; der jetzige Rechtszustand sei *„Verfassungsbruch in Permanenz“*.[218]

2. *Geschlechterquoten als Eingriff in das Demokratieprinzip*

Weit überwiegend wird jedoch die Auffassung vertreten, Geschlechterquoten gestalteten das Demokratieprinzip des Grundgesetzes nicht aus und schon gar nicht sei eine Geschlechterquote bei Wahlen geboten. Gesetzliche Geschlechterquoten bei Wahlen und Demokratieprinzip stünden in einem Spannungsverhältnis.[219] Das Demokratieprinzip des Grundgesetzes sehe nicht vor, dass wesentliche Strukturen des Volkes, insbesondere nicht der Bevölkerungsanteil von Männern und Frauen, im Bundestag und anderen demokratisch gewählten Parlamenten widergespiegelt werden müssten. Nach dem Wortlaut von Art. 38 Abs. 1 Satz 2 GG seien die Bundestagsabgeordneten Vertreter des ganzen Volkes. Sie verträten nicht die Interessen ihrer Wähler, eines bestimmten Wahlkreises oder einer bestimmten Bevölkerungsgruppe und auch nicht einer Partei. Auch müssten die Entscheidungen des Bundestags nur den Willen des gesamten Volkes repräsentieren und nicht den Willen des Volkes in einer besonderen Zusammensetzung.

---

216 Laskowski, Gutachten 2014, S. 43.

217 Laskowski, Gutachten 2014, S. 10, 37; siehe insoweit auch die Begründung der Antragsteller in BVerfG, NVwZ 2021, S. 469 (juris-Tz. 3 ff., 26 ff.) und NVwZ-RR 2018, S. 457 (juris-Tz. 18 ff.).

218 Elisabeth Selbert, eine von vier Frauen (und 61 Männern) im Parlamentarischen Rat 1948/1949 und „Mutter“ von Art. 3 Abs. 2 GG; zitiert nach Laskowski, djbz 2014, S. 93.

219 Brosius-Gersdorf, Verfassungsblog, 25. Februar 2019; Butzer, NdsVBl. 2019, S. 10 (15 f.); Fisahn/Maruschke, Gutachten, S. 15; Jutzi, LKRZ 2012, S. 92 (92 f.); Ders., Stellungnahme Rheinland-Pfalz, S. 9 ff.; Morlok/Hobusch, DÖV 2019, S. 14 (17); Pautsch, JSE 2019, S. 1 (3 f.); PBD LT Brandenburg, Gutachten, S. 54 f.; WD LT Thüringen, Gutachten, S. 34; zweifelnd: Schuler-Harms/Valentiner, Rechtsgutachten, S. 77 f.

II. Stand der Rechtsprechung

Auch die Rechtsprechung hat sich mit der Frage des Verhältnisses von Demokratieprinzip und Frauenförderung auseinandergesetzt.

In der bereits oben dargestellten Entscheidung über eine Wahlprüfungsbeschwerde (vgl. oben D. III. 1., Seite 87) konnte das Bundesverfassungsgericht ein Legitimationsdefizit der Entscheidungen des Bundestags aufgrund der Unterrepräsentation der Frauen dort nicht erkennen. Die demokratische Legitimation der Bundestagsabgeordneten beruhe darauf, dass sie bei einer ordnungsgemäßen, insbesondere den Wahlgrundsätzen des Art. 38 Abs. 1 Satz 1 GG entsprechenden Wahl die zur Erringung eines Mandats erforderliche Stimmenzahl erhalten habe. Die Geschlechtszugehörigkeit sei demgegenüber für das Maß der durch den Wahlakt vermittelten demokratischen Legitimation des einzelnen Abgeordneten ohne Belang. Auch für das Parlament als Ganzes komme es hinsichtlich seiner demokratischen Legitimation ausschließlich auf die Ordnungsgemäßheit des Wahlaktes und nicht darauf an, ob es sich als repräsentatives Abbild des Elektorats darstelle.[220]

Ähnlich argumentiert der Bayerischer Verfassungsgerichtshof in seiner bereits ebenfalls oben dargestellten Entscheidung (vgl. oben D. III. 2., Seite 88) über eine Popularklage gegen geschlechtsspezifisch neutral gehaltene wahlrechtliche Bestimmungen über die Aufstellung von Kandidatinnen und Kandidaten bei Landtags- und Kommunalwahlen in Bayern. Die Legitimation des Landtags und seiner Mitglieder, Hoheitsrechte auszuüben, sei dadurch gewährleistet, dass diese unmittelbar durch die Gesamtheit der Staatsbürger, das (wahlberechtigte) Volk, Frauen wie Männer gleichermaßen, in Wahlen bestimmt würden, die den Wahlrechtsgrundsätzen unterliegen.[221]

III. Stellungnahme

Die Mindermeinung verfolgt ein spiegelbildliches Repräsentationsverständnis, das die Repräsentation des Volkes durch die Abgeordneten an soziodemografische Kriterien wie Geschlecht, Alter, Herkunft, Bildung, etc. festmacht, das mit der Annahme einer substantiellen Repräsentation einhergeht, also der Vorstellung, dass die jeweiligen soziodemographischen Gruppen gleichgerichtete Interessen haben und nur die Vertreter der jeweiligen soziodemographischen Gruppe in der Lage sind, die jeweiligen Gruppeninteressen am besten

---

220 BVerfG, NVwZ 2021, S. 469 (juris-Tz. 71).

221 NVwZ-RR 2018, S. 457 (juris-Tz. 111).

zu vertreten. Würde man diesem Verständnis folgen, wäre in der Tat erforderlich, dass unter anderem auch der weibliche Teil der Bevölkerung entsprechend seinem Anteil im Parlament gespiegelt wird, damit er effektiv Einfluss auf die Ausübung der Staatsgewalt nehmen kann und die Anliegen der weiblichen Bevölkerung hinreichend berücksichtigt werden.

Gegen eine solche Sichtweise spricht jedoch mit der herrschenden Meinung Art. 38 Abs. 1 Satz 2 GG in Verbindung mit Art. 20 Abs. 1 und Abs. 2 GG. Gemäß Art. 20 Abs. 1 GG ist die Bundesrepublik Deutschland ein demokratischer Bundesstaat. Gemäß Art. 20 Abs. 2 Satz 1 GG geht alle Staatsgewalt vom Volke aus; damit ist der Grundsatz der Volkssouveränität festgelegt. Die Staatsgewalt wird gemäß Art. 20 Abs. 2 Satz 2 GG durch das Volk in Wahlen und Abstimmungen und durch besondere Organe der Gesetzgebung, der vollziehenden Gewalt und der Rechtsprechung ausgeübt. Durch den Verweis auf Wahlen und die besonderen Organe der Gesetzgebung, also die Parlamente, ergibt sich, dass das Demokratieprinzip des Grundgesetzes als repräsentative Demokratie ausgestaltet ist. Die Ausübung der Staatsgewalt bedarf also – abgesehen von Abstimmungen[222] – keiner unmittelbaren Legitimation durch das Volk, sondern „nur" der mittelbaren Legitimation durch vom Volk gewählte Parlamente wie Bundestag und Landesparlamente. Gemäß Art. 38 Abs. 1 Satz 2 GG sind die vom Volk gewählten in den Bundestag gewählten Repräsentanten Vertreter des ganzen Volkes, an Aufträge und Weisungen nicht gebunden und nur ihrem Gewissen unterworfen.

Dieser Satz wird überwiegend so verstanden, dass nicht jeder einzelne Repräsentant das Volk vertritt, sondern alle Repräsentanten zusammen das Volk vertreten.[223] Denn nicht der einzelne Abgeordnete, sondern das Parlament als Ganzes im Sinne der Gesamtheit aller Parlamentarier übt die vom Volk ausgehende Staatsgewalt aus.[224] In dem durch Art. 38 Abs. 1 Satz 2 GG gewährleisteten freien Mandat liegt eine Absage an alle Formen eines imperativen von gesellschaftlichen Gruppen inhaltlich bestimmten Mandats.[225]

---

222 „*Abstimmungen*" sind die in Art. 29 und 118 GG vorgesehenen Volksbegehren und Volksentscheide, vgl. Antoni, in: Hömig/Wolff, GG, Art. 20, Rn. 9.

223 BVerfGE 44, 308 (juris-Tz. 27); 80, 188 (juris-Tz. 103); Butzer, in: BeckOK GG, Art. 38, Rn. 8; Risse/Witt, in: Hömig/Wolff, GG, Art. 38, Rn. 21; Klein, in: Maunz/Dürig, GG, Art. 38, Rn. 192 (60. EL Oktober 2010); Magiera, in: Sachs, GG, Art. 38, Rn. 45; a. A. Leisner, in: Sodan, GG, Art. 38 Rn. 4.

224 BVerfGE 131, 316 (juris-Tz. 72); 118, 277 (juris-Tz. 209); 44, 308 (juris-Tz. 28).

225 Butzer, NdsVBl. 2019, S. 10 (16).

Weil also alle Abgeordneten des Bundestags in ihrer Gesamtheit das ganze Volk vertreten, ist eine proportionale Vertretung einzelner Interessen nicht geboten. Sie ist auch gar nicht möglich. Denn wäre die Volksvertretung nur dann demokratisch legitimiert, wenn sie ein gesellschaftliches Abbild des Staatsvolkes wäre, so ließe sich nicht rechtfertigen, warum nur eine Spiegelung der Geschlechter erfolgen sollte. Eine Spiegelung der gesellschaftlichen Strukturen müsste also weit über die Geschlechterproblematik hinausgreifen[226]. Das aber würde wiederum deutlich mit dem Grundsatz der Freiheit der Wahl kollidieren. Denn würde man versuchen, im Bundestag ein gesellschaftliches Abbild des Staatsvolkes zu schaffen, hätte dies zur Folge, dass eine Vielzahl von Kandidatinnen und Kandidaten mehr oder weniger gesetzt wären und der Grundsatz der freien Wahl, wenn wohl nicht aufgehoben[227], so doch stark eingeschränkt wäre.

Den Entscheidungen eines nach dem Geschlecht unparitätisch besetzten Bundestags fehlt auch nicht die notwendige Legitimation durch das Volk – jedenfalls nicht die Legitimation im Sinne des Demokratieprinzips des Grundgesetzes. Wie sich bereits aus dem Wortlaut des Art. 20 Abs. 2 Satz 2 GG ergibt, übt das Volk seine Staatsgewalt durch Wahlen aus und (unter anderem) durch besondere Organe der Gesetzgebung, sprich der zu wählenden Parlamente. Der Zurechnungszusammenhang zwischen Volk und staatlicher Herrschaft wird also vor allem durch die Wahl des Parlaments geschaffen.[228] Legitimiert als Vertreterinnen und Vertreter des Volkes werden die Bundestagsabgeordneten demnach allein durch die Bundestagswahl, nicht durch ihre Qualifikation.[229] An dieser (und an allen anderen demokratischen Parlamentswahlen) können Frauen, Männer und Personen, die bei der Geschlechtsentwicklung Besonderheiten aufweisen, gleichermaßen teilnehmen. Die Legitimation der Entscheidungen des Bundestags ist so gewährleistet.

G. Kollision des Muster-Quotengesetzes mit verfassungsrechtlich verbürgten Positionen

Im Folgenden soll geprüft werden, ob das Muster-Quotengesetz mit den Regelungen des Grundgesetzes kollidiert.

---

226 Brosius-Gersdorf, Verfassungsblog, 25. Februar 2019; BVerfG, NVwZ 2021, S. 469 (juris-Tz. 73).

227 So aber Fisahn/Maruschke, Gutachten, S. 17; WD LT Thüringen, Gutachten, S. 36.

228 BVerfGE 83, 60 (juris-Tz. 37).

229 Jutzi, LKRZ 2012, S. 92 (92 f.).

I. Das Muster-Quotengesetz und die Wahlrechtsgrundsätze

Art. 38 GG gibt den deutschen Staatsangehörigen (vgl. Art. 20 Abs. 2 Satz 1, 116 GG) das subjektive Recht, sich an den Wahlen zum Deutschen Bundestag zu beteiligen. Es handelt sich um ein sogenanntes grundrechtsgleiches Recht, da eine behauptete Verletzung von Art. 38 GG Gegenstand einer Individualverfassungsbeschwerde nach Art. 93 Abs. 1 Nr. 4a GG, §§ 13 Nr. 8, 90 ff. BVerfGG sein kann. Das subjektive Recht, sich an den Wahlen zum Deutschen Bundestag zu beteiligen, stellt auf Bundesebene den wichtigsten subjektiven Anspruch der Bürger auf demokratische Teilhabe dar.[230] Durch die Wahl zum Deutschen Bundestag wird einerseits die Staatsgewalt auf Bundesebene legitimiert. Andererseits besteht gleichzeitig für das Wahlvolk die Chance, Einfluss zu nehmen, wie die Legislative aber auch die Exekutive die Staatsgewalt ausüben, indem es zwischen verschiedenen konkurrierenden Parteien und Kandidatinnen und Kandidaten mit unterschiedlichen Wahlprogrammen wählen kann.

Art. 38 Abs. 1 Satz 1 GG regelt die Grundsätze, denen die Wahl der Abgeordneten zum Deutschen Bundestag genügen müssen. Danach werden die Abgeordneten des Deutschen Bundestages in allgemeiner, unmittelbarer, freier, gleicher und geheimer Wahl gewählt. Die Wahlrechtsgrundsätze sind nicht nur grundrechtsgleiches Recht, sondern auch objektives Recht.[231] Die Wahlrechtsgrundsätze sind eine Ausprägung des Demokratieprinzips des Art. 20 GG. Sie sind untereinander gleichrangig; sie haben das gleiche Gewicht.[232]

1. *Wahlbegriff*

Die Wahlgrundsätze gelten nicht nur für die Wahl im engeren Sinne, also nicht nur für die Stimmabgabe. Sie gelten auch für die Wahl im weiten Sinn, also für das gesamte Wahlverfahren.[233] Die Wahl im weiten Sinn kann in vier Phasen unterteilt werden: die Organisation der Wahlberechtigten, die Organisation der Wahlbewerber, die Organisation und das Abhalten der Wahl und die

---

230 BVerfGE 123, 267 (juris-Tz. 210); Guckelberger, JA 2012, S. 561.

231 Pieroth, in: Jarass/Pieroth, GG, Art. 38, Rn. 1.

232 BVerfGE 99, 1 (juris-Tz. 49); Pieroth, in: Jarass/Pieroth, GG, Art. 38, Rn. 1.

233 Klein, in: Maunz/Dürig, GG, Art. 38, Rn. 83 (60. EL Oktober 2010); Müller, in: von Mangoldt/Klein/ Starck, GG, Art. 38 Rn. 127; Guckelberger, JA 2012, S. 561 (563).

Stimmenauswertung einschließlich der Feststellung des Wahlergebnisses und der endgültigen Bestimmung der Gewählten.[234]

Für die Wahl zum Deutschen Bundestag erfolgt die Organisation der Wahlberechtigten dadurch, dass in den Gemeindebehörden Wählerverzeichnisse geführt werden, in denen die Wahlberechtigten erfasst werden (§ 17 BWahlG, §§ 14 ff. BWO). Vor der Wahl werden die Wahlberechtigten benachrichtigt, § 19 BWO.

Die Organisation der Wahlbewerber erfolgt dadurch, dass die Kreis- und Landeswahlleiter zum Einreichen von Wahlvorschlägen auffordern, §§ 18 ff. BWahlG, §§ 33, 32 BWO. Wahlvorschläge können von den Parteien und, wenn es sich um so genannte Kreiswahlvorschläge handelt, von den Wahlberechtigten eingereicht werden. Die Wahlvorschläge müssen nach Form und Inhalt bestimmten Voraussetzungen genügen (vgl. §§ 20, 27 BWahlG, § 34, 39 BWO). Mit anderen Worten: An der Verhältniswahl durch Listen können nur Parteien teilnehmen, an der Mehrheitswahl in den Wahlkreisen dürfen sich nicht nur Parteimitglieder zur Wahl stellen, sondern auch Nicht-Parteimitglieder.

Die Organisation der Wahlhandlung beginnt damit, dass die Stimmzettel und die Umschläge für die Briefwahl hergestellt werden und endet mit der Stimmabgabe am Wahltag.

Die Stimmenauswertung erfolgt im Anschluss an die Wahlhandlung. Die Ergebnisse in einzelnen Wahlbezirken werden vom Wahlvorsteher mündlich bekannt gegeben (§ 70 BWO), der Gemeindebehörde gemeldet, von dieser zusammengefasst und dem Kreiswahlleiter weitergereicht. Der Wahlkreisleiter ermittelt das vorläufige Wahlergebnis im Wahlkreis und teilt es dem Landeswahlleiter mit, der es seinerseits dem Bundeswahlleiter übermittelt. Dort wird das endgültige Wahlergebnis ermittelt und bekannt gemacht (§§ 76 ff. BWO).

2. *Aktives und passives Wahlrecht*

Die Wahlgrundsätze gelten nicht nur für das sogenannte aktive Wahlrecht, also das Recht zu wählen, sondern auch für das passive Wahlrecht, also das Recht, Wahlvorschläge einzureichen und sich zur Wahl zu stellen. Die verschiedenen Wahlgrundsätze wirken sich auf das aktive und das passive Wahlrecht allerdings unterschiedlich aus[235], wie sogleich gezeigt wird.

---

234 Klein, in: Maunz/Dürig, GG, Art. 38, Rn. 83 (60. EL Oktober 2010); Meyer, in: Isensee/Kirchhof, HBStR, Bd. 3, 3. Auflage, 2005, § 45, Rn. 17; Morlok, in: Dreier, GG, Art. 38, Rn. 52; Roth, in: Umbach/Clemens, GG, Art. 38, Rn. 37; Müller, in: von Mangoldt/Klein/ Starck, GG, Art. 38, Rn. 127.

235 Pieroth, in: Jarass/Pieroth, GG, Art. 38, Rn. 9.

3. *Rechtsträger*

Träger der grundrechtsgleichen Rechte des Art. 38 GG sind grundsätzlich nur wahlberechtigte Deutsche.[236] Dies ergibt sich nicht aus dem Wortlaut des Art. 38 GG. Es wird aus dem Begriff „Volk“ in Art. 38 Abs. 1 Satz 2 GG abgeleitet. Daneben sind auch Träger die politischen Parteien und Wählervereinigungen.[237]

4. *Allgemeine Wahl*

a) *Schutzbereich*

Die Wahl der Abgeordneten zum Deutschen Bundestag muss allgemein sein. Eine Wahl ist in diesem Sinne allgemein, wenn jeder Träger der Rechte des Art. 38 GG gleichen Zugang zur Wahl hat und sein Wahlrecht in gleicher Weise wie jeder andere ausüben kann (aktives Wahlrecht)[238] und er unter den gleichen Voraussetzungen gewählt werden kann wie alle anderen auch (passives Wahlrecht). Es dürfen keine Hürden errichtet werden, die es einzelnen Bürgern und Bürgerinnen unmöglich machen, zu wählen und gewählt zu werden.[239] Damit sollen Beschränkungen verhindert werden, die an Eigenschaften einer Person anknüpfen wie Stand, Geschlecht, Vermögensverhältnisse, Beruf, Konfessionszugehörigkeit etc.[240] Der Grundsatz der Allgemeinheit der Wahl ist daher beeinträchtigt, wenn die Beteiligung an der Wahl von Voraussetzungen abhängt, die nicht jeder Deutsche erfüllen kann. So stellt beispielsweise einen Eingriff in die Allgemeinheit der Wahl dar, dass deutsche Staatsbürger gemäß Art. 38 Abs. 2, GG aktiv oder passiv nur dann an der Wahl der Abgeordneten zum Deutschen Bundestag teilnehmen dürfen, wenn sie das 18. Lebensjahr vollendet haben.[241]

Der Grundsatz der Allgemeinheit der Wahl weist eine enge Verwandtschaft zum Grundsatz der Gleichheit der Wahl auf. Beide Grundsätze sind eng miteinander verbunden.[242] Sie sind aber nicht deckungsgleich. Während der

---

236 Pieroth, in: Jarass/Pieroth, GG, Art. 38, Rn. 5.

237 BVerfGE 4, 27 (juris-Tz. 14 ff.); 82, 322 (juris-Tz. 44), 95, 408 (juris-Tz. 42).

238 BVerfGE 58, 202 (juris-Tz. 10); Klein, in: Maunz/Dürig, GG, Art. 38, Rn. 88 (60. EL Oktober 2010).

239 Pieroth, in: Jarass/Pieroth, GG, Art. 38, Rn. 13; Morlok, in: Dreier, GG, Art. 38, Rn. 69.

240 BVerfGE 58, 202 (juris-Tz. 10); Klein, in: Maunz/Dürig, GG, Art. 38, Rn. 88 (60. EL Oktober 2010).

241 Pieroth, in: Jarass/Pieroth, GG, Art. 38, Rn. 5.

242 Klein, in: Maunz/Dürig, GG, Art. 38, Rn. 90 (60. EL Oktober 2010); Morlok, in: Dreier, GG, Art. 38, Rn. 68.

Grundsatz der Allgemeinheit der Wahl die Frage beantwortet, wer an einer Wahl teilnehmen darf, regelt der Grundsatz der Gleichheit der Wahl, das Wie der Teilnahme. Allgemeinheit der Wahl und Gleichheit der Wahl stehen als „Ob“ und „Wie“ zueinander. Ein Wahlrecht, dass Bürgern und Bürgerinnen zum Beispiel aufgrund des Geschlechtes das aktive Wahlrecht versagt (= „ob“) aber die von den ansonsten Wahlberechtigten abgegebenen Stimmen trotzdem gleich gewichtet (= „wie“), ist gleich aber nicht allgemein. Umgekehrt ist ein Wahlrecht, dass allen Bürgern das Wahlrecht einräumt (= „ob“) aber den Stimmen bestimmter Wähler mehr Gewicht zukommen lässt (= „wie“) als anderen Wählern, allgemein aber nicht gleich.[243]

b) Eingriff

Das Muster-Quotengesetz greift in den Grundsatz der Allgemeinheit der Wahl ein, soweit dieser Grundsatz das passive Wahlrecht und hier insbesondere den Bereich der Organisation der Wahlbewerberinnen und Wahlbewerber schützt.

aa) Wahl nach Landeslisten

Während ohne eine gesetzlich geregelte Geschlechterquote die Parteien für die Landeslisten aus dem Kreis der Bewerberinnen und Bewerber Kandidatinnen und Kandidaten unabhängig von ihrem Geschlecht frei auswählen und zur Wahl stellen können, werden sie durch eine gesetzlich geregelte Geschlechterquote in dieser Freiheit beschränkt. Weil das Muster-Quotengesetz bei der Aufstellung von Kandidatinnen und Kandidaten besondere Rechtsfolgen an das Geschlecht knüpft, wird der Zugang zu den Listenplätzen reglementiert. Ähnlich wie bei der Beschränkung der Wählbarkeit durch ein Mindestalter (vgl. Art. 38 Abs. 2 GG; § 15 Abs. 1 BWahlG), wird durch das Muster-Quotengesetz die Wählbarkeit dahin beschränkt, dass allein aufgrund des Geschlechts eine Bewerberin oder ein Bewerber für einen bestimmten Listenplatz als Kandidatin bzw. Kandidat ausscheidet. Bezogen auf einen bestimmten Listenplatz werden die Bewerber eines bestimmten Geschlechts ausgeschlossen.[244]

243 Klein, in: Maunz/Dürig, GG, Art. 38, Rn. 117 (68. EL Januar 2013).

244 Ebsen, Gutachten, Tz. 22, der früher die (passive) Allgemeinheit der Wahl durch gesetzliche Quotierungsregeln nicht betroffen sah, vgl. Ebsen, JZ 1989, S. 553 (555). Andere Autoren beschäftigen sich nicht mit der Frage, ob gesetzliche Quotenregeln politischer Entscheidungsgremien die (passive) Allgemeinheit der Wahl berühren, vgl. z.B. Pernice-Warnke, DVBl. 2020, S. 81.

bb) Wahl in den Wahlkreisen

Gleiches gilt für die Aufstellung der Kandidatinnen und Kandidaten für die Wahlkreise. Ausgehend von der jetzigen Regelung, die Einpersonenwahlkreise vorsieht, könnte man argumentieren, dass sich an der Wahrscheinlichkeit, als Kandidatin oder Kandidat in einem Wahlkreis aufgestellt zu werden, nichts ändert. Aber die Frage nach der Allgemeinheit der Wahl ist keine relative Frage im Verhältnis zur früheren Rechtslage, sondern innerhalb des jeweiligen Wahlsystems zu beantworten. Und so gesehen verdoppelt sich bei Einführung von Wahlkreisduos für jeden Bewerber und jede Bewerberin die Wahrscheinlichkeit, als Wahlkreiskandidatin oder Wahlkreiskandidat von einer Partei aufgestellt zu werden. Bezogen auf eine von den beiden zu vergebenden Plätzen ist ein Geschlecht jedoch immer außen vor. Dabei spielt es von der Eingriffsintensität keine erhebliche Rolle, wie das Wahlsystem im Einzelnen ausgestaltet ist. Wählt man die Kandidatinnen und Kandidaten so, dass sich in einem Wahlkreis auf Platz A nur Männer und auf Platz B nur Frauen bewerben dürfen, so ist die Beschränkung der Allgemeinheit der Wahl offensichtlich: Denn in Bezug auf Platz A sind alle Frauen ausgeschlossen und in Bezug auf Platz B alle Männer. Wählt man wiederum die Kandidatinnen und Kandidaten so, dass sich auf Platz A sowohl Männer als auch Frauen bewerben dürfen und im Anschluss daran auf Platz B nur Personen des gegenteiligen Geschlechts des Kandidaten für Platz A, besteht in Bezug auf Platz B eine Beschränkung der Allgemeinheit der Wahl.

Da sich parteilose Einzelkandidatinnen und -kandidaten weiterhin frei zur Wahl aufstellen können sollen, ergeben sich für sie durch das Muster-Quotengesetz keine Einschränkungen.

5. Unmittelbare Wahl

Das Muster-Quotengesetz beschränkt offensichtlich nicht den Grundsatz der Unmittelbarkeit der Wahl. Soll eine Wahl unmittelbar im Sinn von Art. 38 Abs. 1 GG sein, darf zwischen dem Wahlakt und der Kür der gewählten Personen keine weitere Instanz stehen.[245] Lehrbuchfall der mittelbaren Wahl ist die Wahl des US-amerikanischen Präsidenten, der nach der eigentlichen Wahl durch das Volk von Wahlmännern und -frauen gekürt wird. Ein solches Wahlverfahren für die Wahl zum Bundestag würde gegen Art. 38 Abs. 1 GG

245 BVerfGE 47, 253 (juris-Tz. 58); Pieroth, in: Jarass/Pieroth, GG, Art. 38, Rn. 14.

verstoßen. Durch das Muster-Quotengesetz wird eine solche Mittelbarkeit der Wahl jedoch nicht geschaffen.

6. *Freie Wahl*

a) *Schutzbereich*

Eine Wahl ist frei im Sinne von Art. 38 GG, wenn die Wählerinnen und Wähler nach eigenen Maßstäben[246] und ohne Druck und/oder Zwang Dritter ihre Stimme abgeben können.[247] Geschützt wird die Freiheit der Wählerinnen und Wähler, ihr aktives Wahlrecht auszuüben oder dies auch nicht zu tun (negative Wahlfreiheit).[248] Vom Wahlgrundsatz der freien Wahl wird auch das Recht der Wählerinnen und Wähler geschützt, selber zu entscheiden, wen sie wählen wollen – sofern der zu Wählende sich wählen lassen möchte. Der Grundsatz der freien Wahl umfasst also auch das freie Wahlvorschlagsrecht.[249] Dieses ist ein Kernstück des Rechts auf aktive Teilnahme an der Wahl.[250] Eine freie Wahl ist nur gewährleistet, wenn die Trägerinnen und Träger des Wahlvorschlagsrechts ihre Kandidatinnen und Kandidaten nach eigenen Maßstäben und ohne Druck und/oder Zwang – und hierzu zählen auch gesetzliche Vorgaben – wählen und aufstellen können. Auch wenn mit dem Wahlvorschlagsrecht ein hierauf gerichtetes Monopol der Parteien unvereinbar ist[251], spielen die Parteien bei der Nominierung von Kandidatinnen und Kandidaten eine überragende Rolle. Gemäß Art. 21 GG wirken sie bei der politischen Willensbildung des Volkes mit. Nur sie haben gemäß § 27 Abs. 1 Satz 1 BWahlG das Privileg, bei der Bundestagwahl Landeslisten einreichen zu dürfen.

b) *Eingriff*

Das Muster-Quotengesetz greift in den Grundsatz der Freiheit der Wahl ein – und zwar in der Ausprägung des freien Wahlvorschlagsrechts[252] und je nach

246 Pieroth, in: Jarass/Pieroth, GG, Art. 38, Rn. 16.

247 Guckelberger, JA 2012, S. 561 (564).

248 Magiera, in: Sachs, GG, Art. 38, Rn. 90.

249 Magiera, in: Sachs, GG, Art. 38, Rn. 92; Morlok, in: Dreier, GG, Art. 38, Rn. 89.

250 BVerfG Beschl. v. 14. März 2012 – 2 BvQ 14/12, BeckRS 2012, 51057; BVerfGE 89, 243 (juris-Tz. 39); 47, 253 (juris-Tz. 63); 41, 399 (juris-Tz 45); Guckelberger, JA 2012, S. 561 (564).

251 BVerfGE 41, 399 (juris-Tz. 44 f.); Magiera, in: Sachs, GG, Art. 38, Rn. 92.

252 Ebsen, JZ 1989, S. 553 (555); Morlok/Hobusch, DÖV 2019, S. 14 (15); Pautsch, JSE 2019, S. 1 (3).

Ausgestaltung der Wahl der Wahlkreiskandidatinnen und -kandidaten auch in die Freiheit der Wahl in seiner aktiven Ausformung.

aa) Wahl nach Landeslisten

Ein Quotengesetz, das die Kandidatur um einen bestimmten Listenplatz vom Geschlecht der Bewerberinnen und Bewerber abhängig macht, schränkt die Auswahl der Bewerberinnen und Bewerber und damit das freie Wahlvorschlagsrecht ein. Die Trägerinnen und Träger des Wahlvorschlagsrechts sind in Bezug auf einen konkreten Listenplatz nicht frei in ihrer Wahl, den Listenplatz mit der aus ihrer Sicht am besten geeigneten Bewerberin bzw. dem am besten geeigneten Bewerber zu besetzen. Wird der erste Listenplatz mit einem Mann besetzt, so stehen den Frauen nur noch die geraden Listenplätze zur Verfügung; wird der erste Listenplatz mit einer Frau besetzt, stehen den Männern nur noch die geraden Listenplätze zur Verfügung. Damit ist es nicht mehr den nominierenden Parteien und deren Wahlgremien überlassen, in welcher Reihenfolge die Listen mit Kandidatinnen und Kandidaten besetzt werden. Der Grundsatz der Freiheit der Wahl wird somit durch das Muster-Quotengesetz eingeschränkt.[253]

(1) Rechtsprechung des Bundesverfassungsgerichts zu sog. starren Listen

Diese Bewertung steht nicht im Widerspruch zur Rechtsprechung des Bundesverfassungsgerichts zu starren Listen.[254]

Als starre Listen bezeichnet man bei Wahlen Listen mit Kandidatinnen und Kandidaten, die der Wähler nur als Ganzes wählen kann, ohne auf die Reihenfolge der aufgestellten Kandidatinnen und Kandidaten Einfluss nehmen zu können. In dem Verfahren vor dem Bundesverfassungsgericht hatte der Beschwerdeführer argumentiert, dass das System der starren Liste mit dem Grundsatz der freien Wahl unvereinbar sei, weil die Wählerinnen und Wähler gezwungen seien, entweder ihnen genehme Kandidatinnen und Kandidaten zusammen mit subjektiv ungeeigneten Kandidatinnen und Kandidaten zu wählen oder auf die Abgabe der Stimme zu verzichten. Das Bundesverfassungsgericht sah durch dieses System den Grundsatz der freien Wahl nicht berührt. Es sieht in starren Listen also gar keinen Eingriff in die Wahlfreiheit. Diese bestehe zunächst darin, dass jede Wählerin und jeder Wähler ihr bzw. sein

---

253 Ebenso HAHLEN, in: SCHREIBER, BWahlG, § 27, Rn. 14; BADURA, in: KAHL/WALDHOFF/WALTER, BK GG, 193. Aktualisierung Oktober 2018, Anh. z. Art. 38: BWahlG, Rn. 30; VON NIEDING, NVwZ 1994, S. 1171 (1173 f.); EBSEN, JZ 1989, S. 553 (555).

254 BVerfGE 7, 63.

Wahlrecht frei, das heißt ohne Zwang oder sonstige unzulässige Beeinflussung von außen ausüben könne. Durch die Wahlfreiheit solle vor allem die freie Wahlbetätigung geschützt werden. Ob darüber hinaus die Freiheit der Wahl heute noch mehr verlange, könne hier dahingestellt bleiben. Denn jedenfalls ließen sich aus dem Begriff der Wahlfreiheit keine Grundsätze für die technische Ausgestaltung der Wahlrechtsausübung im Einzelnen herleiten.[255]

Das Bundesverfassungsgericht lehnt damit einen verfassungsrechtlich geschützten Anspruch der Wähler ab, jede Kandidatin und jeden Kandidaten wählen zu können, die ein Wähler wählen möchte. Nur im Rahmen der dem Wähler zur Wahl gestellten Kandidatinnen und Kandidaten müssen diese frei in ihrer Wahl sein.

(2) Muster-Quotengesetz regelt einen anderen Sachverhalt

Aus der Rechtsprechung des Bundesverfassungsgerichts könnte man für die Phase der Organisation der Wahlbewerberinnen und -bewerber den Schluss ziehen, dass auch insoweit kein Anspruch der Träger des Wahlvorschlagsrechts besteht, auf jeden beliebigen Listenplatz und in jedem beliebigen Wahlkreis jede Bewerberin und jeden Bewerber zur Kandidatin bzw. Kandidaten zu küren. Dieser Schluss ist aber unzulässig.

Durch das Muster-Quotengesetz wird ein anderer Sachverhalt geschaffen, als der, der mittels starrer Listen geschaffen wird, weshalb die Entscheidung des Bundeverfassungsgerichts hier keine Rolle spielt.

Die Beschränkung der aktiven Wahlfreiheit, die der Beschwerdeführer vor dem Bundesverfassungsgericht angriff, resultierte – im Rahmen eines vorgegebenen Wahlorganisationsrechts, nämlich dem personalisierten Verhältniswahlrecht – aus der Freiheit des Wahlvorschlagsrechts. Einen Eingriff in den Grundsatz der Freiheit der Wahl durfte das Bundesverfassungsrecht auf der Ebene der Ausübung des aktiven Wahlrechts nur ablehnen, weil das vorgelagerte Wahlvorschlagsrecht frei war. Man könnte also dem Beschwerdeführer sagen: Wenn dich die Zusammensetzung der Liste stört, musst du politisch aktiv werden, Mehrheiten organisieren und die Zusammensetzung der Liste ändern. Das steht dem Beschwerdeführer und jeder Wählerin und jedem Wähler frei.

Durch das Muster-Quotengesetz wird jedoch die Freiheit des Wahlvorschlagsrechts eingeschränkt. Es besteht eben gerade nicht mehr die Möglichkeit die Listen frei zu besetzen und Wahlkreiskandidatinnen und -kandidaten frei zur Wahl zu stellen.

---

255 BVerfGE 7, 63 (juris-Tz. 19).

Aus diesem Grund überzeugt auch LANGE[256] nicht, der mit der Argumentation des Bundesverfassungsgerichts keinen Eingriff in die freie Wahl zu erkennen vermag. Dabei verwechselt er jedoch – wie gezeigt – die Ebene des aktiven Wahlrechts mit der Ebene des Wahlvorschlagsrechts, also des passiven Wahlrechts.

bb) Wahl in den Wahlkreisen

Ähnlich sieht die Situation aus bei der Wahl in den Wahlkreisen. Auch insoweit wird in das freie Wahlvorschlagsrecht eingegriffen. Unabhängig von der Ausgestaltung des Aufstellungsverfahrens (siehe oben G. I. 4. b) bb), Seite 106) sind die Träger des Wahlvorschlagsrechts auch bei der Aufstellung der Kandidatinnen und -kandidaten für die Wahlkreise nicht frei in der Auswahl der aus ihrer Sicht besten Kandidatinnen und Kandidaten.

Fraglich ist, ob auch das aktive Wahlrecht berührt wird. Das ist nicht der Fall, wenn der Wähler nur eine Stimme hat und ein Wahlkreisduo nur als Gesamtpaket wählen darf. Nach der Rechtsprechung des Bundesverfassungsgerichts gewährt der Grundsatz der freien Wahl keinen Anspruch der Wähler, jede Kandidatin und jeden Kandidaten wählen zu können, die ein Wähler wählen möchte. Anders sieht die Situation allerdings aus, wenn jeder Wähler zwei Stimmen hat, mit denen er eine Kandidatin und einen Kandidaten wählen muss. Ist er mit seiner ersten Stimme noch frei in seiner Wahl, ist er mit seiner zweiten Stimme in seiner Freiheit beschränkt, denn er muss eine Person wählen, die das gegensätzliche Geschlecht der Person hat, die er mit seiner ersten Stimme gewählt hat.

7. Gleiche Wahl

a) Schutzbereich

Nach der Rechtsprechung des Bundesverfassungsgerichts ist eine Wahl gleich, wenn alle Wahlberechtigten das aktive und passive Wahlrecht möglichst in formal gleicher Weise ausüben können.[257]

Hinsichtlich des aktiven Wahlrechts wird der Grundsatz dahin konkretisiert, dass jede abgegebene Stimme formal den gleichen Zählwert und den gleichen Erfolgswert haben soll.[258] Bei der Frage, ob eine Wahl gleich ist, kommt

---

256 LANGE, NJW 1988, S. 1174, vgl. auch oben Teil 2 E., Seite 94.

257 BVerfGE 129, 300 (juris-Tz. 78); 124, 1 (juris-Tz. 78); 121, 266 (juris-Tz. 91); 85, 148 (juris-Tz. 31).

258 BVerfGE 124, 1 (juris-Tz. 79); MAGIERA, in: SACHS, GG, Art. 38, Rn. 95.

es also auf die Wirkung und Bedeutung der abgegebenen Stimme an. Eine Stimme hat den gleichen Zählwert, wenn jede Wählerin und jeder Wähler die gleiche Anzahl an Stimmen zur Verfügung steht. Eine Stimme hat den gleichen Erfolgswert, wenn sie genauso viel zählt wie alle anderen Stimmen, wenn also im Ergebnis alle abgegebenen Stimmen gleich berücksichtigt werden. Wird bei einer Bundestagswahl die Stimme für eine Partei abgegeben, die im Ergebnis an der 5 %-Sperrklausel gemäß § 6 Abs. 6 Satz 1 BWG scheitert, hat diese in Bezug auf die Sitzverteilung im Deutschen Bundestag keine Bedeutung und somit den gleichen Zählwert wie alle anderen Stimmen aber nicht den gleichen Erfolgswert.

Diese gängige Erklärung nimmt jedoch nur das aktive Wahlrecht in den Blick. Aber auch für das passive Wahlrecht hat der Grundsatz der gleichen Wahl eine Bedeutung. Für das passive Wahlrecht bedeutet der Grundsatz der Gleichheit der Wahl Chancengleichheit für alle, die sich zur Wahl stellen.[259] Und auch hier gilt wieder, dass dies nicht nur für die Wahl im engeren Sinne gilt, also nicht nur für die Stimmabgabe, sondern auch für die Wahl im weiten Sinne, und zwar hier vor allem für die Phase der Organisation der Wahlbewerberinnen und Wahlbewerber. Die Chancengleichheit der Trägerinnen und Träger des Wahlvorschlagsrechts ist ein *„unabdingbares Element des vom Grundgesetz gewollten freien und unabhängigen Prozesses der Meinungs- und Willensbildung des Volkes.“*[260] Jeder, der grundsätzlich die Fähigkeit besitzt, gewählt zu werden, muss die gleiche Chance haben, in den Wahlkreisen als Wahlkreiskandidat und für die Landeslisten als Listenkandidat aufgestellt zu werden.[261]

b) Eingriff

Das Muster-Quotengesetz greift in den Grundsatz der Gleichheit der Wahl ein, und zwar in der Ausprägung des passiven Wahlrechts in der Phase der Organisation der Wahlbewerber[262] unter Umständen aber auch in das aktive Wahlrecht.[263]

---

259 Vgl. für die Parteien: BVerfGE 111, 382 (juris-Tz. 62); 104, 14 (juris-Tz. 22); 95, 408 (juris-Tz. 42); Magiera, in: Sachs, GG, Art. 38, Rn. 95; Badura, in: Kahl/Waldhoff/Walter, BK GG, 193. Aktualisierung Oktober 2018, Anh. z. Art. 38: BWahlG, Rn. 14.

260 BVerfGE 44, 125 (juris-Tz. 58).

261 von Nieding, NVwZ 1994, S. 1171 (1174).

262 Pautsch, JSE 2019, S. 1 (2); Morlok/Hobusch, DÖV 2019, S. 14 (15).

263 WD LT Thüringen, Gutachten, S. 16, a.A. Fisahn/Maruschke, Gutachten, S. 20.

aa) Wahl nach Landeslisten

Die Chancengleichheit bei einer paritätischen Geschlechterquote ist dann nicht gewährleistet, wenn das Bewerberfeld nicht paritätisch besetzt ist. Wie an anderer Stelle bereits anhand eines Beispiels illustriert (vgl. oben E. II., Seite 95), ändert die Aufnahme einer Qualifikation der Bewerberinnen und Bewerber (hier das Geschlecht) als Voraussetzung der Wählbarkeit die Chancen gewählt zu werden, wenn die Qualifikation nicht entsprechend der Quote im Bewerberfeld vertreten ist. Sind zehn Listenplätze jeweils geschlechterparitätisch zu 50 % zu besetzen und gibt es 20 Bewerber, von denen 15 Männer und fünf Frauen sind, dann haben die Frauen eine Chance von 1 gewählt zu werden (fünf Listenplätze für fünf Frauen) und die Männer hingegen nur von 0,3 (fünf Listenplätze für 15 Männer).

Weil das Muster-Quotengesetz zu einer Verknappung der Listenplätze führt, die bisher auch für das überrepräsentierte Geschlecht vorgesehen waren, hat dies zur Folge, dass die Stimmen, die in dieser Geschlechtergruppe abgegeben werden, einen anderen Erfolgswert haben.[264] Ein Beispiel: Zehn Listenplätze sind zu besetzen. Ohne Quotenregelung wären sieben Plätze an Männer und drei Plätze an Frauen gegangen. Durch das Muster-Quotengesetz stehen nunmehr jedem Geschlecht fünf Listenplätze zur Verfügung. Dies hat zur Folge, dass die Stimmen, die für den sechsten und siebten Mann abgegeben wurden, keine Wirkung mehr zeigen. Da der sechste und siebte Mann keinen Listenplatz mehr enthält, zeigen die für ihn abgegebenen Stimmen „keinen Erfolg" mehr. Somit ist innerhalb des Nominierungsprozesses auch die aktive Wahlgleichheit betroffen.[265]

Unter Umständen wird aber auch in das aktive Wahlrecht im Rahmen des eigentlichen Wahlvorgangs eingegriffen. Denn es ist durchaus denkbar, dass Parteien aufgrund der Anzahl ihrer Mitglieder oder aufgrund ihrer besonderen Mitgliederstruktur nicht in der Lage sind, eine Landesliste von hinreichendem Umfang aufzustellen, dass sie auch alle Bundestagsmandate, die ihn aufgrund der abgegebenen Stimmen zustehen würden, besetzen können. Aufgrund der Vorgaben des Muster-Quotengesetzes wären sie unter Umständen gezwungen, ihre Liste vorzeitig „abzubrechen." In diesem Fall wäre der Erfolgswert der Stimmen, die für diese Parteien abgegeben werden, geringer, als der

---

264 Ebsen, JZ 1989, S. 553 (555).

265 Hahlen, in: Schreiber, BWahlG, § 27, Rn. 14; Ebsen, JZ 1989, S. 553 (555); Morlok/Hobusch, Stellungnahme Brandenburg, S. 4 f.; Dies. DÖV 2019, S. 14 (15); vgl. auch BAG NZA 2005, S. 1252.

Erfolgswert derjenigen Stimmen, die für Parteien abgegeben werden, die nicht vorzeitig ihre Wahllisten abbrechen lassen müssen.[266]

bb) Wahl in den Wahlkreisen

Das Muster-Quotengesetz stellt auch einen Eingriff in den Grundsatz der Gleichheit der Wahl dar, soweit Geschlechter-Duos in den Wahlkreisen aufzustellen sind. In Bezug auf den ersten Kandidatenplatz besteht noch Wahlgleichheit. Die Chancen für die Bewerberinnen und Bewerber aller Geschlechter sind gleich. Hinsichtlich des zweiten Platzes tritt mit der Besetzung des ersten Platzes ein „Geschlechterzwang" ein, so dass für den zweiten Platz nur noch Bewerberinnen bzw. Bewerber in Betracht kommen, die nicht das Geschlecht des ersten Kandidaten haben. Das Geschlecht für den zweiten Kandidatenplatz des Duos wird also durch das Geschlecht der zuerst gewählten Kandidatin bzw. des zuerst gewählten Kandidaten determiniert.

Die Möglichkeit, für parteiungebundene Kandidatinnen und Kandidatin ohne Tandempartner in Wahlkreisen antreten zu dürfen, führt zudem zu einer Ungleichbehandlung gegenüber den parteigebundenen Kandidatinnen und Kandidaten. Beide Kategorien von Kandidaten müssen unterschiedliche Voraussetzungen erfüllen, um zur Wahl antreten zu dürfen. Sie haben unterschiedliche Chancen zu kandidieren.

8. Geheime Wahl

Eine Wahl ist geheim, wenn allein der Wähler oder die Wählerin weiß, wen er bzw. sie gewählt hat. Der Grundsatz der geheimen Wahl wird offensichtlich durch das Muster-Quotengesetz nicht berührt.

9. Zwischenergebnis

Damit bleibt festzuhalten, dass das Muster-Quotengesetz in die Grundsätze der freien, allgemeinen und gleichen Wahl eingreift. Die Grundsätze der Unmittelbarkeit und der geheimen Wahl werden nicht berührt.

II. Das Muster-Quotengesetz und die Parteienfreiheit

Eng verknüpft mit den Wahlgrundsätzen ist die Parteienfreiheit, und zwar als verfassungsrechtlich gewährte Freiheit, bei der politischen Willensbildung

266 WD LT Thüringen, Gutachten, S. 16.

mitzuwirken. Es ist daher zu prüfen, ob durch das Muster-Quotengesetz ein Eingriff in die Freiheit der Parteien gegeben ist.

1. Geltungsbereich

Art. 21 GG enthält Regelungen zu den politischen Parteien. Die Regelungen betreffen die Funktion der Parteien (Art. 21 Abs. 1 Satz 1 GG), die Gründung der Parteien (Art. 21 Abs. 1 Satz 2 GG), die innere Organisation der Parteien (Art. 21 Abs. 1 Satz 3 GG), die Finanzierung der Parteien (Art. 21 Abs. 1 Satz 4 GG) und das Verbot von Parteien (Art. 21 Abs. 2 GG).

Gemäß Art. 21 Abs. 1 Satz 2 GG ist die Gründung der Parteien frei. Damit wird der Grundsatz der Freiheit der Parteien aber nur unzureichend beschrieben. Der Grundsatz der Freiheit der Parteien gewährleistet über die Freiheit der Gründung von Parteien hinaus die Freiheit vieler weiterer Tätigkeiten der Parteien.[267] Die Parteienfreiheit ist ein Oberbegriff für alle Rechte, die das Grundgesetz den Parteien gewährt.[268]

Der Grundsatz der Freiheit der Parteien folgt aus der allgemeinen Handlungsfreiheit. Sie schützt die Freiheit des Bürgers, sich politisch zu engagieren. Das Grundgesetz geht nicht vom Menschenbild des selbstherrlichen und isolierten Individuums aus, sondern vom gemeinschaftsbezogenen und gemeinschaftsgebundenen Menschen, der zu seiner Entfaltung auf vielfältige zwischenmenschliche Bezüge angewiesen ist.[269] Der Grundsatz der Freiheit der Parteien ist deshalb keine funktionale Freiheit, die allein einen sozialen Zweck erfüllt, sondern er ist vielmehr notwendige Folge des Bürgerrechts auf politische Selbstbestimmung.[270]

Neben der ausdrücklich in Art. 21 Abs. 1 Satz 2 GG geregelten Gründungsfreiheit umfasst der Grundsatz der Freiheit der Parteien die Organisationsfreiheit, die Finanzierungsfreiheit, die Programmfreiheit, die Betätigungs- und Wettbewerbsfreiheit und die Chancengleichheit.[271] Die Aufzählung ist nicht abschließend.

Um die Aufgaben zu erfüllen, die den Parteien durch das Grundgesetz zugewiesenen worden sind, ist die Programmfreiheit von zentraler Bedeutung.

---

267 Streinz, in: von Mangoldt/Klein/Starck, GG, Art. 38, Rn. 100; Klafki, in: von Münch/Kunig, GG, Art. 21, Rn. 43 ff.

268 Klein, in: Maunz/Dürig, GG, Art. 21, Rn. 262 (64. EL Januar 2012).

269 BVerfGE 50, 290 (juris-Tz 153).

270 Klein, in: Maunz/Dürig, GG, Art. 21, Rn. 255 (73. EL Dezember 2014).

271 Statt vieler: Klein, in: Maunz/Dürig, GG, Art. 21, Rn. 255 ff. (73. EL Dezember 2014).

Programmfreiheit bedeutet, dass die Parteien in der Wahl ihrer Ziele frei sein müssen.[272] Wenn die Parteien bei der politischen Willensbildung des Volkes effektiv mitwirken sollen, muss ihnen eine größtmögliche Freiheit bei der Formulierung und Verfolgung ihrer politischen Ziele eingeräumt werden. Dem Staat ist es deshalb untersagt, unmittelbar oder mittelbar Einfluss auf den Inhalt der Parteiprogramme zu nehmen.[273] Mit Ausnahme des Verbotes verfassungsfeindlicher Bestrebungen (Art. 21 Abs. 2 GG) dürfen staatlicherseits keine inhaltlichen Anforderungen an die Ziele einer Partei gestellt werden. Das heißt aber nicht, dass auch die negative Programmfreiheit von Art. 21 GG geschützt wird. Die Programmfreiheit geht also nicht so weit, dass Parteien auf ein Programm verzichten dürfen. Die einfachgesetzlich geregelte Forderung, dass Parteien ihre Ziele in schriftlichen Programmen niederlegen müssen (vgl. §§ 1 Abs. 3, 6 Abs. 1 Satz 1 GG), ist mit dem Grundsatz der Programmfreiheit vereinbar.[274] Diese Regelung wird dadurch gerechtfertigt, dass die Bürger wissen müssen, worauf sie sich einlassen, wenn sie eine Partei unterstützen.[275]

Die Programmfreiheit hat keinen Wert, wenn die in ihrem Rahmen gewählten politischen Ziele nicht auch umgesetzt werden können.[276] Der Grundsatz der Freiheit der Parteien umfasst daher auch eine Betätigungs- und Wettbewerbsfreiheit. Willensbildung des Volkes im Sinne von Art. 21 Abs. 1 Satz 1 GG bedeutet Wettbewerb um die besseren Konzepte zur Gestaltung der Gesellschaft und zur Entwicklung des gesellschaftlichen Zusammenlebens. Bei der Willensbildung des Volkes geht es um die Entwicklung politischer Alternativen durch die Parteien und die Werbung um Mehrheiten unter der Bevölkerung für diese politischen Alternativen. Dies setzt voraus, dass die Parteien nach außen frei wirken können.[277] Die Wettbewerbs- und Betätigungsfreiheit sind Sammelbegriffe, die viele verschiedene Rechte zusammenfassen, auf die die Parteien angewiesen sind, um intern ihren Willen zu bilden und extern um Wähler zu werben.[278] Insbesondere gehört dazu das Recht, die Organe zur Erledigung der parteiinternen Angelegenheiten selbst festzulegen und deren

272 Klein, in: Maunz/Dürig, GG, Art. 21, Rn. 278 (64. EL Januar 2012).
273 Klein, in: Maunz/Dürig, GG, Art. 21, Rn. 278 (64. EL Januar 2012).
274 Streinz, in: von Mangoldt/Klein/Starck, GG, Art. 21, Rn. 117; Augsberg, in: Kersten/Rixen, PartG-Kommentar, § 6, Rn. 13.
275 Klein, in: Maunz/Dürig, GG, Art. 21, Rn. 278 (64. EL Januar 2012).
276 Klein, in: Maunz/Dürig, GG, Art. 21, Rn. 280 (64. EL Januar 2012).
277 Streinz, in: von Mangoldt/Klein/Starck, GG, Art. 21, Rn. 111.
278 Klein, in: Maunz/Dürig, GG, Art. 21, Rn. 280 (64. EL Januar 2012).

Zusammensetzung zu bestimmen[279], was wiederum auch das Recht umfasst, ihre Kandidatinnen und Kandidaten für Wahlen ohne staatliche Vorgaben aufzustellen.[280]

Chancengleichheit im Sinne des Art. 21 GG heißt nicht nur Freiheit durch Chancengleichheit, sondern auch Chancengleichheit durch Freiheit. Der Staat hat den Parteien einen Rahmen zu gewährleisten, innerhalb dessen sich die Parteien frei betätigen können und dürfen. Innerhalb dieses Rahmens hat sich der Staat neutral zu verhalten. Nur wenn er sich gegenüber allen Parteien gleich im Sinne einer Neutralität verhält, kann zwischen den Parteien mit ihren unterschiedlichen parteipolitischen Programmen ein fairer Wettbewerb entstehen. Dieser freie Wettbewerb bedeutet auch, dass die Parteien innerhalb der Parteienlandschaft unterschiedliche Bedeutung haben und ein unterschiedliches Umfeld vorfinden: Die eine Partei ist seit vielen Jahren etabliert, die andere Partei hat sich gerade erst gegründet und tritt erstmals bei einer Wahl an; die eine Partei stellt die Regierung, die andere Partei ist in der Opposition; die eine Partei verfügt über umfangreiche finanzielle Ressourcen, die andere Partei nicht. Vor diesem Hintergrund bedeutet Chancengleichheit, dass der Staat sich hinsichtlich dieser Unterschiede neutral zu verhalten hat. Er hat die Wettbewerbssituation der Parteien zu akzeptieren. Er ist also weder verpflichtet, solche Unterschiede durch einen hoheitlichen Eingriff auszugleichen, noch darf er dies. Er darf diese Unterschiede und damit die Wettbewerbslage aber auch nicht verschärfen.[281] Insbesondere darf die Gleichbehandlung der Parteien nicht zu einer Nivellierung führen.[282]

2. *Eingriff*

Das Muster-Quotengesetz greift in die Chancen- und Programmfreiheit ein.

a) Chancenfreiheit

Es liegt ein Eingriff in die Chancengleichheit der Parteien vor, denn die Regelung führt zu einer Bevorzugung von größeren Parteien und dabei vor allem solchen, die Frauen und Männer gleichermaßen ansprechen und eine

---

279 Morlok/Hobusch, DÖV 2019, S. 14 (16).

280 Ebsen, JZ 1989, S. 553 (555); Oebbecke, JZ 1988, S. 176 (179); Rixen, in: in: Eckertz-Höfer/Schuler-Harms, S. 59 (81).

281 Klein, in: Maunz/Dürig, GG, Art. 21, Rn. 298 (73. EL Dezember 2014).

282 Klein, in: Maunz/Dürig, GG, Art. 21, Rn. 311 (64. EL Januar 2012); Mauersberger, S. 115.

entsprechend ausgewogene Mitgliederstruktur aufweisen. Im Gegensatz dazu werden kleine Parteien benachteiligt und Parteien, die mit ihrem Programm besonders Männer oder Frauen ansprechen. Kleine Parteien oder Parteien, die vor allem Frauen oder Männer ansprechen, haben nicht im gleichen Maß wie große Parteien, die Männer und Frauen gleichermaßen ansprechen, das Personal, die Landeslisten geschlechterparitätisch zu besetzen bzw. Wahlkreise doppelt mit einem Mann und einer Frau zu besetzen. Plastisch lässt sich das am Beispiel der Partei DIE FRAUEN verdeutlichen. Die Partei DIE FRAUEN hat ca. 400 Mitglieder.[283] Nach eigner Auskunft ist circa 1 % davon männlich. Eine solche Partei zu einer Quote zu verpflichten, dürfte eine nicht überwindbare Hürde darstellen. Während kleinere Parteien offensichtlich häufig Schwierigkeiten haben, für die Wahlkreise Kandidatinnen und Kandidaten zu finden und Landeslisten aufzustellen, wird dies bei einer Quotierung noch einmal schwieriger. Bei der Bundestagswahl 2017 hatten von den 34 Parteien, die Landeslisten eingereicht haben, 23 Parteien nicht in allen Bundesländern Landeslisten eingereicht. Insoweit nicht berücksichtigt wurden ausdrückliche Regionalparteien wie die CSU oder die Bayernpartei. Von den 37 Parteien, die in Wahlkreisen Kandidatinnen und Kandidaten aufgestellt hatten, sind nur sechs Parteien in allen Wahlkreisen angetreten (Unberücksichtigt blieb die CSU als bayerische Regionalpartei, die aber in Bayern in allen Wahlkreisen angetreten ist).[284] Dies ist ein deutliches Indiz, dass kleine, aber auch mittel-große Parteien Schwierigkeiten haben, im gesamten Bundesgebiet überregional anzutreten. Selbst für die AfD sind bei der Bundestagswahl 2017 nur in 286 der 299 Wahlkreise Kandidatinnen und Kandidaten zur Wahl angetreten.[285] Das Muster-Quotengesetz kann daher zu einem faktischen Betätigungsverbot von „Frauenparteien“ oder „Männerparteien“ führen. Ihnen droht im Extremfall die Aberkennung des Parteistatus, wenn sie nicht an Wahlen teilnehmen können.[286] Auch eine faktische bzw. mittelbare Beeinträchtigung verfassungsrechtlich geschützter Positionen stellt einen Eingriff in die verfassungsrechtlich geschützte Position dar.[287]

---

283 Niederschrift über die 1. Sitzung des Bundeswahlausschusses für die Bundestagswahl 2017 am 6. und 7. Juli 2017 in Berlin.

284 Eigene Auswertung auf Grundlage der Daten des Bundeswahlleiters zur Bundestagwahl 2017.

285 Eigene Auswertung auf Grundlage der Daten des Bundeswahlleiters zur Bundestagwahl 2017.

286 Morlok/Hobusch, Stellungnahme Brandenburg, S. 6; VerfGBbg, NJW 2020, S. 3579 (juris Tz. 178 ff.); BayVerfGH, NVwZ-RR 2018, S. 457 (juris-Tz. 181).

287 Jarass, in: Jarass/Pieroth, GG, Vorb. vor Art. 1, Rn. 28; Merten, Stellungnahme NRW, S. 5.

b) Programmfreiheit

Auch liegt ein Eingriff in die Programmfreiheit vor, soweit die personelle Dimension der Programmfreiheit geschützt ist.[288] Die Entscheidung, wer eine Partei nach außen repräsentieren soll, ist eine ureigene Entscheidung einer Partei und Teil ihrer programmatischen Ausrichtung.[289] Sie allein soll bestimmen, mit welchen Kandidatinnen und Kandidaten bzw. im Fall einer Wahl mit welchen Bundestagsmitgliedern die Mitwirkung bei der politischen Willensbildung stattfinden soll.[290] Durch das Muster-Quotengesetz droht zudem die Gefahr, dass sich eine Partei allein wegen des Geschlechts einer Person dazu entscheidet, diese als Kandidatin bzw. Kandidat zur Wahl zu stellen, unabhängig von der Frage, ob diese Person die politischen Werte der Partei in dem gewünschten Maße verkörpert.[291]

Allerdings liegt kein Eingriff in die Programmfreiheit vor, soweit die inhaltliche Dimension der Programmfreiheit geschützt ist.[292]

In Schrifttum und Rechtsprechung wird die Auffassung vertreten, dass die Entscheidung für oder gegen eine Quote eine programmatische Komponente habe. Denn nicht ohne Grund hätten einige Parteien – verfassungsrechtlich von der inneren Parteienfreiheit gedeckt – innerparteiliche Quoten in ihren Satzungen verankert, was die Wähler von der Partei überzeugen solle und der inhaltlichen Profilierung diene.[293] Mache nun der Gesetzgeber Quotenvorgaben, übernehme er die programmatische Aussage einiger Parteien und zwinge sie gleichermaßen allen Parteien auf. Damit sei dieses „Spielfeld" politisch-programmatischer Betätigung durch staatliche Vorgaben besetzt. Der Gesetzgeber greife in die Freiheit der Wahl der Ziele ein, indem er der parteiinternen Willensbildung ein Ziel entziehe. Ein Wettbewerb der politischen Ideen könne insoweit nicht mehr stattfinden. Es liege somit ein Eingriff in den Grundsatz der Parteienfreiheit in seiner Ausformung als Programm-, Betätigungs- und Wettbewerbsfreiheit vor.

Es steht außer Frage, dass die Gleichberechtigung von Männern und Frauen im Arbeitsleben und in der Gesellschaft seit Jahren – und auch bis auf weiteres

---

288 VerfGBbg, NJW 2020, S. 3579 (juris Tz. 87 ff.)

289 Fisahn/Maruschke, Gutachten, S. 32; Merten, Stellungnahme NRW, S. 4 f.

290 Ebsen, JZ 1989, S. 553 (555).

291 WPD AH Berlin, Gutachten, S. 10.

292 Ebenso Danker, NVwZ 2020, S. 1250 (1251).

293 Morlok/Hobusch, DÖV 2019, S. 14 (16); Hobusch, LTO, 4. Februar 2019; PBD LT Brandenburg, Gutachten, S. 57; WD LT Thüringen, Gutachten, S. 19; VerfGBbg, NJW 2020, S. 3579 (juris-Tz. 91).

in der Zukunft – ein gesellschaftlich relevantes Thema ist. Auch kann nicht ernsthaft angezweifelt werden, dass es sich bei der Entscheidung einer Partei, sich ohne gesetzliche Vorgaben zu einer innerparteilichen Frauenquote zu verpflichten, um eine programmatische Positionsbeschreibung handelt, der eine erhebliche politische Aussagekraft zukommt[294] und die zur Abgrenzung von anderen Parteien genutzt werden kann.[295] Mit derartigen parteiinternen satzungsmäßigen Quotierungsregelungen beeinflussen die Parteien selbstverständlich ihr inhaltlich-programmatisches Profil,[296] genauso wie umgekehrt die Entscheidung einer Partei, Quotierungsregelungen nicht satzungsmäßig zu verankern, ebenfalls eine inhaltlich-programmatische Aussage enthält bzw. enthalten kann.

In der Umsetzung eines Programmpunktes einer Partei – hier der Quotenregelung bei Wahlen – einen Eingriff in die Programmfreiheit anzunehmen, geht jedoch fehl. Die Umsetzung eines Programmpunktes ist das Ergebnis aus dem Zusammenspiel der demokratischen Elemente des Parteienwettbewerbs und des Mehrheitsprinzips. Es ergibt sich bei fast allen Gesetzesvorhaben die Situation, dass die Mehrheitsparteien ihr Programm gegen den Willen der Opposition im Parlament durchsetzen. Dass die Annahme eines Eingriffs in die Programmfreiheit und die Wettbewerbsfreiheit nicht richtig sein kann, zeigt folgende Überlegung: Es gibt Parteien, die sich in ihrem Parteiprogramm für eine gesetzliche Frauenquote bei Wahlen einsetzen und solche, die sich gegen eine solche Quote positionieren. Einige Parteien haben in ihre Satzung eine Quotenregelung aufgenommen, die AfD schließt in ihrer Satzung eine solche sogar ausdrücklich aus.[297] Wenn die Annahme richtig ist, dass ein Eingriff in die Programmfreiheit vorliegt, wenn eine Geschlechterquote gesetzlich verbindlich für alle Parteien geregelt wird, dann müsste umgekehrt ein solcher Eingriff auch angenommen werden, wenn entsprechend dem Programm der Quotengegner eine solche Quote nicht umgesetzt wird. Auf diese Idee würde wohl kaum jemand kommen.

Den Parteien würde auch nach Erlass des Muster-Quotengesetzes die Möglichkeit offenstehen, programmatisch hiergegen anzugehen und entsprechende

---

294 Müller, in: von Mangoldt/Klein/Starck, GG, Art. 38, Rn. 160; Maidowski, S. 196; Oebbecke, JZ 1988, S. 176 (180).

295 Morlok/Hobusch, DÖV 2019, S. 14 (16).

296 Morlok/Hobusch, DÖV 2019, S. 14 (15 f.); Maidowski, S. 196; Ebsen, Quotenregelungen, S. 18 f.

297 § 5 Abs. 2 der Bundessatzung vom 29. November 2015.

Mehrheiten zu organisieren. Hiervon würden sie durch ein entsprechendes Gesetz nicht abgehalten.

III. Das Muster-Quotengesetz und das Prinzip der Volkssouveränität

Fraglich ist, ob das Muster-Quotengesetz den Geltungsbereich des Prinzips der Volkssouveränität beschränkt.

1. Geltungsbereich

Nach dem Prinzip der Volkssouveränität ist das Volk der zentrale Träger aller staatlichen Gewalt. Es bestimmt über sich selbst. Im Grundgesetz ist das Prinzip der Volkssouveränität in Art. 20 Abs. 2 Satz 1 GG geregelt, wonach alle Staatsgewalt vom Volk ausgeht. Sie wird vom Volke in Wahlen und Abstimmungen und durch besondere Organe der Gesetzgebung, der vollziehenden Gewalt und der Rechtsprechung ausgeübt, Art. 20 Abs. 2 Satz 2 GG. Durch den Verweis auf „Wahlen" und die „Organe der Gesetzgebung", also den Bundestag und über Art. 28 Abs. 1 Satz 2 GG die Landtage, ist das Prinzip der repräsentativen Demokratie festgelegt. Politische Entscheidungen werden grundsätzlich also nicht vom Souverän selbst, dem Volk, getroffen, sondern von einer Vertretung, den Repräsentanten. Damit stellt sich die Frage, auf welche Weise die Parlamente bzw. die Parlamentarier das Volk repräsentieren, wie dieser Repräsentationsvorgang vonstattengeht.

Im deutschen Staatsrecht herrschen im Wesentlichen zwei unterschiedliche Lesarten der Repräsentation vor, die mit einem bestimmten Demokratieverständnis einhergehen[298] und sich teilweise mischen, also nicht in ihrer „reinen Form" vertreten werden. Auf der einen Seite wird ein auf Carl Schmitt und Gerhard Leibholz zurückgehendes und in den 1980er Jahren von Ernst-Wolfgang Böckenförde geprägtes monistisches Demokratieverständnis mit einem symbolischen Repräsentationsverständnis vertreten. Und auf der anderen Seite wird ein pluralistisches Demokratieverständnis mit einem responsiven Repräsentationsverständnis vertreten, das auf der Kritik am monistischen Demokratieverständnis aufbaut.

Im Folgenden sollen die beiden Lesarten des Demokratieprinzips des Grundgesetzes und das jeweils entsprechende Repräsentationsverständnis

---

298 Vgl. zu den Grundpositionen Gross, S. 163 ff., Hanebeck, S. 76 ff.; Wapler, JöR 2019, S. 427 (434 ff.).

skizziert werden. Dabei soll im Hinblick auf das Demokratieprinzip der Fokus auf das Prinzip der Volkssouveränität gelegt werden, da gerade dieser Teil des Demokratieprinzips in Teilen der Literatur und in der Rechtsprechung als in Wiederspruch zu einer gesetzlichen Geschlechterquote bei Wahlen stehend erkannt wurde.

a) Monistisches Demokratieverständnis

Von zentraler Bedeutung für das monistische Demokratieverständnis ist der Volksbegriff. Volk im Sinne von Art. 20 Abs. 2 GG ist das Deutsche Staatsvolk der Bundesrepublik Deutschland, was unter anderem aus der Präambel zum Grundgesetz und Art. 1 Abs. 2 GG abgeleitet wird, in dem vom *„Deutschen Volk"* die Rede ist. Die monistische Theorie setzt das Volk als gegeben voraus.[299] Betont wird zudem die Einheit des Volkes, was sich aus einem zentralen Anliegen der monistischen Theorie begründen lässt, nämlich dem Gedanken der demokratischen Gleichheit aller Staatsbürger. Anknüpfungspunkt dieser demokratischen Gleichheit ist allerdings nicht die rechtliche Gleichheit aller Menschen, sondern eine spezifische Gleichheit, die die Zugehörigkeit zur politischen Gemeinschaft des Volkes meint, die durch die Staatsangehörigkeit bestimmt wird, und eine substantielle Gleichheit, auf der die Staatsangehörigkeit beruht, die nationale Gleichartigkeit.[300] In Bundesstaaten werden neben dem Gesamtvolk auch existierende Landesvölker als teilidentisch mit dem Gesamtvolk betrachtet.[301] Volk ist die Gesamtheit der Staatsbürger, der *„unteilbare Souverän"*[302], von der der einzelne Bürger nur ein Teil ist.[303] Legitimationssubjekt kann demnach nicht eine Gruppe oder Organisation von Bürgern sein, auch wenn die Gruppe oder die Organisation eine Vielzahl von Bürgern in sich versammelt[304]. Legitimation, die nicht von der Gesamtheit der Bürger ausgeht, wie sie bei berufsständischen Kammern und Zweckverbänden zu finden ist, wird aus Sicht der monistischen Theorie als bloße *„Schein-Legitimation"* bezeichnet[305], oder als bedenkliche Ausgliederung aus der einheitlichen Staatsgewalt[306].

---

299 Bleckmann, S. 209 ff.; Gross, S. 165; Hanbeck, S. 80.

300 Schmitt, S. 226 ff.; Böckenförde, S. 332; Isensee, S. 91 ff.

301 Schmidt-Assmann, AöR 116 (1991), S. 335 (348 ff.); Kluth, S. 356.

302 Gross, S. 166.

303 Böckenförde, in: Isensee/Kirchhof, HdStR, Bd. 2, 3. Auflage, 2004, § 24, Rn. 27.

304 Böckenförde, in: Isensee/Kirchhof, HdStR, Bd. 2, 3. Auflage, 2004, § 24, Rn. 27, 29.

305 Böckenförde, S. 311 ff.

306 Sachs, in: Sachs, GG, Art. 20, Rn. 44.

Das monistische Demokratieverständnis ist eng verbunden mit dem Konzept der symbolischen Repräsentation, das davon ausgeht, dass das als politische Einheit existierenden Volk, als Ganzes repräsentiert wird[307] und die Repräsentanten einen einheitlichen Willen des Volkes als einer Gesamtheit zum Ausdruck bringen.[308] Der Repräsentant ist demnach das sichtbare Zeichen der Einheit der „politischen Gemeinschaft", die er in der Willensbildung vertritt.[309] Der Kern der Theorie besteht darin, dass der Wille des Repräsentanten an die Stelle des Willens der Repräsentierten tritt, ohne dass dieser Vorgang inhaltlich oder prozedural näher spezifiziert wird.[310] Das Volk ist so nicht Handlungs-, sondern lediglich Referenzsubjekt.[311] Von besonderer Bedeutung ist daher das in Art. 38 Abs. 1 Satz 2 GG geregelte freie Mandat, wonach die Abgeordneten Vertreter des ganzen Volkes sind und an Aufträge und Weisungen nicht gebunden sind. Der Volkswille bildet sich demnach durch den freien Diskussionsprozess im Parlament, weshalb die Entscheidungen der Repräsentanten, die allein am Ziel des Gemeinwohls ausgerichtet sind, in völliger Freiheit getroffen werden müssen.[312]

Vereinfachend lässt sich das monistisch-symbolische Repräsentationsverständnis dahingehend zusammenfassen, dass die Staatsgewalt vom Volk als Ganzem ausgeht und das Volk als Einheit durch die gewählten Abgeordneten als Einheit repräsentiert wird und die Abgeordneten mit ihren Entscheidungen einen am Gemeinwohl orientierten übergeordneten Gemeinwillen bilden. In seiner Aufgabe, das Staatsvolk zu repräsentieren, geht nach diesem Verständnis der einzelne Abgeordnete ungeachtet seiner persönlichen Biografie in etwas Größerem auf[313], nämlich einer politischen Handlungseinheit, die ungeachtet der persönlichen Eigenschaften, Erfahrungen und Beweggründe des Einzelnen einem von ihm abgelösten Gemeinwohl zu dienen verpflichtet ist. Eigenschaften wie das Geschlecht eines Abgeordneten spielen nach diesem Verständnis keine Rolle. Die Anerkennung persönlicher Eigenschaften, Erfahrungen und

---

307 Schmitt, S. 208 ff., 212; Leibholz, S. 44 ff.

308 Wapler, JöR 2019, S. 427 (435).

309 Leibholz, S. 63 f.

310 Gross, S. 174.

311 Isensee, S. 48.

312 Leibholz, S. 72 f.

313 Böckenförde, S. 323 ff., der von einer „*Metamorphose der individuellen zur demokratischen Freiheit*" spricht.

Beweggründe würden diese übergeordnete politische Handlungseinheit fragmentieren.[314]

b) Pluralistisches Demokratieverständnis

Die Prämissen des pluralistischen Demokratieverständnisses ergeben sich vor allem aus der Kritik am monistischen Demokratieverständnis.[315] Das pluralistische Demokratieverständnis geht nicht von einem vorfindlichen einheitlichen Volk aus, sondern sieht das Volk historisch als Gegenpol zu den monarchischen Herrschern. Im Mittelpunkt steht die Selbstherrschaft der Gleichen und Freien.[316] Somit bedeutet Volkssouveränität nach dem pluralistischen Demokratieverständnis, dass der politische Prozess, der erst die Einheit staatlichen Handelns herstellt[317], offen für das ganze Volk ist, das sich in seiner Vielfalt in die Meinungsbildung einbringen kann.[318] Im Zentrum steht die freie Selbstbestimmung des einzelnen Menschen.[319] Daher betont das pluralistische Demokratieverständnis den offenen Meinungsaustausch über gegenläufige individuelle und gesellschaftliche Interessen. Art. 20 Abs. 2 Satz 1 GG wird nicht als *„Vollregel"*[320] verstanden, sondern allgemein als Bekenntnis zum Demokratieprinzip mittels einer traditionellen Formel[321], einer *„metaphorischen Redeweise"*[322]. Volk ist nur ein anderes Wort für Menschen.[323]

Eng verbunden mit dem pluralistischen Demokratieverständnis ist ein responsives Konzept der Repräsentation, das die Notwendigkeit einer permanenten Rückkopplung zwischen Volk und Volksvertretung betont. Im Gegensatz zur symbolischen Repräsentation müssen sich die Repräsentanten nach dem Konzept der responsiven Repräsentation gegenüber den Repräsentierten rechtfertigen. Ein Mindestmaß an Übereinstimmung zwischen Wählern und Gewählten ist die Geschäftsgrundlage für das Repräsentationsverhältnis.[324]

---

314 Wapler, Die Krux mit der Quote, S. 8.
315 Gross, S. 164; Hanebeck, S. 84.
316 Maihofer, in: Benda/Maihofer/Vogel, § 12, Rn. 48 ff.
317 Gross, S. 173.
318 Hesse, Rn. 141.
319 Bryde, in: Redaktion KJ, S. 63; Lübbe-Wolff, VVDStRL 60 (1991), S. 246 (252 f.); Blanke, KJ 1998, S. 452 (457).
320 Hanebeck, S. 84.
321 Bryde, in: Redaktion KJ, S. 61.
322 Haverkate, S. 331.
323 Bryde, StWStP 1994, S. 305 (322).
324 Gross, S. 173.

Das bedeutet nicht, dass die Repräsentanten weisungsgebunden wären. Auch nach dem Konzept der responsiven Repräsentation setzt die Einsetzung eines Vertretungsorgans ein gewisses Maß an Autonomie des Repräsentanten voraus. Nur die Eigenständigkeit der Repräsentanten führt zu dem notwendigen Rationalisierungseffekt. Folgerichtig schließt Art. 38 Abs. 1 Satz 2 GG das imperative Mandat aus. Auf der anderen Seite können die Repräsentanten nicht vollkommen frei entscheiden. Sie müssen sich dem Anspruch nach an den Interessen der Repräsentierten orientieren.[325] Hier spielen die durch weltanschauungs- und interessengebundene Parteien strukturierten periodischen Wahlen zusammen mit anderen Rückkoppelungsmechanismen, vor allem der öffentlichen Meinung, eine entscheidende Rolle. Gerade letztere schafft *„eine kontinuierliche Aktualisierung der Verantwortlichkeit der staatlichen Funktionsträger“*.[326] Die Kombination aus periodischen Wahlen einerseits und Meinungsbildungsmechanismen andererseits zwischen zwei Wahlen ermöglicht nach diesem Verständnis den offenen Prozess, der Repräsentation als Mechanismus der mittelbaren Ausübung demokratischer Herrschaft institutionell und verfahrensmäßig ermöglicht.

Nach diesem Verständnis spielen persönliche Biografien, Erfahrungen und Sichtweisen der Abgeordneten eine erhebliche Rolle. Dabei geht es nicht um eine Spiegelung des repräsentierten Volkes. Es geht vielmehr darum, die Wahrscheinlichkeit zu erhöhen, alle gesellschaftlich vorhandenen Interessen wahrzunehmen und im besten Fall zu berücksichtigen. Denn bestehen die Parlamente aus einem exklusiven Kreis von Menschen mit ähnlichen Eigenschaften und biographischen Erfahrungen, drohen die Belange der anderen unterzugehen.[327]

2. Eingriff

Fraglich ist, ob das Muster-Quotengesetz den Geltungsbereich des Prinzips der Volkssouveränität beschränkt.

a) Stand der Diskussion in der Literatur

In der Literatur wird dies teilweise unter Heranziehung des monistischen Demokratieverständnisses bejaht. So begründen Burmeister/Greve ihre Ablehnung unter anderem damit, dass das Legitimationssubjekt nach Art. 20 Abs. 1 Satz 1 GG das Volk im Sinne von Art. 116 Abs. 1 GG sei und sich hierauf

---

325 Schneider, in: Benda/Maihofer/Vogel, § 13, Rn. 44.

326 Gross, S. 178.

327 Wapler, Die Krux mit der Quote, S. 10.

die Repräsentation des Volkes als *„einheitliche Gruppe"* beziehe.[328] POLZIN ergänzt, dass das Grundgesetz das Volk gemäß Art. 20 Abs. 2 GG als eine *„einheitliche Gruppe"* von freien und gleichen Bürgern behandle, die sich ihre Abgeordneten durch unmittelbare, freie, gleiche und geheime Wahlen wähle. Der Abgeordnete werde in Art. 38 Abs. 2 Satz 1 GG als Vertreter des ganzen Volkes angesehen. Das Grundgesetz kenne nur die *„Repräsentation des Volkes als einheitliche Gruppe"* durch das Parlament und seine Abgeordneten.[329] Und PERNICE-WARNKE führt aus, dass die Abgeordneten *„von Verfassungs wegen Repräsentanten einer inhomogenen in gleicher Freiheit vereinten Allgemeinheit"* seien. Art. 38 Abs. 2 Satz 2 GG liege somit der Gedanke der Kollektiv-, der Gesamtrepräsentation zugrunde. Richtschnur für das Handeln jedes Abgeordneten sei das *„Gesamtwohl des Staates"* und nicht die Vertretung der Interessen einzelner Gruppen, denen er auf Grund seines Geschlechts oder auf Grund anderer Merkmale angehöre.[330] Schließlich verweist auch RIXEN darauf, dass ein Quotengesetz in unzulässiger Weise den *„Wahl-Demos in Teil Demoi"* aufspalten würde.[331]

Auch der BayVerfGH vertritt ein monistisches Demokratieverständnis, wenn er darauf hinweist, dass die Freistellung von jeder Bindung an Aufträge und Weisungen gemäß Art. 38 Abs. 1 Satz 2 GG den Abgeordneten befähigen soll, *„kraft eigener, durch die Wahl erworbener Legitimation am Prozess der parlamentarischen Willensbildung teilzunehmen und auf diese Weise an dem Integrationsprozess der Herausbildung eines überindividuellen Gesamtwillens mitzuwirken."*[332]

Die Befürworter eines pluralistischen Demokratieverständnisses haben aus repräsentationstheoretischer Sicht hingegen kein Problem mit einer gesetzlichen Geschlechterquote. Nach diesem Konzept ist es ausgesprochen wünschenswert, alle im Elektorat vertretenen Ansichten und Erfahrungen in den demokratischen Entscheidungsprozess einzuführen.[333]

---

328 BURMEISTER/GREVE, ZG 2019, S. 154 (162).

329 POLZIN, Verfassungsblog, 8. Februar 2019.

330 PERNICE-WARNKE, DVBl. 2020, S. 81 (86).

331 RIXEN, in: ECKERTZ-HÖFER/SCHULER-HARMS, S. 51 (77).

332 BayVerfGH, NVwZ-RR 2018, 457 (juris-Tz. 112).

333 LASKOWSKI, djbz 2014, S. 93 (96), die allerdings deutlich einem „deskriptiven" Repräsentationsverständnis zuneigt, RÖHNER, djbz 2019, S. 125 (127); WAPLER, JöR 2019, S. 427 (446 f., 453 f.).

b) Stellungnahme

Die Vertreter eines monistischen Repräsentationsverständnisses, die durch gesetzliche Geschlechterquoten das Prinzip der Volkssouveränität verletzt sehen, befürchten, dass diese zu einer Gruppenrepräsentation führen. Demnach hätten gesetzliche Quoten eine Fragmentierung der Parlamente zur Folge. Die Bildung des einheitlichen Willens werde gestört. Es wird den Befürwortern von gesetzlichen Geschlechterquoten unterstellt, dass sie die Auffassung vertreten, dass Frauen nur Frauen und Männer nur Männer repräsentieren könnten (vgl. oben zu den möglichen Begründungen des Muster-Quotengesetzes vgl. oben C., Seite 79).

Dieser Vorwurf ist insoweit nachvollziehbar, als dass einige Befürworter von gesetzlichen Geschlechterquoten auf eine fehlende weibliche Perspektive in der Gesetzgebung hinweisen und meinen, diese müsse durch eine Geschlechterquote ausgeglichen werden.[334] Nach der hier vertretenen Auffassung soll mit dem Muster-Quotengesetz jedoch nicht das Ziel verfolgt werden, die – wie auch immer geartete – weibliche Perspektive im Rahmen der parlamentarischen Arbeit zu stärken. Das mag eine Folge des Muster-Quotengesetzes sein, wenn es denn eine solche tatsächlich gibt. Ausgehend von der Prämisse, dass im Rahmen der Rekrutierung von Parlamentariern und Parlamentarierinnen eine tatsächliche Diskriminierung zu Lasten der Parlamentarierinnen stattfindet, spielen mögliche frauen-spezifische Sichtweisen auf gesellschaftliche Themen keine Rolle. Es geht vielmehr darum, für alle Staatsbürgerinnen und Staatsbürger tatsächliche Gleichheit herzustellen.[335] Tatsächliche Gleichheit in diesem Sinne zielt darauf ab, Menschen in der Wirklichkeit und nicht nur auf dem Papier als Gleiche zu behandeln, nicht aber auf die Hervorhebung von (möglichen) Eigenschaften der diskriminierten Gruppe.[336] Werden Teile der Bevölkerung – wenn auch nicht rechtlich, so doch tatsächlich – benachteiligt, so ist die für die Demokratie erforderliche gleiche Freiheit und Selbstbestimmung

334 Laskowski, djbZ 2014, S. 93 (96 f.); Dies., Gutachten 2014, S. 9, 12; Völzmann, djbZ 2019, S. 130 (131 f.); siehe auch die Begründungen zu folgenden Gesetzentwürfen: Gesetzentwurf der Fraktionen DIE LINKE, der SPD und BÜNDNIS 90/DIE GRÜNEN: Siebtes Gesetz zur Änderung des Thüringer Landeswahlgesetzes – Einführung der paritätischen Quotierung, 20. März 2019, Drucksache 6/6964, S. 1.; Gesetzentwurf der Fraktion BÜNDNIS 90/DIE GRÜNEN: Inklusives Parité-Gesetz – (Drittes Gesetz zur Änderung des Brandenburgischen Landeswahlgesetzes), Drucksache 6/8210, S. 1, 26.

335 Ebenso Röhner, djbz 2019, S. 125 (126).

336 Wapler, JöR 2019, S. 427 (432).

aller nicht gegeben.[337] Auch nach dem monistischen Demokratieverständnis ist das eine nicht akzeptable Situation, denn eine solche tatsächliche Störung der Gleichheit aller Staatsbürger führt dazu, dass gerade nicht ein am Gemeinwohl orientierter Gemeinwille gefunden werden kann. Er hat vielmehr eine „Schlagseite", weil das Staatsvolk, das eigentlich an der Willensbildung beteiligt werden soll, eben nicht vollständig daran beteiligt ist.

Da es nicht um das Nebeneinander sich voneinander unterscheidender und abgrenzender Gruppen und Identitäten geht, sondern darum, die Folgen jahrelanger Diskriminierung der Frauen zu überwinden, sind gesetzliche Geschlechterquoten sowohl mit einem monistischen als auch einem pluralistischen Repräsentationsverständnis vereinbar. Sie führen weder zu einer geschlechtlichen Repräsentation oder zu einer ständischen Repräsentation, in der Männer nur Männer und Frauen nur Frauen vertreten. Selbstverständlich können sich auch Männer für Gleichstellungspolitik oder für die Strafbarkeit der Vergewaltigung in der Ehe einsetzen, genauso wie sich Frauen für die Stärkung der Rechte der Väter im Rahmen des Umgangs mit Kindern einsetzen können. Das Muster-Quotengesetz verfolgt das Ziel, den Ausschluss von Frauen aus dem Staat umzukehren und eine gleichberechtigte Teilhabe an der Ausübung der Staatsgewalt herzustellen. Es soll sichergestellt werden, dass auch Frauen in die kleine Gruppe der Abgeordneten gewählt werden, um an den politischen Entscheidungen für eine begrenzte Zeit mitzuwirken und das demokratische Volk im Parlament zu repräsentieren. Die Gewährleistung einer gleichberechtigten und diskriminierungsfreien Teilhabe an der demokratischen Herrschaft bedeutet also nicht die Aufgabe des monistischen Repräsentationsmodells.[338] Das Muster-Quotengesetz knüpft zwar am Geschlecht an; es dient aber nur dazu, die politische Gleichheit von Frauen Männern nicht nur auf dem Papier, sondern auch in der Realität zu erreichen. Ausgehend von der Prämisse, dass Frauen ihm Rahmen politischer Repräsentation tatsächlich diskriminiert werden, verfolgt das Muster-Quotengesetz das Ziel, den weiblichen Repräsentierten gleiche Chancen zu gewähren als Menschen und nicht in ihrer Eigenschaft als Frau am politischen Prozess teilzunehmen. Damit ist auch nicht das freie Mandat gemäß Art. 38 Abs. 1 Satz 2 GG gefährdet, denn es geht gerade nicht darum, den Bundestag zu „binarisieren", sondern die Gleichstellung der Frauen auch in den staatsbürgerlichen Rechten tatsächlich durchzusetzen.

---

337 Ähnlich KLEIN, in: MAUNZ/DÜRIG, GG, Art. 48, Rn. 25 (79. EL Dezember 2016).

338 Ebenso RÖHNER, Unterrepräsentation von Frauen, S. 27.

IV. Das Muster-Quotengesetz und das freie Mandat

Zuletzt stellt sich die Frage, ob das Muster-Quotengesetz den Grundsatz des freien Mandats einschränkt.

1. Geltungsbereich

Das freie Mandat wird in Art. 38 Abs. 1 Satz 2 GG geregelt. Danach sind die Abgeordneten des Bundestags Vertreter des ganzen Volkes, an Aufträge und Weisungen nicht gebunden und nur ihrem Gewissen unterworfen. Die verfassungsrechtliche Regelung des freien Mandats hat den Zweck zu gewährleisten, dass die Abgeordneten in ihrer Gesamtheit aber auch als einzelne nicht Gruppen, sondern die Nation repräsentieren[339] und dass sie den Staatswillen rechtsverbindlich autonom im Parlament frei von Fremdbestimmung bilden können.[340] Dabei schützt der Grundsatz des freien Mandats in zwei Richtungen vor möglicher Einflussnahme. Einerseits richtet sich die Freiheit des Mandats gegen staatliche Maßnahmen, die Bestand und Dauer des Mandats beeinträchtigen oder mit denen ein bestimmtes (Abstimmungs-)Verhalten herbeigeführt oder sanktioniert werden soll. Andererseits richtet sich die Freiheit des Mandats gegen jeden Versuch der Vereinnahmung der Abgeordneten durch Wähler, Parteien oder Lobbygruppen.[341]

2. Eingriff

Durch das Muster-Quotengesetz wird das Prinzip des freien Mandats nicht beschränkt.

a) Stand der Diskussion in der Literatur

In der Literatur wird die Auffassung vertreten, dass die Idee einer Repräsentation von Fraueninteressen durch Frauen und Männerinteressen durch Männer nicht mit der Vorstellung des freien Mandats vereinbar sei. Diese Idee stehe im Widerspruch zum grundgesetzlichen Demokratieverständnis, weil sie durch das Wahlrecht den politischen Einfluss von bestimmten Interessengruppen auf die Gesetzgebung determinieren wolle.[342]

---

339 KLEIN, in: MAUNZ/DÜRIG, GG, Art. 38, Rn. 192 (60. EL Oktober 2010); CORNILS, Jura 2009, S. 289 (295).

340 MAGIERA, in SACHS, GG, Art. 38, Rn. 46.

341 RISSE/WITT, in HÖMIG/WOLFF, GG, Art. 38, Rn. 22.

342 BURMEISTER/GREVE, ZG 2019, S. 154 (170).

b) Stellungnahme

Gleichgültig welche Begründung für das Muster-Quotengesetz herangezogen wird (vgl. oben C., Seite 79), eine Verletzung des freien Mandats ist nicht zu erkennen.

Selbst wenn man mit dem Muster-Quotengesetz das Ziel verfolgt, eine weibliche Perspektive in die Gesetzgebung zu bringen, ist nicht nachvollziehbar, von welcher Seite eine Beeinflussung drohen sollte. Das Ziel, die weibliche Perspektive in der Gesetzgebung zu verstärken, beruht auf dem Gedanken, dass Menschen aufgrund unterschiedlicher Sozialisation in ihrem Leben unterschiedliche Erfahrungen machen und unterschiedliche Blickrichtungen und Interessen entwickeln.[343] Die „Determinierung", die befürchtet wird, beruht somit auf endogenen Faktoren und nicht auf exogenen Faktoren. Aber nur vor letzteren soll das Prinzip des freien Mandats schützen.

Mit dem Muster-Quotengesetz geht keine Wendung zu einer Rätedemokratie einher, in der die Abgeordneten des Parlaments prinzipiell an die Weisungen ihrer Wähler gebunden sind. Eine gesetzliche Paritätsregelung ändert nichts an dem Grundsatz, dass weibliche Abgeordnete, die ohne die Paritätsregelung nicht in den Bundestag eingezogen wären, frei von Weisungen (von wem?) handeln. Mit der Einführung eines Quotengesetzes droht deshalb auch nicht die Einführung einer ständischen Repräsentation, wie dies in der Literatur als Gefahr gesehen wird.[344]

V. Das Muster-Quotengesetz und das Diskriminierungsverbot

Schließlich verstößt das zu untersuchende Quotengesetz gegen das Diskriminierungsverbot gemäß Art. 3 Abs. 3 Satz 1 GG. Danach darf niemand wegen seines Geschlechtes, benachteiligt oder bevorzugt werden. Ein Gesetz, das offen an dem Geschlecht des vom Gesetz adressierten Personenkreises anknüpft, verstößt offenkundig gegen das Diskriminierungsverbot des Art. 3 Abs. 3 Satz 1 GG. Da dies klar und unstrittig ist, kommt es auf die Feinheiten des Verhältnisses von Art. 3 Abs. 3 Satz 1 GG zu Art. 3 Abs. 2 Satz 1 GG nicht an.[345]

---

343 Laskowski, djbZ 2014, S. 93 (96); Dies., Gutachten 2014, S. 12.

344 Sachs, NJW 1989, S. 553 (558); Volkmann, Verfassungsblog vom 9. Februar 2019; Udo di Fabio im Interview mit DER SPIEGEL, Nr. 1 / 29.12.2018, S. 30 ff.

345 Vgl. zum Verhältnis von Art. 3 Abs. 2 Satz 1 GG zu Art. 3 Abs. 3 Satz 1 GG: Langenfeld, in: Maunz/Dürig, Art. 3 Abs. 2, Rn. 16–21 (74. EL Mai 2015).

VI. Zwischenergebnis

Das Muster-Quotengesetz greift somit die Wahlrechtsgrundsätze der Allgemeinheit, Gleichheit und Freiheit der Wahl ein, in den Grundsatz der Parteienfreiheit und das Diskriminierungsverbot. Das Prinzip des freien Mandats wird nicht berührt. Das Prinzip der Volkssouveränität wird dann nicht berührt, wenn man das Gesetz mit der Beseitigung struktureller Benachteiligung der Frauen begründet.

H. Rechtfertigung

Zu klären ist, ob die durch das zu prüfende Muster-Quotengesetz hervorgerufenen Beschränkungen verfassungsrechtlich geschützter Positionen gerechtfertigt sind.

Keine der betroffenen Verfassungspositionen sieht einen Gesetzesvorbehalt vor, so dass eine Rechtfertigung nur im Wege einer Abwägung mit kollidierendem Verfassungsrecht in Betracht kommt.[346] In Betracht kommen zwei Rechtfertigungsgründe. Zum einen könnte Art. 3 Abs. 2 Satz 2 GG zur Rechtfertigung herangezogen werden, wonach der Staat die tatsächliche Durchsetzung der Gleichberechtigung von Frauen und Männern fördert und auf die Beseitigung bestehender Nachteile hinwirkt. Zum anderen könnten auch die Wahlgrundsätze gemäß Art. 38 Abs. 1 GG herangezogen werden, denn das Bundesverfassungsgericht prüft in einer Vielzahl von Entscheidungen die Rechtfertigung von Beschränkungen der Wahlrechtsgrundsätze aus Art. 38 Abs. 1 GG selbst heraus.

I. Gleichberechtigungsgebot, Art. 3 Abs. 2 Satz 2 GG

Die mit dem Muster-Quotengesetz verbundenen Eingriffe könnten durch Art. 3 Abs. 2 Satz 2 GG gerechtfertigt sein. Gemäß Art. 3 Abs. 2 Satz 2 GG fördert der Staat die tatsächliche Durchsetzung der Gleichberechtigung von Frauen und Männern und wirkt auf die Beseitigung bestehender Nachteile hin.

346 Vgl. hierzu grundlegend Hesse, Rn. 317 f.; siehe auch BVerfGE 39, 1 (juris-Tz. 155); 93, 1 (juris-Tz. 51); 108. 282 (juris-Tz. 44); 122, 89 (juris-Tz. 47).

1. *Verhältnis von Art. 3 Abs. 2 Satz 2 GG zum Grundsatz der Wahlgleichheit, Art. 38 Abs. 1 Satz 1 GG*

Art. 3 Abs. 2 Satz 2 GG ist grundsätzlich geeignet, die Verkürzung anderer Verfassungspositionen zu rechtfertigen. Das gilt auch im Anwendungsbericht von Art. 38 Abs. 1 Satz 1 GG.

a) *Stand der Diskussion in der Literatur*

In der Literatur[347] wird die Auffassung vertreten, Art. 3 Abs. 2 Satz 2 GG finde im Anwendungsbereich von Art. 38 Abs. 1 GG keine Anwendung, weil das Bundesverfassungsgericht nach Änderung seiner Rechtsprechung im Jahr 1998[348] im Anwendungsbereich der speziellen Wahlrechtsgrundsätze einen Rückgriff auf den allgemeinen Gleichheitssatz des Art. 3 Abs. 1 GG ablehne. Bei Art. 3 Abs. 2 und Abs. 3 GG handele es sich um Konkretisierungen des allgemeinen Gleichheitssatzes des Art. 3 Abs. 1 GG. Wenn aber bereits der allgemeine Gleichheitssatz im Anwendungsbereich von Art. 38 Abs. 1 GG keine Anwendung finde, dann müsse das auch für seine Konkretisierungen gelten.[349]

b) *Stellungnahme*

Art. 3 Abs. 2 Satz 2 GG findet auch im Anwendungsbereich der Wahlrechtsgrundsätze Anwendung.[350]

Grund der Änderung der jahrelangen Rechtsprechung des Bundesverfassungsgerichts, wonach Art. 3 Abs. 1 GG im Anwendungsbereich von Art. 38 Abs. 1 GG anwendbar war, sind nicht materielle Gesichtspunkte der Kollision oder Ähnliches, sondern staatsorganisationsrechtliche Argumente. Der Rückgriff auf Art. 3 Abs. 1 GG ermöglichte es, mögliche Verstöße gegen die Wahlgrundsätze der Gleichheit und Allgemeinheit der Wahl bei Wahlen zu den Volksvertretungen in den Bundesländern vor das Bundesverfassungsgericht zu bringen. So musste das Bundesverfassungsgericht über Rechtsfragen

---

347 Jutzi, Stellungnahme Rheinland-Pfalz, S. 5; Volkmann, in: Friauf/Höfling, GG, Bd. 2, 3. Erg.-Lfg. XII/01, Art. 21, Rn. 65, Fn. 410; Pautsch, JSE 2019, S. 1 (4); von Ungern-Sternberg, JZ 2019, S. 525 (533); Hecker, NJW 2020, S. 3563 (3565); offengelassen: Morlok/Hobusch, DÖV 2019, S. 14 (18).

348 BVerfGE 99, 1 (juris-Tz. 33 ff.).

349 Pautsch, JSE 2019, S. 1 (4).

350 BVerfG, NVwZ 2021, 469 (juris-Tz. 99, 112), Brosius-Gersdorf, Verfassungsblog, 25. Februar 2019; Claasen, ZPR 2021, S. 50 (51); Hahlen, Stellungnahme NRW, S. 19; Meyer, NVwZ 2019, S. 1245 (1249).

entscheiden, die primär Ländersache waren. Indem das Bundesverfassungsgericht die Anwendung von Art. 3 Abs. 1 GG verneinte, stellte es hinsichtlich Wahlen die Trennung der Verfassungsräume des Bundes und der Länder wieder her, wie sie sich für die Wahlen aus Art. 38 Abs. 1 Satz 1 GG für den Bund und Art. 28 Abs. 1 Satz 2 GG für die Bundesländer ergeben.[351] Die Bürger sollten so in erster Linie die Anwendung der Wahlgrundsätze bei Landtagswahlen vor den Landesverfassungsgerichten und bei Bundestagswahlen vor dem Bundesverfassungsgericht einfordern – so wie dies nach der Auffassung des Bundesverfassungsgerichts vom Grundgesetz vorgesehen ist.

Folglich steht die Rechtsprechung des Bundesverfassungsgerichts zum Verhältnis zwischen Art. 3 Abs. 1 GG und dem wahlrechtlichen Gleichheitssatz gemäß Art. 38 Abs. 1 GG, die von wesentlichen Teilen der Literatur geteilt wird,[352] einer Anwendung von Art. 3 Abs. 2 Satz 2 GG nicht entgegen.[353] Zudem hat sich das Bundesverfassungsgericht inzwischen zum Verhältnis der Allgemeinheit der Wahl gemäß Art. 38 Abs. 1 Satz 1 GG und Art. 3 Abs. 3 Satz 2 GG geäußert. Hieraus ergeben sich Rückschlüsse für das Verhältnis zwischen Art. 38 Abs. 1 Satz 1 GG und Art. 3 Abs. 2 Satz 2 GG. Das Bundesverfassungsgericht hat klargestellt, dass der Grundsatz der Allgemeinheit der Wahl gemäß Art. 38 Abs. 1 Satz 1 GG und das Benachteiligungsverbot des Art. 3 Abs. 3 Satz 2 GG als spezialgesetzliche Ausprägungen des allgemeinen Gleichheitssatzes nebeneinander anwendbar sind.[354] Gegenstand der Entscheidung war eine Wahlprüfungsbeschwerde, mit der mehrere unter Betreuung (§ 1896 BGB) stehende Beschwerdeführer geltend machten, dass durch ihren Wahlrechtsausschluss (§ 13 Nr. 2 BWahlG in der bis zum 1. Juli 2019 gültigen Fassung) ihre Rechte verletzt würden und dass § 13 Nr. 2 BWahlG mit Art. 38 Abs. 1 Satz 1 sowie Art. 3 Abs. 3 Satz 2 GG unvereinbar und deshalb nichtig sei. Zum Verhältnis von Art. 38 Abs. 1 Satz 1 und Art. 3 Abs. 3 Satz 2 GG hat das Bundesverfassungsgericht in seiner Entscheidung ausgeführt, dass grundsätzlich besondere Gleichheitssätze im Verhältnis der Idealkonkurrenz zueinander stünden. Berühre eine differenzierende Behandlung mehrere in ihrem Anwendungsbereich unterschiedliche spezielle Gleichheitsgebote, müsse sie an jedem dieser Gebote gemessen werden. Etwas anderes könnte lediglich gelten, wenn

351 BVerfGE 99, 1 (juris-Tz. 42 ff.).

352 Trute, in: von Münch/Kunig, GG, Art. 38, Rn. 67 ff.; Pieroth, in: Jarass/Pieroth, GG, Art. 38, Rn. 7; Magiera, in: Sachs, GG, Art. 38, Rn. 97; Murswiek, JZ 1979, S. 48 (50); Roth, DVBl. 1998, S. 214 (216 f.).

353 Ebenso: Hahlen, Stellungnahme NRW, S. 19.

354 BVerfGE 151, 1.

zwischen mehreren besonderen Gleichheitssätzen ein eigenständiges Spezialitätsverhältnis bestünde, was im Verhältnis zwischen Art. 38 Abs. 1 Satz 1 GG und Art. 3 Abs. 3 Satz 2 GG nicht der Fall sei. Zwar würden sich die Anwendungsbereiche des Art. 38 Abs. 1 Satz 1 GG und des Art. 3 Abs. 3 Satz 2 GG im Falle einer Beschränkung des Zugangs zur Wahl zum Bundestag wegen einer Behinderung überschneiden. Diese Überschneidung betreffe jedoch lediglich einen Teilbereich des jeweiligen Regelungsumfangs der beiden Vorschriften. Zudem dienten beide Vorschriften unterschiedlichen Schutzzwecken (Egalität der Staatsbürger, Nichtdiskriminierung von Menschen mit Behinderungen). Daher sei der Grundsatz der Allgemeinheit der Wahl nach Art. 38 Abs. 1 Satz 1 GG und das Benachteiligungsverbot nach Art. 3 Abs. 3 Satz 2 GG nebeneinander anwendbar.[355]

Ganz ähnlich liegt der Fall im Verhältnis zwischen den Grundsätzen der Allgemeinheit und Gleichheit der Wahl gemäß Art. 38 Abs. 1 Satz 1 GG und Art. 3 Abs. 2 Satz 2 GG. Art. 38 Abs. 1 Satz 1 GG einerseits und Art. 3 Abs. 2 Satz 2 GG andererseits haben unterschiedliche Wirkrichtungen. Während die Grundsätze der Allgemeinheit und Gleichheit der Wahl die Egalität der Bürgerinnen und Bürger schützen, geht es bei Art. 3 Abs. 2 Satz 2 GG um eine Staatszielbestimmung, die es dem Gesetzgeber ermöglicht, unter Umständen vergleichbare Sachverhalte ausnahmsweise zur *„tatsächlichen Durchsetzung der Gleichberechtigung"* ungleich behandeln zu dürfen. Art. 38 Abs. 1 Satz 1 GG und Art. 3 Abs. 2 Satz 2 GG wirken also gegenläufig.

Hinzu kommt, dass Art. 38 Abs. 1 Satz 1 und Art. 3 GG nur im Bereich der Grundsätze der Allgemeinheit und Gleichheit der Wahl kollidieren können, nicht aber im Bereich der Unmittelbarkeit und der Freiheit der Wahl und des Grundsatzes der geheimen Wahl. Würde man Art. 3 Abs. 2 Satz 2 GG im Anwendungsbereich der Gleichheit und Allgemeinheit der Wahl nicht anwenden, jedoch im Anwendungsbereich der übrigen Wahlrechtsgrundsätze, würde dies zu einer nicht auflösbaren Zerfaserung der Wahlrechtsgrundsätze führen und dem Grundsatz der Einheit der Verfassung widersprechen.[356]

Schließlich führt auch die Entstehungsgeschichte zu keinem anderen Ergebnis. Art. 3 Abs. 2 Satz 2 GG ist eine relativ neue Regelung. Sie ist Teil der

---

355 BVerfGE 151, 1 (juris-Tz. 50 ff.).

356 Vgl. BVerfGE 99, 1 (juris-Tz. 48); A.A. Pautsch, JSE 2019, S. 1 (4), der Art. 3 Abs. 2 Satz 2 GG als Rechtfertigungsgrund für Eingriffe in die Freiheit der Wahl grundsätzlich für möglich hält, nicht aber für Verkürzungen der Gleichheit und Allgemeinheit der Wahl.

Verfassungsreform, die im Zusammenhang mit der Herstellung der deutschen Einheit zum Gesetz zur Änderung des Grundgesetzes vom 27. Oktober 1994 (BGBl. I, S. 3146) führte. Im Bericht der zum Zwecke der Verfassungsreform gegründeten Gemeinsamen Verfassungskommission von Bundestag und Bundesrat finden sich keine Hinweise, dass sich die Kommission mit der Frage der paritätischen Besetzung von Wahllisten beschäftigt hat.[357] Den weitergehenden Materialien lässt sich jedoch entnehmen, dass die Frage jedenfalls am Rande eine Rolle spielte. So heißt es im *„Fragenkatalog zur Anhörung der Gemeinsamen Verfassungskommission am 5. November 1992 in Bonn zu Art. 3 GG"* unter V. 1.: *„Wie verträgt sich die Ergänzung von Art. 38 Abs. 1 GG um nachfolgenden Satz 2 mit den bisher anerkannten Grundsätzen der freien und gleichen Wahl beim passiven und aktiven Wahlrecht: »Sie müssen mindestens zur Hälfte Frauen sein.«"*[358] Die Sachverständigen, die die Frage beantwortet haben, haben eine Ergänzung abgelehnt.[359] Warum dieser Aspekt sodann im Bericht der Gemeinsamen Verfassungskommission von Bundestag und Bundesrat keine Erwähnung findet, ist nicht überliefert. Hieraus Schlüsse auf die Sicht des historischen Gesetzgebers für das Verhältnis von Art. 3 Abs. 2 Satz 2 GG und Art. 38 Abs. 2 Satz 1 GG zu ziehen, verbietet sich daher.

Im Zusammenhang mit der Arbeit der Gemeinsamen Verfassungskommission von Bundestag und Bundesrat und ihres Berichts brachte die Gruppe von BÜNDNIS 90/DIE GRÜNEN einen eigenen Gesetzentwurf mit 33 Änderungen des Grundgesetzes beim Bundestag ein.[360] Dieser enthielt unter anderem eine Quotenregelung für die Aufstellung von Kandidatinnen und Kandidaten,[361] die vom Bundestag abgelehnt wurde. Auch hieraus lassen sich keine Rückschlüsse auf das Verhältnis von Art. 38 Abs. 1 Satz 1 GG und Art. 3 Abs. 2 Satz 2 GG ziehen. Die Ablehnung des Gesetzentwurfs im Ganzen, also mit seinen 33 Änderungsentwürfen, dürfte weniger inhaltlich begründet als vielmehr der Tatsache geschuldet gewesen sein, dass er von der Opposition stammte und die Gemeinsame Verfassungskommission von Bundestag und Bundesrat ihre Arbeit mit anderen Ergebnissen abgeschlossen hatte.

---

357 BT-Drs. 12/6000.

358 Limbach/Eckertz-Höfer, S. 240.

359 Limbach/Eckertz-Höfer, S. 179 ff.

360 BT-Drs. 12/6686.

361 Änderungsentwurf Nr. 17, BT-Drs. 12/6686, S. 4.

2. *Verhältnis von Art. 3 Abs. 2 Satz 2 GG zum Diskriminierungsverbot, Art. 3 Abs. 3 GG*

Ein weiteres Problem, das allerdings alle staatlichen Fördermaßnahmen für Frauen betrifft und nicht nur ein Quotengesetz, ist die Frage, ob eine Fördermaßnahme ihrerseits diskriminierend sein darf. Da das Muster-Quotengesetz am Geschlecht der Kandidatinnen und Kandidaten anknüpft mit dem Ziel, die Anzahl der im Verhältnis zur Bevölkerung überproportional vertretenen Männer im Bundestag zurückzudrängen, diskriminiert es jene.

a) Stand der Diskussion in der Literatur und Stand der Rechtsprechung

aa) Fördermaßnahme kann keine Diskriminierung rechtfertigen

In der Literatur wird die Auffassung vertreten, dass auf Art. 3 Abs. 2 Satz 2 GG gestützte Fördermaßnahmen grundsätzlich nicht zur Rechtfertigung von (positiven) Diskriminierungen herangezogen werden können[362], was wie folgt begründet wird:

(1) Zum einen wird die Ansicht damit begründet, dass Art. 3 Abs. 2 Satz 2 GG und Art. 3 Abs. 3 Satz 1 GG nicht kollidierten. Denn Art. 3 Abs. 2 Satz 2 GG stelle lediglich den verselbständigten objektiv-rechtlichen Gehalt des Diskriminierungsverbots gemäß Art. 3 Abs. 2 Satz 1 GG dar. Das Fördergebot sei somit darauf gerichtet, das subjektiv-rechtlich wirkende Abwehrrecht des Art. 3 Abs. 2 Satz 1 GG zu verstärken. Das Fördergebot habe im Ergebnis nur Hilfs- und Ergänzungscharakter.[363] Dieses Verhältnis würde in sein Gegenteil verkehrt, wenn man es erlauben würde, dass der zentrale Rechtssatz, also Art. 3 Abs. 3 Satz 1 GG, zugunsten seiner objektiv-rechtlichen Zusatzgehalte zurückgedrängt würde.[364] Auch besage der mit dem Fördergebot erteilte Verfassungsauftrag nicht, dass er mit verfassungswidrigen Mitteln verfolgt werden dürfe.[365]

---

362 Sachs, ZG 2012, S. 52 (57); Ipsen, in: Ipsen, Parteiengesetz, § 17, Rn. 23.

363 Sachs, NJW 1989, S. 553 (557 f.); Ders., in: Isensee/Kirchhof, HBStR, Bd. 8, 3. Auflage, 2010, § 182, Rn. 152; von Nieding, NVwZ 1994, S. 1171 (1174 f.), der insbesondere auf das Mitbestimmungsurteil des BVerfG (BVerfGE 50, 290) verweist, hiernach bestehe *„die Funktion der Grundrechte als objektive Prinzipien in der prinzipiellen Verstärkung ihrer Geltungskraft"*.

364 Sachs, in: Isensee/Kirchhof, HBStR, Bd. 8, 3. Auflage, 2010, Rn. 152.

365 Sachs, ZG 2012, S. 52 (60); Stern, Staatsrecht, Bd. IV/2, 2011, S. 1679 ff.

(2) Zum anderen wird der Charakter der Staatszielbestimmung in den Vordergrund gestellt. Die Staatszielbestimmung könne das Diskriminierungsverbot in Art. 3 Abs. 3 Satz 1 GG nicht überspielen. Staatsziele könnten nur unter Beachtung der Grenzen verwirklicht werden, die die Verfassung u.a. durch die Grundrechte ziehe. Die Förderklausel knüpfe systematisch und inhaltlich an den Gleichberechtigungsgrundsatz des Art. 3 Abs. 2 Satz 1 GG an. Ihre Auslegung habe sich daher auch immer an diesem Grundsatz auszurichten. Das individuelle Grundrecht auf Gleichberechtigung von Frauen und Männern sei kraft ausdrücklichen Verfassungsbefehls gemäß Art. 1 Abs. 3 GG unmittelbar geltendes Verfassungsrecht und bilde eine Schranke, die durch ein Staatsziel nicht überwunden werden könne.[366]

bb) Fördermaßnahme kann Diskriminierung rechtfertigen

Die wohl überwiegende Meinung in der Literatur[367] und das Bundesverfassungsgericht[368] gehen davon aus, dass eine auf Art. 3 Abs. 2 Satz 2 GG gestützte Fördermaßnahme, die gleichzeitig diskriminierend zu Lasten des überrepräsentierten Geschlechts wirkt und damit gegen Art. 3 Abs. 3 Satz 1 GG verstößt, gerechtfertigt sein kann. Im Regelungsbereich des Art. 3 GG hat das Bundesverfassungsgerichtgericht geurteilt, dass – Abgesehen von Geschlechterdiskriminierungen die zwingend zur Lösung von Problemen erforderlich sind, die ihrer Natur nach nur entweder bei Männern oder bei Frauen auftreten können – an das Geschlecht anknüpfende differenzierende Regelungen mit Art. 3 Abs. 3 Satz 1 GG nur vereinbar sind, wenn diese sich im Wege einer Abwägung mit kollidierendem Verfassungsrecht legitimieren lassen, wobei vor allem das Staatsziel des Art. 3 Abs. 2 Satz 2 GG in Betracht komme, das den

366 Langenfeld, in: Maunz/Dürig, GG, Art. 3 Abs. 2, Rn. 57 (75. EL Mai 2015) unter Verweis auf die Kommentierung in der Vorauflage durch Scholz; Starck in: von Mangoldt/Klein/Starck, GG, 6. Auflage, Art. 3, Rn. 312, wird so von Baer/Markard in der aktuellen 7. Auflage nicht mehr vertreten.

367 Langenfeld, in: Maunz/Dürig, GG, Art. 3 Abs. 2, Rn. 56 f. (75. EL Mai 2015); Nussberger, in: Sachs, GG, Art. 3, Rn. 259 ff.; Wolff, in: Hömig/Wolff, GG, Art. 3, Rn. 17; Jarass, in: Jarass/Pieroth, GG, Art. 3, Rn. 118.

368 BVerfGE 85, 191 (juris-Tz. 53); 92, 91 (juris-Tz. 68); 114, 357 (juris-Tz. 25); das BVerfG bezieht sich teilweise auf den gesamten Absatz 2 des Art. 3 GG, weil das Fördergebot ausdrücklich erst im Jahre 1994 mit der Anfügung des Art. 3 Abs. 2 Satz 2 GG normiert wurde. Nach (nicht unumstrittener Auslegung) waren entsprechende Fördermaßnahmen bereits auf Grundlage der vorherigen Regelung des Art. 3 Abs. 2 GG möglich, sodass die Einfügung des Satzes 2 nur der Klarstellung diente.

Gesetzgeber berechtige, faktische Nachteile, die typischerweise Frauen treffen, durch begünstigende Regelungen auszugleichen.[369]

b) Stellungnahme

Eine auf Art. 3 Abs. 2 Satz 2 GG gestützte Fördermaßnahme kann eine damit einhergehende Diskriminierung gemäß Art. 3 Abs. 3 Satz 1 GG rechtfertigen.

Art. 3 Abs. 2 Satz 2 GG ist eine relativ neue Regelung. Sie ist Teil der Verfassungsreform, die im Zusammenhang mit der Herstellung der deutschen Einheit zum Gesetz zur Änderung des Grundgesetzes vom 27. Oktober 1994 (BGBl. I, Satz 3146) führte. Damit hat die Entstehungsgeschichte des Art. 3 Abs. 2 Satz 2 GG eine größere Bedeutung als die Entstehungsgeschichte eines alten Gesetzes, weil es sich um eine noch recht frische gesetzliche Reform handelt, wohingegen ältere Gesetze eventuell im Lichte veränderter politisch-sozialer Rahmenbedingungen zu interpretieren sind.[370]

Der Wortlaut des Art. 3 Abs. 2 Satz 2 GG ist ein Kompromiss, auf den sich die in der Sache weithin uneinigen politischen Kräfte trotz intensiver verfassungspolitischer Diskussion der Gemeinsamen Verfassungskommission von Bundestag und Bundesrat einigen konnten.[371]

Aus dem Bericht der Gemeinsamen Verfassungskommission ergibt sich, dass unter den Kommissionsmitgliedern keine Einigkeit hinsichtlich der Frage erzielt werden konnte, ob Art. 3 Abs. 2 Satz 2 GG auch zur Rechtfertigung von Ungleichbehandlungen zulasten eines Geschlechts herangezogen werden könne. Einerseits wurde die Auffassung vertreten, der Wortlaut gestatte, bei gleicher Qualifikation, Frauen vor Männern zu bevorzugen, wenn die Gruppe der Frauen in dem jeweiligen Bereich unterrepräsentiert ist. Andererseits wurde dieser Auffassung widersprochen und es wurde die Ansicht vertreten, die Formulierung gebe nur die Chancengleichheit als Gleichheit der Ausgangschancen vor, nicht aber Ergebnisgleichheit. Das Wort „*Gleichstellung*" sei bewusst vermieden worden.[372] Das Wort „*Ergebnisgleichheit*" beschreibt hier also den Vorgang der unbedingten Bevorzugung von Frauen im Falle ihrer Unterrepräsentation bei gleicher Qualifikation wie der der Männer.

---

369 BVerfGE 85, 191 (juris-Tz. 53); 92, 91 (juris-Tz. 68); 114, 357 (juris-Tz. 25).

370 Staake, JURA 2011, S. 177 (181).

371 Bericht der Gemeinsamen Verfassungskommission von Bundestag und Bundesrat (BT-Drs. 12/6000), S. 49–51.

372 BT-Drs. 12/6000, S. 50.

Ein Blick in die Historie der Norm führt somit zu keinem Ergebnis. Gegen die vor allem mit systematischen Überlegungen begründete Auffassung in der Literatur, dass Fördermaßnahmen ihrerseits keine Diskriminierung rechtfertigen können, spricht allerdings, dass eine derartige Interpretation für den Gesetzgeber keinen Mehrwert hätte. Es würde dem geltenden Verfassungsrecht nichts hinzugefügt. Art. 3 Abs. 2 Satz 2 GG „*würde im Grunde zu so etwas wie einem Erinnerungsposten an den Gesetzgeber degradiert, bestehende rechtliche Ungleichbehandlungen zwischen den Geschlechtern zu beseitigen.*"[373] Eine solche Interpretation würde zu einer Zementierung faktisch bestehender Ungleichheiten führen und damit zum Gegenteil dessen, was das Gleichberechtigungsgebot dem Staat zur Aufgabe macht.[374]

Maßnahmen, die das überrepräsentierte Geschlecht diskriminieren, können nicht mit jener Diskriminierung gleichgesetzt werden, gegen die sie sich richten, sondern sind vielmehr als „*asymmetrisch-materielle Rechte*" zu begreifen.[375] Die Förderung durch positive diskriminierende Maßnahmen wie Quoten dient somit der Durchsetzung des Diskriminierungsschutzes. Positiv diskriminierende Maßnahmen sind allerdings nur insoweit gerechtfertigt, als sie einen Zustand herzustellen versuchen, der – nach der Vorstellung des Normgebers – bestehen würde, wenn die Diskriminierung, der mit den positiv diskriminierenden Maßnahmen begegnet werden soll, hinweggedacht würde.

Auch das Europarecht spricht dafür, dass Fördermaßnahmen Diskriminierungen grundsätzlich rechtfertigen können. Der EuGH entschied 2000 in der Rechtssache Badeck, dass die EU-Gleichstellungsrichtlinie einer nationalen Regelung nicht entgegenstehe, die in Bereichen des öffentlichen Dienstes, in denen Frauen unterrepräsentiert sind, bei gleicher Qualifikation von Bewerberinnen und Bewerbern den Bewerberinnen Vorrang einräumt, wenn dies zur Erfüllung der Zielvorgaben des Frauenförderplans erforderlich ist und keine Gründe von größerem rechtlichen Gewicht entgegenstehen.[376] Inzwischen stellt Art. 23 der Ende 2009 in Kraft getretenen Charta der Grundrechte der Europäischen Union in seinem Satz 2 klar: „*Der Grundsatz der Gleichbehandlung steht der Beibehaltung oder der Einführung spezifischer Vergünstigungen für das unterrepräsentierte Geschlecht nicht entgegen*".

373 Langenfeld, in: Maunz/Dürig, GG, Art. 3 Abs. 2, Rn. 58 (75. EL Mai 2015).
374 Hohmann-Dennhardt, Stellungnahme NRW, S. 3.
375 Zimmer, in: Däubler/Bertzbach, § 5, Rn. 37.
376 EuGH, EuZW 2000, S. 474.

3. *Rechtfertigung von starren Quoten*

Das Muster-Quotengesetz gibt eine starre Quote vor; es führt letztendlich zur Ergebnisgleichheit. Aus diesem Grund stellt sich die Frage, ob das Muster-Quotengesetz, das eine starre Quote vorsieht und zur Ergebnisgleichheit führt, von Art. 3 Abs. 2 Satz 2 GG dem Grund nach überhaupt gerechtfertigt werden kann.

a) Stand der Diskussion in der Literatur

In der Literatur wird überwiegend die Auffassung vertreten, durch Art. 3 Abs. 2 Satz 2 GG könnten nur solche Maßnahmen gerechtfertigt werden, die darauf gerichtet sind, Chancengleichheit zwischen Männern und Frauen herzustellen. Starre Quoten und Regelungen, die zu Ergebnisgleichheit führen, könnten durch Art. 3 Abs. 2 Satz 2 GG niemals gerechtfertigt sein.[377]

b) Stellungnahme

Für die Auffassung der Literatur spricht vor allem die Entstehungsgeschichte der Norm. Was die Ergebnisgleichheit durch starre Quoten anbelangt, so ist unter Berücksichtigung des historischen Gesetzgebers Art. 3 Abs. 2 Satz 2 GG dahin auszulegen, dass eine solche unzulässig ist. *„Die neue Verfassungsbestimmung soll auf Bundes-, Landes- und kommunaler Ebene eine sachgerechte Förderungspolitik zur Erreichung der tatsächlichen Gleichberechtigung bewirken. Es bestand Übereinstimmung darüber, dass diese Bestimmung eine Frauenförderung in Gestalt sog. starrer Quoten nicht gestattet.“*[378]

Der Wille des historischen Verfassungsgebers bildet aber nur einen Anhaltspunkt für die heutige Auslegung von Art. 3 Abs. 2 Satz 2 GG. Für eine Rechtfertigung einer starren Quote im hiesigen Kontext sprechen die besonderen Umstände des zu entscheidenden Falls, die der historische Verfassungsgeber gerade nicht im Blick gehabt haben dürfte, auch wenn Quoten bei Wahlen am Rande eine Rolle gespielt haben.[379]

---

377 Burmeister/Greve, ZG 2019, S. 154 (161); Heun, in: Dreier, GG, Art. 3, Rn. 113; Morlok/Hobusch, DÖV 2019, S. 14 (18); Nussberger, in: Sachs, GG, Art. 3, Rn. 277; Papier/Heidebach, ZGR 2011, S. 305 (320 f.); Dies., DVBl 2015, S. 125 (129); Rüfner, in: FS für Stern, S. 1011 (1013); Sacksofsky, in: Umbach/Clemens, GG, Art. 3 Abs. 2 und 3, Rn. 355; von Ungern-Sternberg, JZ 2019, S. 525 (532) mwN; PBD LT Brandenburg, Gutachten, S. 14 ff.

378 BT-Drs. 12/6000, S. 50.

379 Limbach/Eckertz-Höfer, S. 240; sieh auch oben H. I. 1. b), Seite 131, a.E.

Bei der Frage nach der Rechtfertigung von Vorschriften, die ein bestimmtes Ergebnis vorgeben, spielen drei Gesichtspunkte eine Rolle: Zum einen geht es um die Frage der „umgekehrten Diskriminierung“, also der Frage, ob Fördermaßnahmen zu Gunsten des einen Geschlechts, das andere Geschlecht benachteiligen dürfen. Diese Frage wurde bereits diskutiert und beantwortet. Zweitens geht es um die Frage, der überschießenden Wirkung von Fördermaßnahmen, die nicht nur Benachteiligungen von Frauen beseitigen, sondern Gleichheit herstellen, wo Gleichheit auch ohne Diskriminierung nicht existieren würde. Diese Frage soll zunächst zurückgestellt und später diskutiert werden. Und schließlich geht es um die Frage der Qualifikation im Rahmen von Frauenfördermaßnahmen und wie man das Geschlecht einer Person im Verhältnis zu ihrer Qualifikation gewichtet.

Es ist davon auszugehen, dass bei der oben zitierten Äußerung der historische Verfassungsgeber in erster Linie die Besetzung der gewöhnlichen Ämter im öffentlichen Dienst im Blick gehabt hat[380], was sich aus dem Verweis auf die Bundes-, Landes- und kommunale Ebene und die dortige Frauenförderpolitik ergibt. Er wollte eine geschlechterparitätische Besetzung dieser Ämter um ihrer selbst willen und ohne Qualifikationsbezug ausschließen.[381] Dem entsprechend besteht auch im Bereich der Förderung von Frauen im öffentlichen Dienst weitgehend Einigkeit darüber, dass die Qualifikation einer Bewerberin bzw. eines Bewerbers vor dessen Geschlecht rangiert.[382]

Bei der Nominierung von Bundestagskandidatinnen und -kandidaten gibt es jedoch kein Qualifikationsprofil wie es dies im übrigen Arbeitsleben gibt. Mit Ausnahme von Mindestalter, Staatsangehörigkeit und Amtsfähigkeit gibt es kein Profil, das eine Person als Kandidatin bzw. Kandidat für den Bundestag qualifiziert.[383] Jeder und jede, der bzw. die diese wenigen Voraussetzungen erfüllt, kann sich um eine Kandidatur bewerben. Es gibt also im besonderen Fall der Quotierung von Kandidatinnen und Kandidaten für den Bundestag keine Qualifikation, an der man eine leistungsbezogene Quote anknüpfen könnte.[384] Wenn der Verfassungsgesetzgeber Wahlen nicht vom Anwendungsbereich des Art. 3 Abs. 2 Satz 2 GG ausnehmen wollte, wofür es keine Hinweise gibt und wofür nichts spricht (vgl. oben H. I. 1. b), Seite 131), sind starre Quoten

380 Heidebach, Stellungnahme, S. 9.

381 so Papier/Heidebach, ZGR 2011, S. 305 (321) zur Problematik eines fehlenden Qualifikationsprofils für Aufsichtsratsmitglieder.

382 Langenfeld, in: Maunz/Dürig, GG, Art. 3 Abs. 2, Rn. 96 (74. EL Mai 2015).

383 Rixen, in: Eckertz-Höfer/Schuler-Harms, S. 59 (67)

384 Vgl. Heidebach, Stellungnahme, S. 9.

alternativlos.[385] Leistungsbezogene Quoten sind im Anwendungsbereich von Wahlen nicht denkbar.

Eine derartige Auslegung von Art. 3 Abs. 2 Satz 2 GG wird auch vom Wortlaut der Vorschrift getragen. Zwar drücken die Verben *„fördern"* (der Durchsetzung der Gleichberechtigung) und *„hinwirken"* (auf die Beseitigung von Nachteilen) eine große Zurückhaltung des Verfassungsgesetzgebers bei der Formulierung des Verfassungsauftrags aus. Es wurde nicht verstärkt aktivisch formuliert, dass der Staat die Gleichberechtigung *„durchsetzt"* oder bestehende Nachteile *„beseitigt"*. Die Betonung liegt vielmehr auf dem *„fördern"* und *„hinwirken"*. Der Staat soll (lediglich) die Durchsetzung der Gleichberechtigung fördern und auf die Beseitigung von Nachteilen hinwirken. Hieraus lässt sich aber nicht ableiten, dass Maßnahmen, die im Hinblick auf die Gleichstellung von Männern und Frauen zu Ergebnisgleichheit führen, nicht vom Wortlaut umfasst werden.

Damit handelt es sich bei dem Muster-Quotengesetz im Ergebnis nur formal um eine starre Quote; materiell handelt es sich um eine Regelung zur Herstellung von Chancengleichheit. Die starre Quote ist Mittel zur Herstellung der Chancengleichheit.

4. Beseitigung tatsächlicher Diskriminierung

Die letzte Frage, die es für die Auslegung von Art. 3 Abs. 2 Satz 2 GG zu beantworten gilt, ist, wie weit die Begünstigung des unterrepräsentierten Geschlechts gehen darf.

Art. 3 Abs. 2 GG lautet: *„Männer und Frauen sind gleichberechtigt. Der Staat fördert die tatsächliche Durchsetzung der Gleichberechtigung von Frauen und Männern und wirkt auf die Beseitigung bestehender Nachteile hin."* Nach dem Wortlaut von Satz 2 setzt die *„Durchsetzung der Gleichberechtigung"* denklogisch voraus, dass es Gleichheit vor dem Recht für Männer und Frauen gibt, deren tatsächliche Umsetzung jedoch defizitär ist. Das bedeutet, dass durch Art. 3 Abs. 2 Satz 2 GG nur solche Maßnahmen gerechtfertigt werden können, die der Beseitigung bestehender faktischer Diskriminierung dienen, wie dies im zweiten Satzteil von Satz 2 beschrieben wird. Die beiden Satzteile

---

385 *„Entscheidet er sich für ein System, bei dem der Bürger starre Listen der Parteien wählt, ist eine gesetzliche Verpflichtung der Parteien zur Listenplatzvergabe im Reißverschlussverfahren zur Verwirklichung von Chancengleichheit der Frauen bei der Wahl notwendig und damit zulässig, wenn nicht sogar geboten"* Brosius-Gersdorf, Verfassungsblog vom 25. Februar 2019.

beschreiben also zwei Seiten derselben Medaille. Das heißt aber gleichzeitig, dass nach dem Wortlaut von Art. 3 Abs. 2 Satz 2 GG nur solche Maßnahmen gerechtfertigt werden können, soweit sie der Beseitigung faktischer Diskriminierung dienen. Sofern eine Maßnahme über die Beseitigung faktischer Diskriminierung hinausgeht, kann sie dem Wortlaut nach nicht durch Art. 3 Abs. 2 Satz 2 GG gerechtfertigt werden.[386] Eine Maßnahme, die dazu führt, dass eine Geschlechterparität von zum Beispiel 50 % hergestellt wird, wo keine Diskriminierung festzustellen ist, dient weder der Durchsetzung der Gleichberechtigung von Frauen und Männern, noch dient sie der Beseitigung bestehender Nachteile, die ja gerade nicht existieren. Gleiches gilt für die Fallgruppen, in denen zwar eine Diskriminierung festgestellt werden kann, aber auch ohne Diskriminierung eines Geschlechts keine fünfzig-prozentige Parität existieren würde. In diesem Fall könnte eine Maßnahme, die zu einer Geschlechterparität von 50 % führt, obwohl bei prognostiziertem Wegfall tatsächlich bestehender Diskriminierung nur eine Geschlechterparität von zum Beispiel 35 % zu 65 % bestehen würde, nicht durch Art. 3 Abs. 2 Satz 2 GG gerechtfertigt werden.

Dieses Wortlautverständnis entspricht auch dem Willen des historischen Gesetzgebers. Durch die Wortwahl sollte verhindert werden, dass der Staat in alle Bereiche gesellschaftlichen Lebens einwirken dürfe oder müsse.[387] Und so wird im Bericht der Gemeinsamen Verfassungskommission klargestellt: *„Es wäre eine Form sachlich ungerechtfertigten Dirigismus, wenn der Staat festlegen würde, dass in allen gesellschaftlichen Bereichen ein Anteil von 50 v. H. Frauen vorhanden sein müsste.“*[388] Demnach können durch Art. 3 Abs. 2 Satz 2 GG nur Maßnahmen gerechtfertigt sein, die auf die Beseitigung tatsächlicher Diskriminierung zielen. Darüberhinausgehende Maßnahmen sind nach dem Willen des historischen Gesetzgebers nicht durch Art. 3 Abs. 2 Satz 2 GG gerechtfertigt.

Im Ergebnis setzt Art. 3 Abs. 2 Satz 2 GG voraus, dass ein Geschlecht aufgrund einer Benachteiligung unterrepräsentiert ist. Die Förderpflicht geht deshalb nur so weit, wie die Benachteiligung reicht. Über Art. 3 Abs. 2 Satz 2 GG können also nur solche Fördermaßnahmen gerechtfertigt sein, die einen Zustand herzustellen beabsichtigten, der ohne die Benachteiligung bestehen würde.

386 Langenfeld, in: Maunz/Dürig, GG, Art. 3 Abs. 2, Rn. 100 (74. EL Mai 2015); Nussberger, in: Sachs, GG, Art. 3, Rn. 278; Kischel, in: BeckOK GG, Art. 3, Rn. 197.

387 BT-Drs. 12/6000, S. 50.

388 BT-Drs. 12/6000, S. 51.

Weil das Gleichbehandlungsgebot eine Benachteiligung des geförderten Geschlechts voraussetzt, sind Quotengesetze, die allein oder schwerpunktmäßig andere Ziele verfolgen als die Beseitigung struktureller Benachteiligung von Frauen, jedenfalls über Art. 3 Abs. 2 Satz 2 GG nicht zu rechtfertigen.

5. *Bezugsgröße für die Feststellung der tatsächlichen Diskriminierung*

Daran schließt sich nun die Frage an, anhand welcher Bezugsgröße die Unterrepräsentation der Frauen im Bundestag zum Zwecke der Rechtfertigung durch Art. 3 Abs. 2 Satz 2 GG zu bestimmen ist. Damit verbunden ist die Frage, an welcher Bezugsgröße sich der Frauenanteil im Bundestag orientieren würde, wenn man sich die beschriebene Benachteiligung hinwegdenken würde. Vorliegend kommen zwei Bezugsgrößen in Betracht, zum einen der Frauenanteil an der Bevölkerung (etwa 50 %) und zum anderen der Frauenanteil unter den Parteimitgliedern.

a) *Stand der Diskussion in der Literatur*

aa) *Bezugsgröße Bevölkerung*

Teilweise wird die Auffassung vertreten, dass als Bezugsgröße auf den Frauenanteil in der Bevölkerung abzustellen ist.[389] Sofern die Vertreter dieser Auffassung ihre Meinung überhaupt begründen[390], wird mit dem Demokratieprinzip und dem daraus abgeleiteten Grundsatz der Volkssouveränität argumentiert. Demokratie im Sinne von Volkssouveränität gemäß Art. 20 Abs. 2 Satz 1, 2 GG verlange die Ausübung aller Staatsgewalt durch das Volk durch Wahlen und Abstimmungen und durch besondere Organe der drei Staatsgewalten. Dahinter stehe die Idee, dass das Volk durch die Parlamentswahlen, darüber hinaus aber auch außerhalb der Wahlen, stets präsent bleiben soll, um die Staatsgewalten an den Willen der Bürgerinnen und Bürger rückzubinden. Um diese, nach der Rechtsprechung des Bundesverfassungsgerichts erforderliche Rückbindung

---

389 Brosius-Gersdorf, Verfassungsblog, 25. Februar 2019; Demir/Donau, Gutachten 2018, S. 30 ff.; Gassner/Neusüss/Viezens, Gutachten 2012; Laskowski, Gutachten 2014, S. 38 ff., 60; Meyer, NVwZ 2019, S. 1245 (1250); Wawzyniak, Stellungnahme Thüringen, S. 21 ff.; so wohl auch Wiechmann, GiP 4/2019, S. 21.

390 Dies tun nur Brosius-Gersdorf (sehr knapp), Laskowski und Wawzyniak. Letztere argumentiert vor allem gegen einen im Gesetzentwurf von Thüringen vorgesehenen Ausnahmetatbestand zur grundsätzlich vorgesehenen Parität, vgl. § 29 Abs. 5 Satz 2 bis 4 des Gesetzentwurfs Drs. 6/6964, die es den Parteien zu einfach mache, die grundsätzlich vorgesehene Parität einzuhalten.

der Staatsgewalten an den Volkswillen zu gewährleisten, bedürfe es des effektiven Einflusses der Bürgerinnen und Bürger auf die Gewaltausübung durch die staatlichen Organe. Die effektive politische Einflussnahme auf die Staatsgewalten sei allerdings historisch gewachsen bislang überwiegend nur einem Teil des Volkes möglich, nämlich dem männlichen, so dass die gebotene Spezifizierung der Volkssouveränität durch die Parteien defizitbehaftet sei. Daher komme entscheidendes Gewicht dem geschlechterdemokratischen Verhalten der Parteien (und Wählergemeinschaften) zu, insbesondere im Vorfeld der Wahl bei der Aufstellung der Kandidatinnen und Kandidaten. Auf den Frauenanteil oder Männeranteil der jeweiligen Partei komme es dabei nicht an. Denn angesichts der Aufgabe der Parteien, in der parlamentarischen Demokratie als „Transmitter" zwischen dem gesamten Wahlvolk und dem zu wählenden Parlament zu fungieren, sei die Bezugsgröße für alle Parteien immer das Wahlvolk – also alle wahlberechtigten Bürger und Bürgerinnen der Bundesrepublik Deutschland, unabhängig von deren Parteimitgliedschaft.[391] Für den Fall, dass man den Maßstab für die Repräsentation an der Mitgliederstruktur der Parteien anlege, könne man schlussfolgern, dass die Abgeordneten die Parteimitglieder repräsentierten und nicht die gesamte Bevölkerung, wie dies in Art. 38 Abs. 1 Satz 2 GG vorgesehen sei. Bezugsobjekt sei dann vielmehr die Partei.[392]

bb) Bezugsgröße Parteimitgliedschaft

Andere Stimmen in der Literatur vertreten die Auffassung, dass als Bezugsgröße für die Feststellung einer faktischen Benachteiligung der Frauen auf den Frauenanteil unter den Parteimitgliedern zurückzugreifen sei.[393] Sie verweisen darauf, dass die aussichtsreichen Kandidaten für Parlamente von den Parteien aufgestellt würden. Aus diesem Grund könne für die Feststellung einer faktischen Benachteiligung der Frauen als Bezugsgröße nicht auf die Gesamtbevölkerung zurückgegriffen werden, sondern es müsste die Geschlechterstruktur der Mitglieder der jeweiligen Partei herangezogen werden. Denn aus ihren Mitgliedern rekrutieren die Parteien ihre Kandidaten und die Rekrutierung und

391 Laskowski, Gutachten 2014, S. 38 ff., 60.

392 Wiechmann, GiP 4/2019, S. 21; Klafki, DÖV 2020, S. 856 (861).

393 Hierbei handelt es sich ausschließlich um Vertreter der Auffassung, dass einfachgesetzliche Quoten bereits an einer Anwendung von Art. 3 Abs. 2 Satz 2 GG scheitern, die Prüfung anhand von Art. 3 Abs. 2 Satz 2 GG jedoch hilfsweise fortsetzen: Morlok/Hobusch, DÖV 2019, S. 14 (18); PBD LT Brandenburg, Gutachten, S. 27 f.; WD LT Thüringen, Gutachten, S. 49.

Sozialisation politischer Führungskräfte sei gerade eine der typischen Parteifunktionen.

b) Stellungnahme

Referenz für die Feststellung, dass Frauen im Parlament unterrepräsentiert sind, ist der Frauenanteil an der Bevölkerung.

Es liegt auf der Hand, dass die Bestimmung der Referenz selbst nicht geschlechterdiskriminierend sein darf. Das wäre beispielsweise der Fall, wenn man in einer hierarchischen Führungsstruktur die Unterrepräsentation eines Geschlechts in einer bestimmten Führungsebene danach bestimmt, wie das Geschlechterverhältnis in der unmittelbar darunterliegenden Führungsebene ist. Denn wenn in der unmittelbar darunterliegenden Führungsebene der Geschlechteranteil diskriminierungsbedingt geringer ist als ohne Diskriminierung, bestünde die Gefahr, dass diese Diskriminierung in die nächsthöhere Führungsebene perpetuiert würde („Kaskade“).

Bei der Bestimmung, in welchen Bereichen im öffentlichen Dienst eine Unterrepräsentation vorliegt, soll der Geschlechteranteil der Führungsebene und des Eingangsamtes in Relation gesetzt werden. Liegt hier eine Abweichung der Geschlechter vor, liegt auf der Führungsebene eine Unterrepräsentation vor.[394] Das setzt aber voraus, dass nicht bereits beim Zugang zum Eingangsamt diskriminiert wird. Die Referenz ist also vor der vermuteten oder positiv festgestellten Diskriminierung zu verorten. Referenz und (tatsächliche) Diskriminierung können also nicht getrennt werden.

Für die vorliegende Frage bedeutet dies: Findet die tatsächliche Diskriminierung bereits beim Zugang zu den Parteien statt, dann ist auf den Frauenanteil in der Bevölkerung abzustellen; findet die tatsächliche Diskriminierung erst bei der Aufstellung der Kandidatinnen und Kandidaten statt, ist auf den Frauenanteil in den Parteien abzustellen. Denkbar ist auch, dass an beiden Stellen tatsächliche Diskriminierung vermutet wird oder positiv festgestellt werden kann.

Wenn man sich den Vorgang der Wahl zum Bundestag als Kaskade vorstellt, so kann man fünf Ebenen ausmachen.[395] Die Bevölkerung bzw. die Wahlberechtigten (Ebene 1), die Parteimitglieder (Ebene 2), die Bewerberinnen und Bewerber um eine Kandidatur (Ebene 3) die Wahl der Kandidatinnen und Kandidaten (Ebene 4) und schließlich die Abgeordneten (Ebene 5). Morlok/

394 Heidebach/Papier, DVBl. 2015, S. 125 (128) m.w.N.
395 Ähnlich Höhne, ZParl 1/2020, S. 105 (113 ff.).

Hobusch wollen unter Verweis auf den öffentlichen Dienst, die Parteimitgliedschaft mit dem Eingangsamt gleichstellen und dies als Referenz für die Bestimmung einer Unterrepräsentation in den Parlamenten nehmen. Sie begründen dies damit, dass die Parteien ihre Wahlkandidatinnen und -kandidaten aus den Parteimitgliedern auswählen.[396] Diese Auffassung übersieht, dass die faktische Diskriminierung der Frauen bereits beim Zugang zu den Parteien stattfindet.

In Teil 1 dieser Arbeit wurde herausgearbeitet, dass in Deutschland die Unterrepräsentation von Frauen im Bundestag weniger auf kulturelle Faktoren zurückzuführen ist, sondern wesentlich durch institutionelle und sozialstrukturelle Faktoren bestimmt wird. Dies ist zu einem erheblichen Maß auf die schlechten Rahmenbedingungen für ein ehrgeiziges politisches Engagement für familiengebundene Frauen zurückzuführen (vgl. oben Teil 1, B. II. 2. a), Seite 35). Die tatsächliche Diskriminierung findet demnach bereits auf Ebene 1 statt und wirkt sich an der Schnittstelle zu Ebene 2 aus, nämlich der Parteimitgliedschaft. Die schlechten Rahmendbedingungen für ein ehrgeiziges politisches Engagement schließen viele junge Frauen aus. Dies führt wiederum zu einem männlich dominierten Politikbetrieb, der Frauen, die grundsätzlich die Zeit für ein politisches Engagement hätten, von einer Parteimitgliedschaft abschreckt.[397]

Die Stimmen in der Literatur, die auf den Frauenanteil unter den Parteimitgliedern zurückgreifen wollen, weisen zwar zu Recht darauf hin, dass die aussichtsreichsten Kandidatinnen und Kandidaten für die Parlamente von den Parteien aufgestellt werden. Aber daraus folgt nicht, dass deshalb als Bezugsgröße der Frauenanteil unter den Parteimitgliedern heranzuziehen ist. Die Argumentation knüpft fälschlich an der Bedeutung der Parteien an, nicht aber – wie erforderlich – an der Frage, wo die mittelbare Diskriminierung stattfindet. Die überragende Bedeutung der Parteien für Wahlen ist gegebenenfalls im Rahmen der Ausgestaltung einer Quote, insbesondere deren Höhe zu diskutieren. Die Bedeutung der Parteien für die Wahl kann jedoch keine Auswirkungen auf die Frage haben, anhand welcher Bezugsgröße festzustellen ist, ob eine Unterrepräsentation eines Geschlechts vorliegt oder nicht. Es mag sein, dass auch auf den weiteren beschriebenen Ebenen auf dem Weg zu einem Bundestagsmandat tatsächlich diskriminiert wird.[398] Hierauf kommt es aber nicht mehr an, wenn bereits die Diskriminierung auf der ersten Ebene stattfindet.

---

396 Morlok/Hobusch, NVwZ 2019, S. 1734 (1737).

397 Vgl. hierzu instruktiv: Staib/Steppat, F.A.Z. (online), 17. März 2021.

398 Hierfür spricht, dass der Anteil der Frauen, die durch einen Sieg in einem Wahlkreis in den Bundestag einziehen, im Verhältnis zu dem Anteil der Frauen, die über

Bemerkenswert ist, dass vor allem jene Autoren auf die Parteimitgliedschaft bei der Feststellung der Referenz für die Unterrepräsentation abstellen wollen, die im Hinblick auf die Volkssouveränität einem monistischen Demokratieverständnis zuneigen, also Legitimationssubjekt auf das Volk als Ganzes abstellen[399] (vgl. oben G. III. 1. a), Seite 121). Hier zeigt sich ein deutlicher Widerspruch in der Argumentation. Wenn es darum geht, parteiinterne Positionen geschlechterparitätisch zu besetzen, mag es gerechtfertigt sein, auf den Frauenanteil unter den Parteimitgliedern abzustellen.[400] Bei Wahlen weisen die Parteien aber über sich selbst hinaus. Hier kommt ihre Schlüsselfunktion als Bindeglied zwischen Volk und Staatsorganen[401] in besonderer Weise zum Tragen. Nicht nur aus diesem Grund ist es richtig, bei der Bestimmung der Referenz für die Feststellung der Unterrepräsentanz auf den Frauenanteil in der Bevölkerung abzustellen. In Relation zur Bevölkerung sind die Frauen insgesamt – aber auch in fast allen Fraktionen – unterrepräsentiert (vgl. oben Teil 1, A. II., Seite 22).

6. *Tatsächliche Diskriminierung*

Schließlich ist noch zu prüfen, ob die festgestellte Unterrepräsentation der Frauen im Bundestag Folge einer tatsächlichen Diskriminierung ist.

In der Literatur wird dies teilweise bestritten oder bezweifelt.[402] Allerdings ziehen die Autoren als Referenz nicht den Frauenanteil in der Bevölkerung heran, sondern den Frauenanteil unter den Parteimitgliedern. In der Tat lag so gesehen über alle Fraktionen hinweg zu Beginn der 19. Legislaturperiode (Bundestagswahl 2017) keine Unterrepräsentation der Frauen vor, sondern sogar eine geringe Überrepräsentation.

---

die Landeslisten in den Bundestag einziehen, deutlich geringer ist (vgl. oben Teil 1, D. III. 3. a), Seite 60). Dies ist ein Indiz, dass bei der Aufstellung der Wahlkreiskandidatinnen diskriminiert wird.

399 Morlok/Hobusch, DÖV 2019, S. 14 (17): „[Das Grundgesetz] kennt nur den Abgeordneten, der frei von Weisungen nur seinem Gewissen unterworfen ist und mit den übrigen Abgeordneten gemeinsam das ganze Volk – und nicht nur Teile davon – repräsentiert."; PBD LT Brandenburg, Gutachten, S. 55, das den BayVerfGH zitiert, der – wie oben dargestellt, vgl. G. III. 2. a), Seite 124 – ein monistisches Demokratieverständnis vertritt.

400 Meyer, NVwZ 2019, S. 1245 (1250).

401 Klein, in: Maunz/Dürig, GG, Art. 21, Rn. 158 (64. EL Januar 2012).

402 Morlok/Hobusch, DÖV 2019, S. 14 (18); Dies. NVwZ 2019, S. 1734 (1737); Hahlen, in: Schreiber, BWahlG, 9. Auflage, § 27, Rn. 14.

	Mitglieder insgesamt: Stand: 31.12.2017	Frauen	Prozentual	Frauenanteil 19. WP
CDU	425.910	111.588	26,2	20,5
SPD	443.152	144.024	32,5	41,8
CSU	140.983	28.902	20,5	17,4
FDP	63.050	13.808	21,9	22,5
GRÜNE	65.065	25.896	39,8	58,2
LINKE	62.300	22.740	36,5	53,6
AfD	27.621	4.696	17,0	11,7
Gesamt	1.228.081	351.653	28,6	30,7

Anteil weiblicher Mitglieder ausgewählter Parteien[403]

Nach der hier vertretenen Auffassung, wonach auf den Frauenanteil an der Bevölkerung abzustellen ist (vgl. oben H. I. 5., Seite 143), stellt sich die Situation allerdings anders da. Eine Unterrepräsentation ist offensichtlich gegeben, auch wenn in zwei Fraktionen die Frauen gemessen an ihrem Anteil an der Bevölkerung überrepräsentiert sind.

Eine Unterrepräsentation ist allerdings nicht zwingend auf eine Diskriminierung zurückzuführen. Sie kann aber ein Indiz sein.[404] Der Schluss von der Unterrepräsentanz auf eine faktische Benachteiligung lässt sich bei Frauen aufgrund der langen Tradition struktureller Diskriminierungen im Arbeitsleben aber leichter führen als bei Männern.[405] Dies kann auf Frauen in der Politik übertragen werden, da auch hier die strukturelle Diskriminierung eine lange Tradition hat. Fraglich ist, ob dieser Schluss auch vorliegend zulässig ist.

Auf den ersten Blick könnte das zweifelhaft sein, denn bei den Fraktionen von BÜNDNIS 90/DIE GRÜNEN und DIE LINKE liegt der Frauenanteil in den Fraktionen über dem Frauenanteil in der Bevölkerung. Das spricht gegen eine Benachteiligung. Hinzu kommt, dass – wie oben dargelegt (vgl. Teil 1 B. II., Seite 32) – verschiedene Gründe für die Unterrepräsentation der Frauen im Bundestag angeführt werden. Allerdings darf nicht übersehen werden, dass BÜNDNIS 90/DIE GRÜNEN und DIE LINKE Parteien sind, die in ihren

403 Niedermayer, Parteimitglieder in Deutschland: Version 2020.

404 Heidebach, Stellungnahme, S. 8; Papier/Heidebach, ZGR 2011, S. 306 (318).

405 Schuler-Harms/Valentiner, Rechtsgutachten, S. 40; ähnlich Ebsen, Gutachten, Tz. 61; Ders. JZ 1989, S. 553.

Satzungen Frauenquoten verankert haben. Es liegt daher nahe, davon auszugehen, dass die positive Abweichung des Frauenanteils in den Fraktionen dieser Parteien im Verhältnis zur Anzahl der weiblichen Mitglieder die Tatsache grundsätzlich vorhandener Benachteiligung „verschleiert" und nicht widerlegt.

Faktische Nachteile für Frauen im Berufsleben erwachsen typischerweise aus struktureller Diskriminierung, der eine Vielzahl von Faktoren und deren Zusammenspiel zugrunde liegt. Die Benachteiligung geht über einzelne direkte oder mittelbare Diskriminierungen hinaus; sie ist unter anderem das Ergebnis der unterschiedlichen Bewertung von unbezahlter Sorgearbeit und bezahlter Erwerbsarbeit, und der Zuschreibung bestimmter Rollenstereotype.[406] Wie oben in Teil 1 der Arbeit dargestellt, liegen über die tatsächliche Unterrepräsentation von Frauen in der Politik hinaus eine Vielzahl von Indizien vor, die auf eine tatsächliche Diskriminierung der Frauen in der Politik hinweisen. Hinzu kommt, dass bei der Prüfung, ob eine tatsächliche Benachteiligung vorliegt, wie lange sie fortwirkt und welche Maßnahmen als Ausgleich in Betracht kommen, von einer gewissen Einschätzungsprärogative des Gesetzgebers auszugehen ist.

Unter Berücksichtigung dieser Einschätzungsprärogative und der in Teil 1 der Arbeit dargelegten Indizien kann von der Unterpräsentation der Frauen im Bundestag auf eine tatsächliche Benachteiligung geschlossen werden.

7. Verhältnismäßigkeit

Die mit dem Muster-Quotengesetz verbundenen Eingriffe müssten auch verhältnismäßig sein, also geeignet, erforderlich und angemessen. Die Kriterien der Geeignetheit, Erforderlichkeit und Angemessenheit stehen in einem Stufenverhältnis. Erweist sich eine Maßnahme bereits als nicht geeignet, so steht die Unverhältnismäßigkeit im weiteren Sinn bereits fest. Eine weitere Prüfung der Erforderlichkeit kann dann unterbleiben. Gleiches gilt für die Erforderlichkeit im Verhältnis zur Angemessenheit.[407] Auf der letzten Stufe der Angemessenheit wäre dann – wenn das Muster-Quotengesetz nicht bereits an der Geeignetheit und der Erforderlichkeit scheitert – der besondere Aspekt der Herstellung praktischer Konkordanz zu berücksichtigen, dass nämlich keine der berührten Verfassungspositionen gänzlich ausfällt.[408]

---

406 Schuler-Harms/Valentiner, Rechtsgutachten, S. 42.

407 Detterbeck, Rn. 309.

408 Hufen, Staatsrecht II, § 9, Rn. 31.

a) *Geeignet*

Geeignet ist eine staatliche Maßnahme, wenn mit ihrer Hilfe der angestrebte Zweck gefördert werden kann (Tauglichkeit).[409]

Zweck des Muster-Quotengesetzes ist es, den Frauenanteil im Bundestag zu erhöhen. Dieses Ziel wird mit dem Muster-Quotengesetz erreicht. Der Frauenanteil entspricht dem der Bevölkerung.

b) *Erforderlich*

Erforderlich ist eine staatliche Maßnahme, wenn kein anderes gleich geeignetes, aber weniger belastendes Mittel zur Verfügung steht (Wahl des mildesten Mittels).[410]

In diesem Zusammenhang wird diskutiert:

aa) *Offene Listen mit offenen Tandems in den Wahlbezirken*

Eine Maßnahme, den Frauenanteil zu erhöhen, ohne zu Lasten der Männer (umgekehrt-)diskriminierend zu wirken, könnte die Änderung des Wahlsystems hin von sog. „starren" Listen zu „offenen" Listen sein (vgl. zu den starren Listen oben G. I. 6. b) aa) (1), Seite 108). Im Gegensatz zu starren Listen enthalten offene Listen lediglich einen Vorschlag der Reihenfolge durch die nominierenden Parteien. Die Wähler haben jedoch die Möglichkeit, durch Streichen von Kandidaten von den Listen von ihnen favorisierte Kandidaten auf vordere Listenplätzte zu wählen und ihre Chance zu erhöhen, gewählt zu werden. Dies könnte man mit offenen Tandems in den Wahlbezirken kombinieren. Dazu würden die Parteien verpflichtet, in den Wahlkreisen Geschlechtertandems zu nominieren, die sich jedoch dann nicht – wie im Muster-Quotengesetz vorgesehen – gemeinsam zur Wahl stellen, sondern alternativ. Das heißt, die Wähler geben ihre Stimme einem Kandidaten oder einer Kandidatin einer von ihnen bevorzugten Partei.[411]

Eine solche Maßnahme wäre zwar insgesamt weniger eingriffsintensiv. Mit offenen Listen wären keine Eingriffe in grundgesetzlich geschützt Rechte verbunden; hinsichtlich der Wahlkreistandems bliebe es jedoch bei den oben dargestellten Eingriffen.[412] Sie wären aber auch nicht im gleichen Maße geeignet,

---

409 Vosskuhle, JuS 2007, S. 429 (430).

410 Vosskuhle, JuS 2007, S. 429 (430).

411 Brosius Gersdorf, Verfassungsblog 25. Februar 2019; Claasen, ZRP 2021, S. 50 (52).

412 A.A. Claasen, ZRP 2021, S. 50 (52), der allerdings die Möglichkeit von Geschlechtertandem den Parteien nur als Optionen anbieten möchte.

zur Parität im Bundestag beizutragen wie das Muster-Quotengesetz.[413] Offene Listen sind wie oben dargelegt (vgl. Teil 1 B. II. 1. b), Seite 33) nicht geeignet, den Frauenanteil nennenswert zu erhöhen. Daher ist auch hinsichtlich offener Wahlkreistandems nicht davon auszugehen, dass diese tatsächlich zu einer nennenswerten Steigerung des Frauenanteils in den Parlamenten führen.

bb) Einflussnahme über Parteienfinanzierung

Auch ist eine Einflussnahme über die Parteienfinanzierung nach französischem Vorbild denkbar.[414] Danach werden Listen, die nicht geschlechterparitätisch besetzt sind, nicht zurückgewiesen, sondern die einreichenden Parteien werden durch Abstriche im Rahmen der staatlichen Parteienfinanzierung sanktioniert. Dies führt – unabhängig von der Frage der verfassungsrechtlichen Zulässigkeit – jedenfalls nicht mit der gleichen Sicherheit zum Erfolg, wie das Beispiel in Frankreich zeigt. Ebenso wie in Frankreich drohen finanzstarke Parteien sich eine geschlechterunabhängige Kandidatenaufstellung zu erkaufen.[415]

Das Muster-Quotengesetz ist somit im Ergebnis auch erforderlich. Eine gleich geeignete aber weniger belastende Maßnahme als das Muster-Quotengesetz steht nicht zur Verfügung.

c) Angemessen

Angemessen ist eine Maßnahme, wenn die den Einzelnen treffende Belastung nicht außer Verhältnis zu dem verfolgten Zweck und den dabei erstrebten Vorteilen für die Allgemeinheit steht. Erforderlich ist hierbei eine Gesamtabwägung zwischen den Auswirkungen für den Betroffenen einerseits und den entgegenstehenden öffentlichen Interessen andererseits.[416] Gegenüberzustellen ist einerseits das Ausmaß des angestrebten Nutzens für die geförderten Belange und andererseits das Gewicht der Verkürzung der beeinträchtigten Rechtspositionen einschließlich aller erkennbaren Konsequenzen und etwaiger

---

413 PBD LT Brandenburg, Gutachten, S. 31 f.; WD LT Thüringen, Gutachten, S. 55; ebenso Brosius-Gersdorf, Verfassungsblog vom 25. Februar 2019, die die Frage, ob der Gesetzgeber sich für offene oder starre Listen entscheidet, der Entscheidung über das grundsätzliche anzuwendende Wahlsystem gemäß Art. 38 Abs. 3 GG zuordnen will; a.A. Morlok/Hobusch, DÖV 2019, S. 14 (19), die ohne nähere Begründung behaupten, offene Listen seien im Verhältnis zu starren Quoten gleich geeignet.

414 Ebsen, JZ 1989, S. 553 (558 f.).

415 Gassner/Neusüss/Viezens, Gutachten 2012, S. 17; im Ergebnis ebenso Morlok/Hobusch, Stellungnahme Brandenburg, S. 11.

416 Vosskuhle, JuS 2007, S. 429 (430).

Kompensationen.[417] Verkürzt gesagt geht es somit um die Angemessenheit der Zweck-Mittel-Relation.

Abstrakt stehen sich vorliegend einerseits das Gleichberechtigungsgebot aus Art. 3 Abs. 2 Satz 2 GG und andererseits die Wahlrechtsgrundsätze des Art. 38 Abs. 1 Satz 1 GG, die Parteienfreiheit des Art. 21 GG und das Diskriminierungsverbot des Art. 3 Abs. 3 GG gegenüber. Mit der Beschränkung der Wahlrechtsgrundsätze der Allgemeinheit der Wahl, der Gleichheit der Wahl und der Freiheit der Wahl sind durch das Muster-Quotengesetz zentrale Grundprinzipien der Demokratie betroffen, die über Art. 79 Abs. 3 GG besonderen Schutz genießen. Damit unterscheidet sich die gesetzliche Quote bei Wahlen von dem „Grundfall" kompensatorischer Diskriminierung, bei dem das individuelle Recht auf Gleichbehandlung einzelner Mitglieder einer insgesamt privilegierten Gruppe zugunsten der Förderung der insgesamt benachteiligten Gruppe beeinträchtigt wird. Denn neben dem Diskriminierungsverbot sind noch die Wahlgrundsätze und die Parteienfreiheit betroffen.[418] Die Nähe von einem Teil der betroffenen Grundrechtspositionen zu Art. 79 Abs. 3 GG spricht dafür, dass Art. 38 Abs. 1 Satz 1 GG, Art. 21 GG sowie Art. 3 Abs. 3 GG abstrakt überwiegen.[419] Da bei der Grundrechtskollision auf beiden Seiten das Grundrecht der Gleichheit – einmal in der Ausformung als Differenzierungsverbot, einmal in der Ausformung des Gleichberechtigungsgebots – zum Ausgleich zu bringen ist, hilft nicht weiter, wenn in der juristischen Literatur[420] auf den engen Zusammenhang des Gleichberechtigungsgebots mit dem allgemeinen Persönlichkeitsrecht aus Art. 2 Abs. 1, Art. 1 Abs. 1 GG und dem Grundsatz der Menschenwürde Art. 1 Abs. 1 GG verwiesen wird, da dies gleichermaßen für das Diskriminierungsverbot gilt. Schließlich wird ein Individualgrundrecht des Einzelnen beschränkt, um so eine abstrakt gehaltene Staatszielbestimmung zu erreichen.[421]

Konkret ist zu berücksichtigen, dass der Grad der Zweckerreichung, die mit dem Muster-Quotengesetz verbunden ist, hoch ist, denn der Zweck tritt sofort messbar ein. Gleichzeitig sind aber auch die Auswirkungen auf die männlichen Bewerber spürbar. Als umgekehrt-diskriminierende Maßnahme besitzt das Muster-Quotengesetz eine Eingriffsintensität. Auch wenn Männer nicht

---

417 Sachs, in: Sachs, GG, Art. 20, Rn. 154.
418 Ebsen, JZ 1989, S. 553 (557).
419 Sachs, in: Sachs, GG, Art. 20, Rn. 157.
420 Laskowski, Gutachten 2014, S. 61.
421 Gröpl/Becker/Heck, Jus 2020, S. 961 (965).

vollständig aus dem Nominierungsprozess ausgeschlossen sind, was einer maximalen Eingriffsintensität entsprechen würde, steht jedoch die Hälfte der zu vergebenden Kandidatenplätze nicht mehr zur Verfügung. Allerdings gilt dies rechnerisch auch für die Frauen; auch ihnen stehen einzeln nur eine bestimmte Anzahl der Kandidatenplätze zur Verfügung, wohingegen zuvor jeder einzelnen Person – theoretisch – jeweils 100 % offenstanden.

Für das Muster-Quotengesetz spricht nach alledem, dass die strukturelle Benachteiligung von Frauen im Bereich der Wahlen zum Bundestag sofort beseitigt wird. Mit einer klaren Sanktion bei Verstößen garantiert das Muster-Quotengesetz den Erfolg, der mit dem Gesetz verfolgt wird. Zudem ist zu erwarten, dass die Erhöhung des Frauenanteils zu einem höheren Wettbewerb qualifizierten Führungspersonals um politische Spitzenämter führt. Eine parlamentarische Karriere ist häufig ein Sprungbrett in politische Führungskader. Es ist zu erwarten, dass sich die Qualität des politischen Führungspersonals verbessert. Weiter lässt sich anführen, dass Ungleichheiten im Bereich der demokratischen Willensbildung besonders sensibel sind. Sie sind in besonderem Maße geeignet, die strukturelle Benachteiligung zu vertiefen.[422] Damit kommt der Vorbildfunktion, die weibliche Bundestagsabgeordnete für Bürgerinnen haben, sich gesellschaftlich, insbesondere sich politisch zu engagieren und weibliche Parteimitglieder zu ermutigen, verstärkt in ihrer Partei Verantwortung zu übernehmen, große Bedeutung zu. Zudem steht der individuellen Beeinträchtigung des Einzelnen ein erheblicher Mehrwert bei der gewünschten Gleichberechtigung gegenüber.

Gegen das Muster-Quotengesetz spricht, dass mit der Verkürzung der Wahlrechtsgleichheit und Wahlfreiheit für das demokratische System grundlegende Regelungen verkürzt werden.[423] Die Wahlrechtsgrundsätze sollen gerade das Wahlrecht vor staatlicher Einflussnahme schützen und dafür sorgen, dass der Volkswille im Parlament abgebildet wird.[424]

Weiter zu berücksichtigen ist, dass kleinere, personell schwächer ausgestattete Parteien von dem Muster-Quotengesetz ungleich härter betroffen sind als große Parteien (siehe oben, G. II. 2. a), Seite 116). Vor dem Hintergrund bereits bestehender hoher Hürden für kleine Parteien wie z.B. der Sperrklausel, muss der Gesetzgeber mit weiteren Beschränkungen besonders behutsam umgehen, um nicht das Erstarken neuer Parteien zusätzlich zu erschweren[425]. Für den

422 Morlok/Hobusch, Stellungnahme Brandenburg, S. 11.
423 Morlok/Hobusch, DÖV 2019, S. 14 (19 f.); Ebsen, JZ 1989, S. 553 (557).
424 Morlok/Hobusch, Stellungnahme Brandenburg, S. 12; Ebsen, JZ 1989, S. 553 (557).
425 Morlok/Hobusch, Stellungnahme Brandenburg, S. 13.

Fall, dass Parteien die Paritätsanforderungen nicht erfüllen können, bedarf es daher einer Öffnung.[426] Der Gesetzgeber darf nichts Unmögliches verlangen.

Fraglich ist, wie eine solche Ausnahmeregelung aussehen könnte.

- Es wäre daran zu denken, Parteien, die die Paritätsregeln nicht einhalten, zu verpflichten zu begründen, warum sie die Regeln nicht einhalten konnten und zu beschreiben, welche Maßnahmen sie unternommen haben, um die Regeln einzuhalten.[427] Fraglich ist, an welchem Maßstab die Belastbarkeit einer derartigen Begründung zu messen ist und welche Behörde oder welches Gremium sie überprüft. Zu denken wäre zum Beispiel an den Wahlleiter. Eine gesetzliche Regelung, die eine solche Begründungspflicht ausformt, führt unweigerlich zu unbestimmten Rechtsbegriffen. Grundsätzlich sind unbestimmte Rechtsbegriffe auch im Wahlrecht erlaubt. Allerdings droht im konkreten Fall die Entscheidung über die Validität der Begründung und damit der Zulassung zur Wahl auf die Exekutive geschoben zu werden, obwohl die Entscheidung darüber aufgrund der Bedeutung des Wahlrechts von dem Gesetzgeber selbst getroffen werden sollte.[428] Vor diesem Hintergrund ist eine solche Erklärung als Ausnahmeregelung verfassungsrechtlich fraglich und daher nicht geeignet die aufgezeigten Probleme zu lösen.
- In Betracht kommt eine zeitliche Übergangsregelung von zum Beispiel zwei oder drei Wahlperioden, so dass sich die Parteien auf die Parität einrichten können und um geeignetes Personal werben können. Da viele Parteien aber häufig bereits über Jahre hinweg wenige Mitglieder haben, ist nicht ersichtlich, wie ihnen auch über einen längeren Zeitraum gelingen sollte,

---

426 WD BT, Geschlechterparität bei Wahlen nach französischem und tunesischem Vorbild, S. 8; Laskowski, Gutachten 2014, S. 62; Lange, NJW 1988, S. 1174 (1182 f.); Schuler-Harms/Valentiner, Rechtsgutachten, S. 80; a.A. Meyer, NVwZ 2019, S. 1245 (1249), der meint, dass die Parteien bereits *„mehr als zwanzig Jahre Zeit hatten, sich darauf [die Parität] einzustellen.“*

427 Vgl. zu einer ähnlichen Regelung § 12 Landesgleichstellungsgesetz Nordrhein-Westfalen vom 9. November 1999, zuletzt geändert durch Artikel 1 des Gesetzes vom 6. Dezember 2016 (GV. NRW. S. 1052), der eine Frauen-Mindestquote von 40 % für alle möglichen Landesgremien vorsieht. Ist der entsendenden Stelle die Einhaltung der Mindestquote aus tatsächlichen Gründen nicht möglich, ist von der entsendenden Stelle darzulegen, dass hinreichende Bemühungen getroffen wurden, um die Mindestquote zu erfüllen. Die Dienststellenleitung der berufenden Stelle stellt fest, ob zwingende Gründe vorliegen, um einen Sitz abweichend zu besetzen und macht ihre Entscheidung aktenkundig.

428 Felten, DÖV 2013, S. 466 (472); Strelen, in: Schreiber, BWahlG, § 12, Rn. 26.

ihr Personal aufzustocken, unter Umständen insbesondere im Hinblick auf ein bestimmtes Geschlecht, um bei Wahlen die Anforderungen des Muster-Quotengesetzes zu erfüllen. Im Ergebnis scheint daher auch diese Ausnahmeregelung nicht hinreichend wirksam, die für kleine Parteien mit dem Muster-Quotengesetz verbundenen Härten abzumildern.

- Weiter ist daran zu denken, den Frauenanteil an der Geschlechterquote abzusenken. Entweder könnte man sie für alle Parteien absenken, z.B. auf 40 %. Man könnte sie aber auch individuell für jede Partei absenken, z.B. entsprechend ihrem individuellen Frauenanteil unter den Parteimitgliedern. Schließlich könnte man die Quote aber auch staffeln und von der Größe der Partei und der Anzahl ihrer weiblichen Mitglieder abhängig machen (Staffelquote). Zum Beispiel könnte man Parteien mit mehr als 25.000 weiblichen Mitgliedern, zur Parität verpflichten, Parteien zwischen 15.000 bis 25.000 weiblichen Mitgliedern zu einer Frauenquote von 40 % und Parteien mit unter 15.000 weiblichen Mitglieder zu einer Frauenquote von 30 %. Kleinstparteien sind von der Geschlechterquote ganz zu befreien.

  Der Staffelquote liegt der Gedanke zugrunde, dass große Parteien unabhängig von ihrem prozentualen Frauenanteil in der Lage sind, den Bundestag paritätisch zu besetzen. Ab einer bestimmten Mitgliederstärke mit einer bestimmten Anzahl an weiblichen Mitgliedern bereitet es einer Partei keine Schwierigkeiten, ihre Kandidatinnen und Kandidaten für die Bundestagswahl paritätisch aufzustellen, unabhängig davon, wie hoch der Frauenanteil prozentual an der Gesamtmitgliederzahl ist. Wie oben dargelegt wurde (vgl. oben Teil 1 B. II. 2. a) aa), Seite 37), ist die Anzahl der Wahlkandidatinnen und -kandidaten einer jeden Partei bei Bundestagswahlen relativ gering. Vor diesem Hintergrund ist davon auszugehen, dass Parteien mit einer absolut hohen Anzahl an Frauen unter den Parteimitgliedern ohne Gefährdung ihres Parteienstatus in der Lage sind, eine 50-prozentige Frauenquote einzuhalten. Wo der „negative Kipppunkt" verläuft und wie die Staffel auszugestalten ist, damit sie die Parteien angemessen belastet, ist empirisch und/oder mathematisch zu ermitteln und kann in der vorliegenden Arbeit, die sich den rechtlichen Problemen einer Geschlechterquote bei Bundestagswahlen widmet, nicht festgelegt werden.

  Es stellt sich die Frage, wie wirkungsvoll eine abgesenkte Quote noch ist. Führt eine solche Quote noch zu einer Anhebung des Frauenanteils im Bundestag? Die Wirkung einer für alle Parteien einheitlich abgesenkten Quote lässt sich leicht feststellen. Für die partei-individuell abgesenkte Quote (Frauenanteil unter den Mitgliedern) und die Staffelquote enthält folgende Tabelle eine Antwort. Ausgangspunkt des Vergleichs ist der Frauenanteil zu

Beginn der 19. Wahlperiode aufgrund des Wahlergebnisses der Bundestagswahl 2017:

	Sitzvert. 19. WP	Frauen im BT	Staffelung			Frauenanteil Parteien		
				Frauen im BT bei			Frauen im BT bei	
				fester Quote	Mindestquote		fester Quote	Mindestquote
CDU	200	41	50 %	100	100	26,1 %	52	52
SPD	153	64	50 %	77	77	32,2 %	50	64
CSU	46	8	50 %	23	23	20,3 %	9	9
FDP	80	18	30 %	24	24	22,6 %	18	18
GRÜNE	67	39	50 %	34	39	39,0 %	26	39
DIE LINKE	69	37	40 %	28	35	36,9 %	25	35
AfD	94	11	30 %	28	28	16,0 %	15	16
Sitze BT	709	218		313	328		187	235
Frauenquote		30,7 %		44,1 %	46,0 %		27,6 %	32,9 %

Aus dem linken Block ergeben sich die Sitzverteilung im Bundestag nach Parteien und die Zahl der weiblichen Abgeordneten der jeweiligen Partei nach dem wahlrechtlichen Status quo. Der mittlere Block zeigt in der linken Spalte die auf die jeweilige Partei entfallende vorgeschlagene Staffelquote entsprechend der Größe des Frauenanteils unter den Parteimitgliedern (vgl. oben Teil 1 B. II. 2. a) aa), Seite 37). Der mittleren Spalte ist die dann auf die jeweilige Partei entfallende Zahl an weiblichen Abgeordneten zu entnehmen, sofern es sich um eine feste Quote handelt und der rechten Spalte, wenn es sich um eine Mindestquote handelt. Eine Mindestquote bedeutet im hiesigen Kontext, dass den Parteien, die eine Frauenquote von unter 50 % erfüllen müssen, erlaubt wird, ihre Quote bis zu 50 % überzuerfüllen. So hatte DIE LINKE zu Beginn der 19. Wahlperiode unter ihren Abgeordneten einen Frauenanteil von 53,6 %, müsste nach der Staffelquote aber nur eine Quote von 40 % erfüllen. Im rechten Block sind in der linken Spalte die Frauenanteile unter den Parteimitgliedern dargestellt, gefolgt von der Zahl der weiblichen Bundestagsabgeordneten unter Berücksichtigung einer festen Quote und einer Mindestquote.

Die Tabelle zeigt, dass eine Staffelquote sehr wirksam ist, wohingegen eine Absenkung der Quote unter Berücksichtigung des Frauenanteils der Parteien im Ergebnis keine bzw. nur eine geringfügige Verbesserung bringt, wenn man sie als Mindestquote ausgestaltet. Vor diesem Hintergrund ist die Lösung der Herabsetzung des Frauenanteils als Staffelquote zu favorisieren. Eine Absenkung der Quote – egal wie man sie ausgestaltet – ist bei dem derzeitigen personalisierten Verhältniswahlrecht allerdings technisch gesehen problematisch. Bei der Tandemlösung des Muster-Quotengesetzes müssten einige Wahlkreise von der Pflicht zur Tandembildung entbunden werden. Aber welche sollen das sein? Wie sollen sie ausgewählt werden? Auch die Aufstellung der Listenkandidatinnen und -kandidaten stößt an ihre Grenzen. Ein Beispiel zur individuellen Geschlechterquote gemessen an der Anzahl der weiblichen Mitglieder einer Partei: Man stelle sich die A-Partei vor, die ein Frauenanteil von 35 % hat. Bei einem Frauenanteil von 35 % kann dieser auf einer Liste nur bei einer Gruppe von 20 Personen exakt widergespiegelt werden (7 Frauen und 13 Männer). Damit auch nach der Wahl die A-Partei einen Frauenanteil von 35 % im Parlament aufweist, müssten zudem alle 20 Personen gewählt werden, andernfalls stimmt die Quote unter den Abgeordneten nicht mehr. Insoweit eine abstrakte Regelung zu finden, die alle Einzelfälle berücksichtigt, ist aussichtslos.

- In Betracht zu ziehen ist weiter, die Paritätsregelungen nur auf die Wahllisten anzuwenden – ggf. verbunden mit einer abgesenkten Quote von 40 %. Dies würde zwar einige der soeben dargestellten Probleme lösen, würde aber gleichzeitig zu neuen Problemen führen. Denn eine Paritätsregelung, die nur die Aufstellung von Listenkandidatinnen und -kandidaten betrifft, wirkt sich unterschiedlich auf die Parteien aus und belastet sie auch unterschiedlich im Hinblick auf die Aufstellung der Wahllisten (vgl. oben Teil 1, D. III. 4., Seite 71). Denn wenn eine Partei damit rechnen kann, viele Wahlkreise zu gewinnen, dann kann sie ihre Liste deutlich kürzer gestalten und ist weniger gezwungen, Kandidatinnen aufzustellen als solche Parteien, die damit rechnen müssen, wenige oder gar keine Wahlkreise zu gewinnen.

Aufgrund der dargelegten Gründe wird zur Herbeiführung der Angemessenheit des Muster-Quotengesetzes die Lösung einer Staffelquote favorisiert.

Fraglich ist, welche Konsequenzen man aus den Schwierigkeiten zieht, die mit einer Absenkung der Quote verbunden sind.

Das Muster-Quotengesetz beschränkt zentrale Grundprinzipien der Demokratie. Ein Quotengesetz, dass kleine Parteien mehr belastet als große und kleine Parteien unter Umständen zur Auflösung zwingt, kann nicht als verhältnismäßig betrachtet werden. Wichtige vom Grundgesetz geschützte Positionen, insbesondere die Parteienfreiheit, würden so im Rahmen der praktischen Konkordanz keine Berücksichtigung finden. Das personalisierte

Verhältniswahlrecht deutscher Prägung ist daher nicht geeignet, eine Geschlechterquote einzuführen, ohne in unverhältnismäßiger Art und Weise in zentrale Grundprinzipien der Demokratie einzugreifen und diese zu verletzen.

Die Lösung liegt in einer Änderung des Wahlsystems vom personalisierten Verhältniswahlrecht zum reinen Verhältniswahlrecht in Verbindung mit einer Herabsetzung der Quote. Wie bereits in Teil 1 dargestellt, sind Geschlechterquoten bei einem Mehrheitswahlsystem deutlich schwieriger zu implementieren als im Verhältniswahlrecht. Im reinen Verhältniswahlrecht lassen sie sich einfacherer implementieren (vgl. oben Teil 1, D. III. 2. a) und b), Seite 57) und unter Umständen individualisieren[429].

Bei der Bestimmung der Quote muss die „Paritätsfähigkeit" der Parteien im Hinblick auf Mitgliederzahl und Frauenanteil berücksichtigt werden. Dabei ist eine Typisierung notwendig, je nach Größe der Partei und dem Geschlechterverhältnis der Mitglieder. Die genaue Ausgestaltung würde den Rahmen einer juristischen Arbeit sprengen und muss einem Statistiker vorbehalten bleiben.

Die Absenkung der Quote würde – legt man die vorgeschlagene Staffelung zugrunde – im Ergebnis trotzdem zu einem annährend paritätisch besetzten Bundestag führen, da die im Bundestag vertretenen Parteien bereits eine gewisse Größe haben, so dass ihnen unter dem Gesichtspunkt der Verhältnismäßigkeit hohe Quoten zugemutet werden können.

8. *Zeitliche Dimension*

Fördermaßnahmen, die das Gleichstellungsgebot des Art. 3 Abs. 2 Satz 2 GG umsetzen, sind in zeitlicher Hinsicht am Ziel der materiellen Chancengleichheit auszurichten. Eine Quote bei Bundestagswahlen dient dazu, die faktische Benachteiligung von Frauen bei Wahlen zum Bundestag zu beseitigen. Ist dieses Ziel erreicht, ist also ein bestimmter Frauenanteil im Bundestag nicht mehr auf die strukturelle Benachteiligung von Frauen zurückzuführen, ist das Quotengesetz wieder aufzuheben.[430] Frauenfördermaßnahmen sind aus ihrer Natur heraus also nur vorübergehend zulässig. Das hat zur Folge, dass das Quotengesetz regelmäßig zu evaluieren ist. Auch ist an eine Befristung zu denken, diese

---

429 Höhne, APuZ 38/2020, S. 32 (36).

430 Vgl. auch Art. 4 Abs. 1 CEDAW (zu Einzelheiten zu CEDAW siehe unten Teil 3, E. VIII. 2, Seite 221).

ist jedoch nicht zwingend, wenn z.B. in der Gesetzesbegründung das gesetzgeberische Ziel hinreichend deutlich wird.[431]

9. *Zwischenergebnis*

Über Art. 3 Abs. 2 Satz 2 GG können die mit einem Quotengesetz für Wahlen verbundenen Beschränkungen verfassungsrechtlich verbürgter Positionen gerechtfertigt werden. Entscheidend kommt es jedoch auf die Quote an. Diese muss unter dem Gesichtspunkt der Verhältnismäßigkeit so gewählt werden, dass die Parteien nicht übermäßig belastet werden und zu „ersticken" drohen oder sich keine neuen Parteien mehr gründen. Erforderlich ist daher eine Absenkung der Quote. Dies lässt sich allerdings im Rahmen des derzeit geltenden personalisierten Verhältniswahlsystems nicht realisieren, ohne dass es zu weiteren Belastungen kommt, weshalb das Wahlsystem zu einem reinen Verhältniswahlsystem geändert werden müsste, um ein Quotengesetz bei Wahlen zum Deutschen Bundestag rechtmäßig zu implementieren.

II. Zwingender Grund, Art. 38 GG

Als Rechtfertigung für das Muster-Quotengesetz kommt weiter der ungeschriebene Rechtfertigungsgrund des *„zwingenden Grunds"* in Betracht, den das Bundesverfassungsgericht für Eingriffe in die Wahlrechtsgrundsätze des Art. 38 GG entwickelt hat und der nach eingeführter und nicht ernstlich strittiger Verfassungsdogmatik allgemein anerkannt ist.

1. *Rechtsprechung des Bundesverfassungsgerichts zur Beschränkung der Wahlrechtsgrundsätze*

Es gibt eine Vielzahl von Entscheidungen, in denen sich das Bundesverfassungsgericht mit Beschränkungen der Wahlrechtsgrundsätze des Art. 38 GG durch die Ausgestaltung des Wahlrechts auseinandersetzt. Im Folgenden soll diese Rechtsprechung in einem Überblick dargestellt werden, um anschließend den Prüfungsmaßstab zu beschreiben, an dem eine gesetzlich geregelte Geschlechterquote zu messen ist.

a) Sperrklauseln

Eine Sperrklausel bei einer Verhältniswahl macht den Einzug einer Partei in das Parlament von dem Erreichen einer bestimmten Anzahl von Stimmen bzw.

---

431 Ausführlich Schuler-Harms/Valentiner, Rechtsgutachten, S. 92.

von einem bestimmten Prozentsatz der abgegebenen Stimmen abhängig. Es soll verhindert werden, dass zu viele kleine Parteien in einem Parlament vertreten sind und es so zu einer Zersplitterung des Parlaments kommt. Gemäß § 6 Abs. 3 Satz 1 BWahlG werden bei der Verteilung der Sitze auf die Landeslisten nur Parteien berücksichtigt, die mindestens fünf Prozent der im Wahlgebiet abgegebenen gültigen Zweitstimmen erhalten haben. Das Bundesverfassungsgericht wurde seit seiner Gründung im Jahr 1951 immer wieder mit der Frage konfrontiert, ob solche Sperrklauseln bei einer Verhältniswahl mit dem Grundsatz der Gleichheit der Wahl vereinbar sind.[432]

Nach der Rechtsprechung des Bundesverfassungsgerichts ist eine Wahl gleich, wenn alle Wahlberechtigten das aktive und passive Wahlrecht möglichst in formal gleicher Weise ausüben können.[433] Bei der Ausübung des aktiven Wahlrechts unterscheidet das Bundesverfassungsgericht zwischen dem Zählwert und dem Erfolgswert einer Stimme. Der Zählwert spielt eine Rolle bei der Feststellung, wie viele Stimmen ein Kandidat, eine Kandidatin oder bei der Verhältniswahl eine Partei auf sich vereinigen kann. Bei einer gleichen Wahl ist der Zählwert jeder Stimme „1". Der Erfolgswert spielt bei der Mandatsverteilung eine Rolle. Dabei geht es um die Frage, ob eine Stimme bei dem Kandidaten oder der Kandidatin bzw. der Partei dazu führt, dass sie in dem zu wählenden Gremium ein Mandat erhält. Im Regelfall, wenn mehr Kandidaten zur Wahl stehen als Mandate zu vergeben sind, ist der Erfolgswert einer Stimme nicht gleich dem Zählwert. Sind zehn Mandate zu vergeben, dann führen die Stimmen, die der elfte Kandidat oder die elfte Kandidatin erhält, nicht mehr zum Erfolg; sie verhelfen dem Kandidaten bzw. der Kandidatin nicht in das zu wählende Gremium. Durch eine Sperrklausel wird die Situation verschärft. Bei der Bundestagswahl 2013 wurden 43,7 Millionen gültige Zweitstimmen abgegeben. Davon blieben insgesamt 6,8 Millionen Zweitstimmen (knapp 16 %) unberücksichtigt. Sie führten nicht zu Mandaten der gewählten Parteien. Dies lag zu einem erheblichen Anteil an der Sperrklausel: So ist zum Beispiel die FDP mit 4,8 % nur knapp an der Sperrklausel gescheitert. Damit hatten gut zwei Millionen Stimmen keinen Erfolg. Ähnliches galt für die AfD. Sie erreichte einen

---

432 Die erste Entscheidung stammt vom 5. April 1952 (BVerfGE 1, 208) und eine Vielzahl von Entscheidungen folgten. Zuletzt erging eine Entscheidung am 26. Februar 2014 zur Drei-Prozent-Sperrklausel im Europawahlgesetz (BVerfGE 135, 259).

433 BVerfGE 129, 300 (juris-Tz. 78); 124, 1 (juris-Tz. 78); 121, 266 (juris-Tz. 91); 85, 148 (juris-Tz. 31).

Stimmenanteil von 4,7 %. Auch hier blieben gut zwei Millionen Stimmen ohne Erfolg.[434]

Sperrklauseln verschärfen somit die bei einer Verhältniswahl im Regelfall bestehende Differenz zwischen dem Zählwert und dem Erfolgswert. Sie verschärfen die bereits vorhandene Beschränkung des Grundsatzes der gleichen Wahl.

Nach der Rechtsprechung des Bundesverfassungsgerichts kann die Beschränkung des Grundsatzes der Gleichheit der Wahl, die mit einer Sperrklausel einhergeht, unter Umständen gerechtfertigt sein.[435] Demnach unterliegt der Grundsatz der Wahlrechtsgleichheit und der Chancengleichheit der Parteien keinem absoluten Differenzierungsverbot. Allerdings folgt aus dem formalen Charakter der Wahlrechtsgleichheit und der Chancengleichheit der Parteien, dass dem Gesetzgeber bei der Ordnung des Wahlrechts nur ein eng bemessener Spielraum für Differenzierungen verbleibt. Bei der Prüfung, ob eine Differenzierung innerhalb der Wahlrechtsgleichheit gerechtfertigt ist, sei grundsätzlich ein strenger Maßstab anzulegen.[436] Differenzierungen bedürften zu ihrer Rechtfertigung stets eines besonderen, sachlich legitimierten Grundes[437], den das Bundesverfassungsgericht später als „*wichtigen Grund*" bezeichnet. Das bedeutet nicht, dass sich die Differenzierung als von Verfassungs wegen notwendig darstellen müsse. Differenzierungen im Wahlrecht könnten vielmehr auch durch Gründe gerechtfertigt werden, die durch die Verfassung legitimiert und von einem Gewicht seien, das der Wahlrechtsgleichheit die Waage halten könne.[438]

Das Bundesverfassungsgericht unterzieht die Rechtfertigungsprüfung – neben der üblichen Verhältnismäßigkeitsprüfung – also im Ergebnis einem

---

434 Der Bundeswahlleiter, Wahl zum 18. Deutschen Bundestag am 22. September 2013, Heft 3 Endgültige Ergebnisse nach Wahlkreisen

435 BVerfGE 135, 259 (Drei-Prozent-Sperrklausel Europawahlgesetz); 129, 300 (Fünf-Prozent-Sperrklausel Europawahlgesetz); 120, 82 (Fünf-Prozent-Sperrklausel bei Kommunalwahlen in Schleswig-Holstein); BVerfGE 6, 99 (Fünf-Prozent-Sperrklausel im Bundeswahlgesetz vom 7. Mai 1956); 1, 208 (7,5 Prozent-Sperrklausel im Landeswahlgesetz Schleswig-Holstein vom 22. Oktober 1951).

436 BVerfGE 146, 327 (juris-Tz. 61); 135, 259 (juris-Tz. 53); 129, 300 (juris-Tz. 87); 120, 82 (juris-Tz. 109).

437 BVerfGE 146, 327 (juris-Tz. 61); 135, 259 (juris-Tz. 53); 129, 300 (juris-Tz. 87); 95, 408 (juris Tz. 44).

438 BVerfGE 146, 327 (juris-Tz. 61); 135, 259 (juris-Tz. 53); 130, 212 (juris Tz. 61); 129, 300; (juris-Tz. 87); 95, 408 (juris-Tz. 44).

Zwei-Stufen-Test: Zum einen muss die beschränkende Maßnahme durch die Verfassung legitimiert sein und zum anderen muss die Maßnahme einem Ziel dienen, das von ähnlichem Gewicht ist wie die Wahlrechtsgrundsätze.

Die Literatur folgt der Rechtsprechung des Bundesverfassungsgerichts zur Rechtfertigung von Eingriffen in die Wahlrechtsgrundsätze.[439]

Anhand dieses Prüfungsmaßstabs prüft das Bundesverfassungsgericht sodann die Sperrklausel und führt aus: Eine Wahl nach den Grundsätzen der Verhältniswahl bringe den politischen Willen der Wähler so zur Geltung, dass eine Volksrepräsentation geschaffen werde, die ein Spiegelbild der im Volk vorhandenen politischen Meinungen darstelle.[440] Anders sei dies hingegen bei einer Wahl nach dem Grundsatz der Mehrheitswahl. Dieser Grundsatz werde zwar gemeinhin als unbedingt demokratisch angesehen. Weil aber beim Mehrheitswahlrecht immer nur einer gewinnt und alle Stimmen, die nicht für den Sieger abgegeben wurden, nicht gezählt werden, seien die politischen Anschauungen großer Teile des Volkes im Parlament nicht vertreten oder jedenfalls nicht ihrer Stärke gemäß vertreten.[441] Die Verhältniswahl begünstige also kleine Parteien, die in einer Mehrheitswahl keine Aussicht auf Erfolg hätten.[442] Dieses Merkmal einer Verhältniswahl könne allerdings das Verfassungsleben stören. Im schlimmsten Fall könne es so weit kommen, dass im Parlament keine großen Parteien mehr vertreten seien, sondern das Parlament in eine Vielzahl kleiner Gruppen zerfalle und damit funktionsunfähig werde, insbesondere keine handlungsfähige Regierung bilden könne.[443] Es sei ein legitimes staatspolitisches Ziel, dieser Gefahr entgegenzuwirken. Eine Wahl solle zu handlungsfähigen Organen führen. Das Parlament müsse in der Lage sein, eine stabile Regierung zu bilden und notwendige Gesetze zu erlassen. Hierfür seien stabile Mehrheitsverhältnisse notwendig.[444] Die Sorge um ein handlungsfähiges Parlament sei deshalb im Einzelfall ein *„zureichender, aus der Natur der Sache sich ergebender Grund für eine differenzierende Behandlung der politischen Parteien bei der Zuteilung von Sitzen in der Verhältniswahl."*[445]

---

439 Vgl. nur Strelen: in: Schreiber, § 6, Rn. 35 ff. mit weiteren Nachweisen.

440 BVerfGE 120, 82 (juris-Tz. 99); 95, 408 (juris-Tz. 46); 82, 322 (juris-Tz. 45); 51, 222 (juris-Tz. 54); 6, 84 (juris-Tz. 27).

441 BVerfGE 1, 208 (juris-Tz. 125).

442 BVerfGE 51, 222 (juris-Tz. 54).

443 BVerfGE 135, 259 (juris-Tz. 54); 82, 322 (juris-Tz. 45); 51, 222 (juris-Tz. 54); 1, 208 (juris-Tz. 127).

444 BVerfGE 1, 208 (juris-Tz. 125).

445 BVerfGE 1, 208 (juris-Tz. 128).

In der Rechtsprechung des Bundesverfassungsgerichts schließt sich dann die Frage an, in welchen Fällen eine Zersplitterung eines Parlaments tatsächlich zu erwarten ist. Für den Zweck der hiesigen Untersuchung spielt diese Frage keine Rolle, weshalb auf eine Darstellung verzichtet wird.

Das Bundesverfassungsgericht sieht in der Sperrklausel demnach eine Maßnahme zur Sicherung der Funktionsfähigkeit des zu wählenden Vertretungsorgans. Sie dient damit einem Ziel, das von ähnlichem Gewicht ist wie die Wahlrechtsgrundsätze.

b) Grundmandatsklausel

Eine weitere Regelung des deutschen Wahlrechts, an deren Verfassungsmäßigkeit Zweifel bestand und die deshalb Gegenstand der Rechtsprechung des Bundesverfassungsgerichts war, ist die sog. Grundmandatsklausel. Gemäß § 6 Abs. 3 Satz 1 2. HS, Abs. 6 Satz 1 BWahlG nehmen an der Sitzvergabe nach einer Bundestagwahl nicht nur die Parteien teil, die fünf Prozent oder mehr der Zweitstimmen erhalten haben, sondern auch solche Parteien, die in mindestens drei Wahlkreisen Mandate erringen konnten. Der Sitzvergabe wird in diesem Fall der tatsächliche Zweitstimmenanteil zugrunde gelegt, der unter fünf Prozent liegt. An einem Beispiel illustriert: Hätte die FDP bei der Wahl zum Deutschen Bundestag 2013 drei Wahlkreise gewonnen, wäre sie in den Bundestag eingezogen und ihr Sitzanteil wäre auf der Grundlage des von ihr tatsächlich erzielten Stimmenanteils (4,8 %) berechnet worden. Die AfD, die fast den gleichen Stimmenanteil erzielt hatte (4,7 %), wäre jedoch außen vor gewesen.

Ähnlich wie Sperrklauseln verzerrt eine Grundmandatsklausel den Grundsatz der Gleichheit der Wahl. Es werden solche Parteien bevorzugt, die drei Wahlkreise gewinnen, unabhängig von ihrem Stimmenanteil. Die Zulässigkeit einer Grundmandatsklausel berührt damit ebenso wie die Sperrklausel die Frage nach der gleichen Wahl.

Das Bundesverfassungsgericht hält Grundmandatsklauseln grundsätzlich für gerechtfertigt. Zur Begründung wiederholt es seine Formel, dass Differenzierungen hinsichtlich der Wahlgrundsätze zulässig seien, wenn ein „zwingender" Grund vorliege.[446] Es seien daher differenzierende Maßnahmen gerechtfertigt, soweit diese zur Sicherung der Handlungs- und Entscheidungsfähigkeit des Parlaments geboten seien.[447] Allerdings müsse der Gesetzgeber bei der Auswahl der differenzierenden Maßnahme darauf achten, dass auch

446 BVerfGE 95, 408 (juris-Tz. 43 f.).
447 BVerfGE 95, 408 (juris-Tz. 46).

die Funktion der Wahl als eines Vorgangs der Integration politischer Kräfte sichergestellt sei und er müsse verhindern, dass gewichtige Anliegen im Volke von der Volksvertretung ausgeschlossen blieben.[448] Grundsätzlich könne der Gesetzgeber zur Sicherung der Handlungs- und Entscheidungsfähigkeit des Parlaments auch mehrere (alternative) Maßnahmen ergreifen.[449] Eine weitere, alternative Maßnahme neben der Sperrklausel, die – wie die Grundmandatsklausel – im Vergleich zur Sperrklausel in geringerem Maße den Grundsatzsatz der Gleichheit der Wahl verkürze, lasse sich allerdings nicht allein mit der geringen Eingriffsintensität rechtfertigen.[450] Denn mildert der Gesetzgeber die Zugangshürde zum Bundestag partiell ab, führt der Gesetzgeber eine neue Ungleichheit zwischen den von der Abmilderung begünstigten und den hiervon weiterhin ausgeschlossenen Parteien herbei.[451] Diese erneute Differenzierung müsste daher nach den gleichen Grundsätzen gerechtfertigt werden wie jede Differenzierung hinsichtlich der Wahlrechtsgrundsätze auch. Den zulässigen „zwingenden“ Grund hat das Bundesverfassungsgericht in dem Anliegen des Gesetzgebers gesehen, den Willen des Staatsvolkes effektiv in den Bundestag zu integrieren. Die Grundmandatsklausel diene dem von der Verfassung legitimierten Zweck des Ausgleichs teils gegenläufiger Ziele, nämlich ein funktionsfähiges Parlament zu schaffen und eine effektive Integration des Willens des Staatsvolkes zu bewirken. Hierzu knüpfe die Regelung an geeignete und verfassungsrechtlich unbedenkliche Kriterien an und stelle sicher, dass sich das Ausmaß der Differenzierungen im Rahmen des gesetzgeberischen Konzepts hält.[452]

c) Unterschriftenquoren

Eine weitere Regelung, mit der sich das Bundesverfassungsgericht beschäftigt hat, ist das Erfordernis eines Unterschriftenquorums als Voraussetzung, überhaupt als Partei an der Bundestagswahl im Rahmen der Listenwahl (Zweitstimme) in einem Bundesland antreten zu dürfen. Gemäß § 27 Abs. 1 BWahlG müssen Landeswahllisten unter anderem von einem Promille der bei der letzten Bundestagswahl im Bundesland wahlberechtigten Wählerinnen und Wähler persönlich und handschriftlich unterzeichnet sein, jedoch höchstens von

448 BVerfGE 95, 408 (juris-Tz. 46).
449 BVerfGE 95, 408 (juris-Tz. 47).
450 BVerfGE 95, 408 (juris-Tz. 47); 82, 322 (juris-Tz. 47).
451 BVerfGE 95, 408 (juris-Tz. 47); 6, 84 (juris-Tz. 31).
452 BVerfGE 95, 408 (juris-Tz. 52).

2.000 Wahlberechtigten. Ausgenommen von dem Erfordernis sind Parteien, die in der laufenden Legislaturperiode im Deutschen Bundestag oder in einem Landtag mit mindestens fünf Abgeordneten vertreten sind. Ähnliches gilt für die Wahlkreiskandidaten. Gemäß § 20 Abs. 2 BWahlG müssen Wahlvorschläge von Wahlkreiskandidaten von mindestens 200 Wahlberechtigten des Wahlkreises persönlich und handschriftlich unterzeichnet sein. Es gelten hier die gleichen Ausnahmen wie bei den Landeswahllisten.

Derartige Unterschriftenquoren beschränken die Chancengleichheit der Parteien, die allen Parteien durch das Grundrecht gewährt wird, Art. 21 Abs. 1 GG. Gemäß Art. 21 Abs. 1 Satz 1 GG wirken die Parteien bei der politischen Willensbildung des Volkes mit. Ihre Gründung ist frei, Art. 21 Abs. 1 Satz 2 GG. Aus diesen Vorschriften leitet das Bundesverfassungsgericht den Verfassungsgrundsatz ab, dass die Parteien bei der Zulassung zur Wahl gleiche Wettbewerbschancen haben müssen.[453] Die Entscheidung über den Wert des Programms einer politischen Partei und über ihr Recht, an der Bildung des Staatswillens mitzuwirken, könne allein von den Wählerinnen und Wählern getroffen werden. Hier liege die ursprünglichste und wichtigste Äußerungsform der repräsentativen Demokratie überhaupt. Damit diese Entscheidung in voller Freiheit getroffen werden könne, sei es nötig, dass die Parteien, soweit irgend möglich, mit gleichen Aussichten in den Wahlkampf einträten.[454]

Diese vom Bundesverfassungsgericht postulierte Chancengleichheit wird durch ein Unterschriftenquorum beschränkt, weil solche Kandidaten und Parteien, die die notwendigen Unterschriften nicht auf sich vereinen können, gar nicht erst zur Wahl antreten dürfen. Sie haben also gar keine Möglichkeit, im Wahlkampf den Wählern und Wählerinnen ihr Wahlprogramm zu präsentieren.

Das Bundesverfassungsgericht hält eine derartige Verkürzung des Verfassungsgrundsatzes der Chancengleichheit der Parteien für gerechtfertigt, wenn der Gesetzgeber damit sicherstellen will, dass nur *„echte politische Parteien und keine Zufallsbildungen von kurzer Lebensdauer“*[455] sich um die Stimmen der Wählerinnen und Wähler bewerben. Bestimmungen, die hierauf abzielen, wirkten der Stimmenzersplitterung entgegen und dienten im Ergebnis der Bildung staatspolitisch erwünschter Mehrheits- und Regierungsverhältnisse. Genauso

---

453 BVerfGE 104, 14 (juris-Tz. 22); 3, 19 (juris-Tz. 31); Pieroth, in: Jarass/Pieroth, GG, Art. 21, Rn. 16.

454 BVerfGE 3, 19 (juris-Tz. 31).

455 BVerfGE 3, 19 (juris-Tz. 31); vgl. auch: BayVerfGH, BayVBl 1995, S. 624 (juris-Tz. 53).

wie Sperrklauseln seien derartige Maßnahmen grundsätzlich unbedenklich. Es sei daher grundsätzlich nicht zu beanstanden, wenn der Gesetzgeber von den Parteien den Nachweis fordere, dass sie Ausdruck eines ernsthaften, in nicht zu geringem Umfang im Volke vorhandenen politischen Willens seien.[456] Auch sei nicht zu bemängeln, dass im Parlament bereits vertretene Parteien anders behandelt würden als solche, die dort nicht vertreten sind. Es liege nahe, den Nachweis der Ernsthaftigkeit als erbracht anzusehen, wenn die Partei bisher bereits parlamentarisch vertreten ist. Neue Parteien müssten dies eben auf andere Art beweisen. Es sei daher Sache des Gesetzgebers zu entscheiden, welche von mehreren denkbaren Möglichkeiten er wählen wolle.[457]

Das Bundesverfassungsgericht akzeptiert auch im Fall des Unterschriftenquorums, dass der Gleichheitssatz, dessen verfassungsrechtliche Bedeutung das Bundesverfassungsgericht für die Parteien immer wieder betont, (wenn auch nur geringfügig) verkürzt wird, um die Funktionsfähigkeit der zu wählenden Volksvertretung und die Sicherung des Charakters der Wahl als eines Integrationsvorgangs bei der politischen Willensbildung des Volkes zu schützen. Nur wenn durch das Wahlsystem gewährleistet wird, dass nicht zu viele Stimmen bei einer Wahl bei der Mandatszuordnung unberücksichtigt bleiben, ist auch die Wahl als Integrationsvorgang gewährleistet. Vor diesem Hintergrund führt der Schutz vor der Stimmenzersplitterung zur Gewährleistung der Wahl als eines Integrationsvorgangs bei der politischen Willensbildung des Volkes.

d) Briefwahl

Das Bundesverfassungsgericht hat sich mehrfach mit der Frage beschäftigt, ob die durch das BWahlG und die BWahlO bzw. durch das EuWG und die EuWO ermöglichte Briefwahl gegen Wahlgrundsätze verstößt. Das Bundesverfassungsgericht hatte in diesem Zusammenhang die Frage zu klären, ob durch die Möglichkeit der Briefwahl die Grundsätze der freien und geheimen Wahl sowie der Öffentlichkeit der Wahl verletzt werden.[458]

Nach der Rechtsprechung des Bundesverfassungsgerichts steht die Möglichkeit der Briefwahl im Einklang mit dem Grundgesetz. Die Wahlgrundsätze werden durch die Möglichkeit der Briefwahl nicht verletzt – auch nicht, nachdem die Regelung abgeschafft wurde, dass die Wählerinnen und Wähler die Gründe für die Briefwahl glaubhaft machen müssen.

---

456 BVerfGE 82, 353 (juris-Tz. 57); 3, 19 (juris-Tz. 31).
457 BVerfGE 82, 353 (juris-Tz. 57); 3, 19 (juris-Tz. 31).
458 BVerfGE 134, 25; 123, 39; 59, 119; 21, 200.

Ohne die Möglichkeit der Briefwahl wäre zu erwarten, dass die Wahlbeteiligung deutlich niedriger wäre. Die Zulassung der Briefwahl diene daher dazu, dem Grundsatz der Allgemeinheit der Wahl Rechnung zu tragen. Der Grundsatz der Allgemeinheit der Wahl stelle damit jedenfalls im Zusammenhang mit der Briefwahl eine zu den Grundsätzen der Freiheit, Geheimheit und Öffentlichkeit der Wahl gegenläufige verfassungsrechtliche Grundentscheidung dar. Diese kollidierenden Grundentscheidungen der Verfassung müssten vom Gesetzgeber, der das Wahlrecht ausgestaltet, in einen angemessenen Ausgleich gebracht werden.[459] Dabei müsse er dafür Sorge tragen, dass keiner der vor allem das Demokratieprinzip konkretisierenden Wahlrechtsgrundsätze unverhältnismäßig eingeschränkt wird oder in erheblichem Umfang leer zu laufen droht[460]. Das sei bei der Ausgestaltung der Briefwahl jedoch offenkundig nicht der Fall.[461]

Auch der Verzicht auf die Angabe und Glaubhaftmachung bestimmter Gründe für die Erteilung eines Wahlscheines stelle keine Verletzung der Grundsätze der freien und geheimen Wahl sowie der Öffentlichkeit der Wahl dar. Der Verzicht beruhe auf nachvollziehbaren Erwägungen und halte sich noch in dem dem Normgeber von Verfassungs wegen zustehenden Gestaltungsspielraum.[462] Der Gesetz- und Verordnungsgeber habe mit der Änderung der Wahlordnungen auf die zunehmende Mobilität in der heutigen Gesellschaft und eine verstärkte Hinwendung zu individueller Lebensgestaltung reagiert. Dabei habe er sich von dem Ziel leiten lassen, eine möglichst umfassende Wahlbeteiligung zu erreichen[463]. Die Pflicht zur Glaubhaftmachung von Gründen, die die Teilnahme an der Urnenwahl hinderten, hätten sich nach seiner Einschätzung als praktisch nutzlos und, da aufgrund der Antragsbindung der Briefwahl der Charakter der Urnenwahl als Leitbild erhalten bleibe, letztendlich auch verzichtbar erwiesen.[464] Die Einschätzung des Gesetzgebers, dass jeder Versuch, dem Begründungserfordernis höhere praktische Geltung zu verschaffen, angesichts der schwindenden Bereitschaft zur Stimmabgabe im Wahllokal mit dem Risiko einer weiter zurückgehenden Wahlbeteiligung behaftet sei, sei nachvollziehbar und verfassungsrechtlich nicht zu beanstanden. Davon abgesehen sei eine auch nur stichprobenartige Prüfung der angegebenen Gründe nicht möglich.

---

459 BVerfGE 134, 25 (juris-Tz. 13).
460 BVerfGE 59, 119 (juris-Tz. 23).
461 BVerfGE 134, 25 (juris-Tz. 13).
462 BVerfGE 134, 25 (juris-Tz. 14).
463 Vgl. BT-Drucks 16/7461, S. 17.
464 Vgl. BT-Drs. 16/7461, S. 16 f.

Die Frage, ob die Briefwahl gegen die Wahlrechtsgrundsätze verstößt, beantwortet das Bundesverfassungsgericht mit einer Verhältnismäßigkeitsprüfung im Rahmen der konkurrierenden Wahlrechtsgrundsätze. In der Entscheidung des Gesetzgebers, die Briefwahl zuzulassen, sieht das Bundesverfassungsgericht systematisch offensichtlich keinen Eingriff in bestimmte Wahlrechtsgrundsätze, lediglich eine Entscheidung zur Ausgestaltung des Wahlrechts im Rahmen des verfassungsrechtlichen Auftrags gemäß Art. 38 Abs. 3 GG, wonach das Nähere zur Wahl des Bundestags durch einfaches Gesetz zu regeln ist. Diese dem Gesetzgeber anvertraute Aufgabe erschöpfe sich nicht in der Regelung technischer Einzelheiten. Sie erfordere vielmehr schon im Hinblick auf die Auswahl des Wahlsystems und dessen Durchführung im Einzelnen vielfältige Entscheidungen von großer Tragweite. Dem Gesetzgeber sei daher insoweit ein weiter Gestaltungsspielraum gewährt. Insbesondere bringe die Natur der Sache mit sich, dass nicht jeder der verfassungsrechtlich festgelegten Wahlrechtsgrundsätze in voller Reinheit verwirklicht werden könne. Ob und inwieweit Abweichungen von einzelnen Wahlrechtsgrundsätzen im Interesse der Einheitlichkeit des ganzen Wahlsystems und zur Sicherung der mit dem Wahlsystem verfolgten demokratischen und staatspolitischen Ziele geboten seien, habe hiernach zunächst der Gesetzgeber zu entscheiden. Das Bundesverfassungsgericht prüfe nur nach, ob der Gesetzgeber sich in den Grenzen des ihm vom Grundgesetz eingeräumten Gestaltungsspielraums gehalten oder ob er durch Überschreitung dieser Grenzen gegen einen verfassungskräftigen Wahlgrundsatz verstoßen habe.[465]

Im Ergebnis findet sich hier das Prüf- und Argumentationsschema wieder, dass das Bundesverfassungsgericht bei der Prüfung der Verfassungsmäßigkeit von Beeinträchtigungen der Wahlrechtsgleichheit entwickelt und angewendet hat: Die Beeinträchtigung muss eine von Verfassungs wegen legitimierte Maßnahme sein, die sich mit Wahlrechtsgrundsätzen die Waage hält und verhältnismäßig ist. Ersteres ist bei einer Beeinträchtigung der Wahlrechtsgrundsätze durch andere Wahlrechtsgrundsätze leicht zu bejahen.

e) *Zusammenfassung*

Die Rechtsprechung des Bundesverfassungsgerichts zur Rechtfertigung von Beschränkungen der Wahlrechtsgrundsätze durch einfaches Gesetz lässt sich dahin zusammenfassen, dass Beschränkungen dann zulässig sind, wenn sie der

---

465 BVerfGE 59, 119 (juris-Tz. 23); BVerfGE 3, 19 (juris-Tz. 24); ThürVerfGH, NVwZ-RR 1999, S. 665 (juris-Tz. 49).

Sicherung der Ziele der Wahl dienen[466], die mit den Wahlrechtsgrundsätzen in Konflikt stehen können.

Die Beschränkung ist gerechtfertigt, wenn mit der beschränkenden Maßnahme ein von der Verfassung legitimiertes Ziel verfolgt wird, das sich mit den Wahlrechtsgrundsätzen die Waage hält und verhältnismäßig ist. Als von der Verfassung legitimiertes Ziel, das sich mit den Wahlrechtsgrundsätzen die Waage hält, hat das Bundesverfassungsgericht bisher die Funktionsfähigkeit des Parlaments und die Sicherung des Charakters der Wahl als eines Integrationsvorgangs bei der politischen Willensbildung des Volkes anerkannt.

Sperrklauseln und Grundmandatsklauseln können je nach Ausgestaltung gerechtfertigt sein, weil mit ihnen das Ziel verfolgt wird, einer Zersplitterung der Parlamente vorzubeugen, verlässliche Mehrheiten im Parlament zu erreichen und somit die Stabilität einer Regierung zu gewährleisten aber gleichzeitig den politischen Willen der Wählerschaft in der zu wählenden Körperschaft möglichst wirklichkeitsnah abzubilden. Einem ähnlichen Ziel dient nach der Rechtsprechung ein Unterschriftenquorum. Das Ziel, „Spontan-Parteien“ und „Spontan-Kandidaturen“ zu unterbinden, soll einer Stimmenzersplitterung vorbeugen und kann – je nach Ausgestaltung – gerechtfertigt sein.

Bei der Zulässigkeit der Briefwahl steht der Charakter der Wahl als eines Integrationsvorgangs bei der politischen Willensbildung des Volkes im Mittelpunkt der Überlegungen. Die Briefwahl dient der Förderung der Wahlbeteiligung und dient dem Ziel, den politischen Willen der Wählerschaft in der zu wählenden Körperschaft möglichst wirklichkeitsnah abzubilden.

Die Rechtsprechung des Bundesverfassungsgerichts erfasst zwar bisher nur Eingriffe in die Grundsätze der Gleichheit und Allgemeinheit der Wahl. Nach weitverbreiteter Ansicht ist die Rechtsprechung jedoch auf alle Wahlgrundsätze übertragbar.[467]

2. Das Muster-Quotengesetz als „zwingender Grund“

Es stellt sich somit die Frage, ob das Muster-Quotengesetz gemessen am Maßstab, der sich aus der Rechtsprechung des Bundesverfassungsgerichts ergibt, eine Beschränkung der Wahlrechtsgrundsätze rechtfertigen kann. Nach der

---

466 BVerfGE 146, 327 (juris-Tz. 62); 135, 259 (juris-Tz. 54); 129, 300; (juris-Tz. 88); 95, 408 (juris-Tz. 44).

467 VerfGBbg, NJW 2020, S. 3579 (juris-Tz. 149); Ebsen, JZ 1989, S. 553 (556); Morlok, in: Dreier, GG, Art. 38, Rn. 65; Müller, in: von Mangoldt/Klein/Starck, GG, Art. 38 Rn. 129.

soeben dargestellten Rechtsprechung des Bundesverfassungsgerichts müsste das Muster-Quotengesetz (a) ein von der Verfassung legitimiertes Ziel verfolgen, das (b) sich mit den Wahlrechtsgrundsätzen die Waage hält und verhältnismäßig ist.

a) Muster-Quotengesetz als von Verfassung wegen legitimierte Maßnahme

Zunächst stellt sich also die Frage, ob das zu prüfende Muster-Quotengesetz eine von Verfassung wegen legitimierte Maßnahme ist.

Das Muster-Quotengesetz kann zunächst auf Art. 3 Abs. 2 Satz 2 GG gestützt werden. Anknüpfend an die Gründe für den geringen Frauenanteil im Bundestag (vgl. oben Teil 1 B. II., Seite 32), können zudem das Sozialstaatsprinzip und das Demokratieprinzip herangezogen werden, um das Muster-Quotengesetz als eine Maßnahme von Verfassung wegen zu legitimieren.

Das Sozialstaatsprinzip beinhaltet den Auftrag an den Staat, für eine gerechte Sozialordnung zu sorgen.[468] Es beinhaltet das Gebot zum Schutz des Schwächeren.[469] Dieses Gebot beinhaltet allerdings nicht, überall strikte Gleichförmigkeit zu schaffen und auch bei zukünftigen gesellschaftlichen Veränderungen zu wahren. Das Gebot zum Schutz des Schwächeren beinhaltet aber die Aufgabe, unzumutbare Ungleichstellungen des Bürgers dort ausgleichen zu helfen, wo er dies aus eigener Kraft nicht erreichen kann und die Freiheit dazu nicht zu nutzen vermag.[470] Die Frage, wer „schwächer" ist, beantwortet sich also nicht allein nach der sozialen Stellung oder der wirtschaftlichen Leistungsfähigkeit einer Person. Schwächer ist auch derjenige, der es aus eigner Kraft nicht schafft, eine unzumutbare Ungleichstellung auszugleichen.

Geht man – wie oben dargelegt (vgl. oben Teil 1 B. II., Seite 32) – davon aus, dass die Unterrepräsentation von Frauen im Bundestag (und den Landtagen und den kommunalen Parlamenten) ganz wesentlich auf institutionelle und sozial-strukturelle Faktoren zurückzuführen ist, liegt eine unzumutbare Ungleichstellung von männlichen und weiblichen Bürgern vor. Die Unzumutbarkeit ergibt sich daraus, dass Frauen tatsächlich gehindert sind, ihr passives Wahlrecht auszuüben, das nach der Rechtsprechung des Bundesverfassungsgerichts in der Würde des Menschen verwurzelt ist. Das Grundgesetz geht vom Eigenwert und der Würde des zur Freiheit befähigten Menschen aus und

---

468 Sachs, in: Sachs, GG, Art. 20, Rn. 46 m.w.N.

469 Sachs, in: Sachs, GG, Art. 20, Rn. 46 m.w.N.

470 Krahmer/Trenk-Hinterberger, in: Krahmer/Trenk-Hinterberger, SGB I-Kommentar, § 1 Rn. 7.

verbürgt im Recht der Bürger, in Freiheit und Gleichheit durch Wahlen und Abstimmungen die sie betreffende öffentliche Gewalt personell und sachlich zu bestimmen, einen menschenrechtlichen Kern des Demokratieprinzips. Dieser ist in der Würde des Menschen verankert.[471] Die Menschenwürde garantiert dem Einzelnen wiederum eine möglichst weitgehende Entfaltung seiner Persönlichkeit. Das bedeutet für den politisch-sozialen Bereich, dass jeder soweit wie möglich an den Entscheidungen für die Gesamtheit mitwirken können muss. Dies umfasst auch die Möglichkeit, selbst gewählt zu werden. Dass die Frauen es nicht aus eigner Kraft schaffen, diese unzumutbare Ungleichstellung zu überwinden, ergibt sich offensichtlich aus der seit über 70 Jahre anhaltenden Unterrepräsentation im Bundestag.

Das Muster-Quotengesetz lässt sich im vorliegenden Kontext aber auch durch das Demokratieprinzip legitimieren. Gemäß Art. 20 Abs. 2 GG geht alle Staatsgewalt vom Volke aus. Sie wird vom Volke in Wahlen und Abstimmungen und durch besondere Organe der Gesetzgebung, der vollziehenden Gewalt und der Rechtsprechung ausgeübt. Gemäß Art. 38 Abs. 1 Satz 1 GG werden die Abgeordneten des Deutschen Bundestages in allgemeiner, unmittelbarer, freier, gleicher und geheimer Wahl gewählt. Das Recht der Bürger, in Freiheit und Gleichheit durch Wahlen und Abstimmungen die öffentliche Gewalt personell und sachlich zu bestimmen, ist der elementare Bestandteil des Demokratieprinzips. Der Anspruch auf freie und gleiche Teilhabe an der öffentlichen Gewalt gehört zu den durch Art. 20 Abs. 1 und Abs. 2 GG in Verbindung mit Art. 79 Abs. 3 GG als unveränderbar festgelegten Grundsätzen des deutschen Verfassungsrechts.[472] Zum Anspruch, die öffentliche Gewalt personell und sachlich zu bestimmen, gehört aber nicht nur das Recht, an Parlamentswahlen teilnehmen zu dürfen, sondern auch der Zugang zu Parlamenten, also gewählt zu werden.[473] Ebenso gehört dazu der Anspruch auf Zugang zu öffentlichen Ämtern gemäß Art. 33 Abs. 2 GG. Dieser Anspruch auf Zugang zu Parlamenten und öffentlichen Ämtern stellt sicher, dass der Staat den Bürgern „gehört“[474]. Zudem erfordert eine funktionierende Demokratie die Existenz einer pluralistischen Gesellschaft, in der die Machtressourcen in Politik, Gesellschaft und Wirtschaft breit gestreut sind und nicht zu *„vermachteten Monopolen“*

---

471 BVerfGE 142, 123 (juris-Tz. 124) m.w.N.

472 BVerfGE 123, 267 (juris-Tz. 211).

473 Klein, in: Maunz/Dürig, GG, Art. 48, Rn. 25 (79. EL Dezember 2016).

474 Schröder, JA 2017, S. 809 (816).

angehäuft werden.[475] Freiheit und Gleichheit des Meinungsbildungsprozesses in der Gesellschaft sind daher weitere Säulen der Demokratie.[476] Und damit es nicht zu *„vermachteten Monopolen"* kommt, ist in persönlicher Hinsicht notwendig, dass die Parlamente möglichst die plurale Gesellschaft widerspiegeln. Ein Parlament, in dem einzelne Gruppen ein deutliches Übergewicht über alle anderen besitzen, kann das Volk nicht repräsentieren.[477]

Das Muster-Quotengesetz beugt einer Monopolbildung der Macht vor und verhindert, dass einzelne gesellschaftliche Gruppen – hier konkret die Männer – im Bundestag ein deutliches Übergewicht haben, weshalb das Muster-Quotengesetz eine von Verfassung wegen legitimierte Maßnahme ist.

b) Gesetzliche Geschlechterquote als Maßnahme, die sich mit Wahlrechtsgrundsätzen die Waage hält

Sodann stellt sich die Frage, ob das Muster-Quotengesetz eine Maßnahme ist, die sich mit den Wahlrechtsgrundsätzen die Waage hält.

aa) Stand der Diskussion in der Literatur

In der Literatur wird dies teils bejaht, teils verneint.

So wird argumentiert, dass eine gesetzliche Geschlechterquote die Funktion der Wahl als einen Integrationsvorgang bei der politischen Willensbildung des Volkes stärke. Denn erst ein solches Gesetz sei in der Lage, den mehr als 50 % Frauen in der Bevölkerung auch tatsächliche Gleichheit bei der Aufstellung der Kandidaten zu garantieren. Eine solche Regelung diene der Herstellung und Sicherung der gleichberechtigten demokratischen Teilhabe der Bürgerinnen und Bürger an der politischen Herrschaftsausübung. Das Fördergebot qualifiziere sich somit als wichtiger, für die Angleichung der Lebensverhältnisse zwingender Grund, der eine vereinzelte Einschränkung der passiven Wahlrechtsgleichheit die Waage halten könne.[478]

Dagegen wird argumentiert, dass die Befürworter außeracht ließen, dass gesetzliche Geschlechterquoten bei Wahlen in den egalitären Kern des Demokratieprinzips eingriffen. Gesetzliche Geschlechterquoten bei Wahlen gehörten deshalb zu den Regelungen, die das Bundesverfassungsgericht in

475 Vorländer, S. 97.

476 Sachs, in: Sachs, GG, Art. 20, Rn. 18 ff.

477 Klein, in: Maunz/Dürig, GG, Art. 48, Rn. 25 (79. EL Dezember 2016).

478 Fisahn/Maruschke, Gutachten, S. 27 f.; Laskowski, Gutachten 2014, S. 48; ähnlich Lyndian/Fontana, Stellungnahme NRW, S. 5.

seiner Rechtsprechung zu möglichen Beschränkungen der Wahlrechtsgleichheit gerade nicht zulasse, weil der Gesetzgeber mit der Regelung ein Ziel verfolge, das er bei der Ausgestaltung des Wahlrechts nicht verfolgen dürfe.[479]

bb) Stellungnahme

Orientiert man sich an der Rechtsprechung des Bundesverfassungsgerichts zur Zulässigkeit von Beschränkungen der Wahlrechtsgrundsätze, hängt die Beantwortung der Frage, ob das Muster-Quotengesetz eine Maßnahme ist, die sich mit den Wahlrechtsgrundsätzen die Waage hält, maßgeblich davon ab, ob es einem Ziel dient, das mit Wahlen zum Bundestag verbunden ist. Zu diesen Zielen gehört – so das Bundesverfassungsgericht in seiner ständigen Rechtsprechung – unter anderem die Sicherung des Charakters der Wahl als eines Integrationsvorgangs bei der politischen Willensbildung des Volkes und, damit zusammenhängend, die Sicherung der Funktionsfähigkeit der zu wählenden Volksvertretung.[480]

(1) Sicherung des Charakters der Wahl als eines Integrationsvorgangs bei der politischen Willensbildung des Volkes

Es stellt sich somit die Frage, ob das Muster-Quotengesetz den Charakter der Wahl als eines Integrationsvorgangs sichern kann.

Dem Wortlaut nach könnte man meinen, dass eine gesetzlich geregelte Geschlechterquote den Charakter der Wahl als einen Integrationsvorgang bei der politischen Willensbildung des Volkes sichert. Nur dann, wenn das gesamte Wahlvolk gleichberechtigt in den Parlamenten vertreten ist und somit die Interessen des Wahlvolkes nach einer Wahl im Parlament wirkungsvoll vertreten werden, ist die Integration des politischen Willens geglückt.[481]

Aus dem Gesamtzusammenhang, in dem das Bundesverfassungsgericht die Formel von der Sicherung des Integrationsvorgangs der Wahl verwendet, lässt sich jedoch schließen, dass das Bundesverfassungsgericht mit dieser Formulierung etwas anderes meint. Der Gesamtzusammenhang lässt den Schluss zu, dass der Schwerpunkt in der Formulierung auf dem Wort „Sicherung" liegt.

---

479 Hahlen, Stellungnahme NRW, S. 23.

480 BVerfGE 146, 327 (juris-Tz. 62); 135, 259 (juris-Tz. 54); 129, 300; (juris-Tz. 88); 95, 408 (juris-Tz. 44).

481 ThürVerfGH, NVwZ 2020, S. 1266 (juris-Tz. 107 f.), der differenziert zwischen der Integration politischer Kräfte und der Integration einzelner Wähler und ihres Geschlechts; ebenso: VerfGBbg, NJW 2020, S. 3579 (juris-Tz. 140.); a.A. Hesselmann in ihrem Sondervotum (juris Tz. 144 ff. (170)).

Denn das Bundesverfassungsgericht betont bei der Verwendung der Formulierung immer wieder, dass die Sicherung des Charakters der Wahl als der eines Integrationsvorgangs bei der politischen Willensbildung des Volkes in engem Zusammenhang mit der Sicherung der Funktionsfähigkeit der zu wählenden Volksvertretung steht. Dieser erste Teil der Formulierung (Sicherung des Integrationsvorgangs der Wahl) ist nichts anderes als eine Ausweitung der Formel, dass Differenzierungen hinsichtlich der Wahlgleichheit dann zulässig sein können, wenn sie der *Sicherung* der Funktionsfähigkeit der zu wählenden Volksvertretung dienen. Nach der Auffassung des Bundesverfassungsgerichts ist der Charakter der Wahl als ein Integrationsvorgang bei der politischen Willensbildung des Volkes dann gesichert, wenn die Wahl zu einer funktionsfähigen Volksvertretung führt, mithin die wesentlichen politischen Kräfte im Bundestag vertreten sind.[482] Nach dem Verständnis des Bundesverfassungsgerichts ist der Integrationsvorgang der Wahl erfolgreich, wenn die Wahl zu einem funktionsfähigen Parlament führt, dass in der Lage ist, eine stabile Regierung zu bilden und Entscheidungen zu treffen. Es geht um die Integration politischer Kräfte und nicht um die Integration einzelner Wählerinnen und Wähler oder der Bevölkerung.

Dem Deutschen Bundestag kommt in der Staatsorganisation der Bundesrepublik Deutschland die zentrale Rolle zu. Als einziges unmittelbar vom Volk legitimiertes Staatsorgan kommen ihm wichtige Aufgaben zu. So übernimmt der Deutsche Bundestag im Wesentlichen[483] die Gesetzgebung (Art. 77 Abs. 1 Satz 1 GG) einschließlich des Haushaltsgesetzes (Art. 110 Abs. 1 Satz 1, Abs. 2 Satz 1 GG), aus dem sein wichtiges Budgetrecht folgt, er ist Kreationsorgan, indem er die Bundeskanzlerin bzw. den Bundeskanzler wählt (Art. 63 Abs. 1 GG), und er übt die Kontrolle der Regierung aus (vgl. z.B. das sog. Zitierrecht gemäß Art. 43 Abs. 1 GG oder die Möglichkeit des Einsetzens eines Untersuchungsausschusses gemäß Art. 44 Abs. 1 GG). Um diese wichtigen Aufgaben wahrnehmen zu können, ist ein funktionsfähiger Bundestag notwendig. Funktionsfähig ist der Bundestag insbesondere dann, wenn er in der Lage ist, Beschlüsse zu fassen. Beschlüsse fasst er in der Regel mit einfacher Mehrheit (Art. 42 Abs. 2 Satz 1 GG). Die Bundestagswahl muss also zu einem Bundestag führen, der in der Lage ist, die notwendigen Entscheidungen mit der Mehrheit

482 BVerfGE 95, 408, juris-Tz. 46; ebenso ThürVerfGH, NVwZ 2020, 1266 (juris-Tz. 108); VerfGBbg, NJW 2020, S. 3579 (juris-Tz. 140).

483 Der Deutsche Bundestag hat kein Gesetzgebungsmonopol. Dies kommt ihm nur für die förmlichen Gesetze ohne Beteiligung des Bundesrates zu.

der abgegebenen Stimmen zu treffen. Der Sicherung dieses Ziels dient zum einen die bereits dargestellte Sperrklausel, die nach der Rechtsprechung des Bundesverfassungsgerichts grundsätzlich verfassungsgemäß ist, als auch das Unterschriftenquorum, das ebenfalls nach der Rechtsprechung des Bundesverfassungsgerichts verfassungsgemäß ist.

Dass ein geschlechterparitätisch besetzter Bundestag für die Handlungs- und Entscheidungsfähigkeit des Deutschen Bundestags in irgendeiner Art und Weise förderlich ist, ist nicht ersichtlich.[484]

(2) Weitere Ziele der Wahl zum Deutschen Bundestag

Die Sicherung des Charakters der Wahl als des eines Integrationsvorgangs und damit zusammenhängend der Funktionsfähigkeit der zu wählenden Volksvertretung ist nach der Rechtsprechung des Bundesverfassungsgerichts nur ein Beispiel für ein Ziel, dass mit der Wahl verfolgt wird. Es ist daher der Frage nachzugehen, ob mit dem Muster-Quotengesetz ein anderes Ziel der Wahl gesichert werden kann.

Damit stellt sich die Frage nach den Zielen der Bundestagswahl. In einer Demokratie sind Wahlen kein Selbstzweck; mit ihnen werden verschiedene Ziele verfolgt. Die mit der Wahl zum Deutschen Bundestag verfolgten Ziele sind nicht enumerativ im Grundgesetz aufgezählt. Sie ergeben sich vielmehr aus einzelnen, verstreut im Grundgesetz normierten Regelungen, aus einer Gesamtschau verschiedener grundgesetzlicher Regelungen und aus dem Demokratieprinzip selbst, dem das Grundgesetz zugrunde liegt, Art. 20 Abs. 1 GG.

(a) Demokratische Legitimation des Bundestags und seiner Abgeordneten

Gemäß Art. 20 Abs. 2 GG geht alle Staatsgewalt vom Volke aus. Sie wird vom Volke in Wahlen und Abstimmungen und durch besondere Organe der Gesetzgebung, der vollziehenden Gewalt und der Rechtsprechung ausgeübt. Das Grundgesetz unterscheidet also einerseits die Willensbildung des Volkes (durch Wahlen und Abstimmungen) und andererseits die Willensbildung des Staates (durch seine verfassten Organe: Bundestag, Bundeskanzler/Bundesregierung und Gerichte). Wenn das Volk als Verfassungs- oder Kreationsorgan durch Wahlen und Abstimmungen selbst die Staatsgewalt ausübt (Art. 20 Abs. 2 Satz 2 GG), fällt die Äußerung des Volkswillens mit der Bildung des Staatswillens ausnahmsweise zusammen.[485] Indem durch die Wahl der politische Wille

---

484 ThürVerfGH, NVwZ 2020, S. 1266 (juris-Tz. 108).

485 BVerfGE 20, 56 (juris-Tz. 115); Magiera, in: Sachs, GG, Art. 38, Rn. 75; Meyer, in: Isensee/Kirchhof, HBStR, Bd. 3, 3. Auflage, 2005, § 45, Rn. 1.

des Volkes in staatliche Macht umgewandelt wird, vermittelt die Wahl dem Staatsapparat die notwendige demokratische Legitimation.[486]

Vor dem Hintergrund der Frage der Verfassungsmäßigkeit des Muster-Quotengesetzes schließt sich die Überlegung an, ob ein Parlament, in dem wesentliche Teile der Bevölkerung nicht vertreten sind, hinreichend legitimiert sein kann. Oder anders formuliert: Gibt ein geschlechterparitätisch besetzter Bundestag diesem eine höhere Legitimation als ein nicht geschlechterparitätisch besetzter Bundestag?

Letztendlich hängt die Antwort davon ab, was man unter Legitimation versteht. Vor dem Hintergrund der mit Wahlen verfolgten Ziele ist die Frage zu verneinen.[487] Die Frage der Legitimation der Parlamente ist eine Frage der Allgemeinheit der Wahl und eine Frage der Höhe der Wahlbeteiligung. Je höher die Beteiligung an einer Wahl ist, desto höher ist die Legitimation des zu wählenden Gremiums. Da das aktive Wahlrecht nicht vom Geschlecht abhängig ist, ändert ein geschlechterparitätisch zusammengesetztes Parlament nichts am Grad der Legitimität, die ihm durch die Wahl, also den eigentlichen Wahlakt, also den aktiven Wahlakt, gegeben wird.

(b) Kontrolle der Abgeordneten, Parteien und Gruppierung durch die Wähler

Die Ausübung der Staatsgewalt in Wahlen bedeutet, dass Volksvertretungen vorhanden sind, periodisch wiederkehrende Wahlen zu ihnen stattfinden und diese durch Wahlprüfungsverfahren gesichert sind.[488]

Eine demokratische Kontrolle der Abgeordneten des Deutschen Bundestags erfolgt vor allem durch Wahlen. Bei der Wahl haben die Wählerinnen und Wähler die Möglichkeit, die Tätigkeit der regierenden Mehrheit und der Opposition zu beurteilen.[489] Durch das Muster-Quotengesetz verändert sich nicht die Qualität der Kontrolle – insbesondere verbessert sie sich nicht. Lediglich dann, wenn durch eine gesetzliche Geschlechterquote die Wahlbeteiligung steigen sollte, könnte man diskutieren, ob dies zu einer erhöhten Kontrolle der Abgeordneten, Parteien und Wählergruppen führt. Ob es zu einem solchen Effekt kommt, ist reine Spekulation und wäre nur ein Nebeneffekt, denn Zweck des Muster-Quotengesetzes ist ein anderer.

---

486 Meyer, in: Isensee/Kirchhof, HBStR, Bd. 3, 3. Auflage, 2005, § 45, Rn. 4.

487 Ebenso: BayVerfGH, NVwZ-RR 2018, S. 457 (juris-Tz. 112); a.A. Laskowski, Streit 2015, S. 51 (56).

488 Pieroth, in: Jarass/Pieroth, GG, Art. 20, Rn. 6.

489 BVerfGE 134, 141 (juris-Tz. 101).

(c) *Partizipation der Bevölkerung an und Integration der Bevölkerung in die Politik*

In der Demokratietheorie aber auch in der empirischen Demokratieforschung ist unbestritten, dass Demokratie der Unterstützung der Mehrheit ihrer Bürger bedarf. So scheiterte nach überwiegender Lesart die Weimarer Republik nicht zuletzt daran, dass eine zu große Zahl der Bürger die Regierungsform der Demokratie ablehnte. Das Volk versagte den politischen Eliten die erforderliche Unterstützung. Damit Demokratie funktioniert, müssen Bürger diese anerkennen. Sie müssen ihren Institutionen vertrauen, ebenso den Verfahren demokratischer Konfliktlösung und politischer Kompromissfindung. Zudem müssen sie die aus den Konflikten hervorgegangen Entscheidungen akzeptieren oder jedenfalls respektieren. Wenn der Demokratie auf Dauer die Bewältigung von politischen, sozialen und ökonomischen Aufgaben nicht mehr zugetraut wird, wird es problematisch.[490]

Die Akzeptanz der Demokratie als Staatsform in Deutschland ist zwar derzeit nicht gefährdet. In den neuen Bundesländern halten 82 % und in den alten Bundesländern 90 % der Befragten die Demokratie für die beste Staatsform;[491] Um die 70 % der Deutschen sind mit dem Funktionieren der Demokratie *„sehr"* oder *„ziemlich"* zufrieden.[492] Die Akzeptanz der Demokratie als Staatsform ist aber nur ein Aspekt des Ziels der Partizipation der Bevölkerung an und Integration der Bevölkerung in die Politik. Es liegt auf der Hand, dass die Demokratie in weit größerem Maße akzeptiert wird, wenn die Regierten tatsächlich auch die Möglichkeit haben, zu Regierenden zu werden. Wahlen zum Deutschen Bundestag müssen demnach die Möglichkeit eröffnen, nicht nur theoretisch, sondern auch praktisch gleichermaßen Zugang zum Parlament zu gewähren. Ein demokratischer Rechtsstaat kann nicht zusehen, wie ein erheblicher Teil der zur Wahl berechtigten Bevölkerung keinen gleichberechtigten Zugang zum Parlament findet. Ausgehend von der Prämisse, dass beim Zugang von Frauen zur Politik eine tatsächliche Benachteiligung von Frauen existiert, trägt das

---

490 Vorländer, S. 101.

491 Bundeszentrale für politische Bildung, Zufriedenheit mit dem Funktionieren der Demokratie in Deutschland, https://www.bpb.de/nachschlagen/datenreport-2018/politische-und-gesellschaftliche-partizipation/278505/zufriedenheit-mit-dem-funktionieren-der-demokratie-in-deutschland (abgerufen: 15. Mai 2021).

492 Statistisches Bundesamt, DESTATISTA, Umfrage in Deutschland zur Zufriedenheit mit der Demokratie 2020, https://de.statista.com/statistik/daten/studie/153854/umfrage/zufriedenheit-mit-der-demokratie-in-deutschland/ (abgerufen: 15. Mai 2021).

Muster-Quotengesetz zu einer höheren Integration und einer höheren Partizipation der Bevölkerung an der Politik bei.

Unter dem Aspekt der Partizipation der Bevölkerung an und Integration der Bevölkerung in die Politik verfolgt das Muster-Quotengesetz ein von der Verfassung legitimiertes Ziel, das sich mit den Wahlrechtsgrundsätzen die Waage hält.

(d) Konkurrenz personeller und programmatischer Alternativen

Die wohl wichtigste Einrichtung einer jeden modernen Demokratie sind regelmäßige, freie, geheime, allgemeine und gleiche Wahlen. Denn nur dann, wenn die Regierenden durch freie, geheime, allgemeine und gleiche Wahlen legitimiert sind, sind die Gewählten berechtigt, Staatsgewalt auszuüben. Wo Wahlen sind, muss auch die Möglichkeit einer Auswahl gegeben sein. Es müssen Alternativen angeboten werden. Kandidatinnen und Kandidaten und Gruppen von Kandidatinnen und Kandidaten – als Parteien oder Wählergemeinschaften – müssen konkurrieren. Alles andere wäre Akklamation und als solche mit demokratischen Standards nicht vereinbar.[493]

Das Muster-Quotengesetz würde diesem Ziel nicht dienen. Denn die Frage des Geschlechts des politischen Personals ist durchaus je nach Ausrichtung einer Partei oder Wählergruppierung ein „Verkaufsargument". Hinsichtlich dieses Ziels wäre eine gesetzlich geregelte Geschlechterquote kontraproduktiv, da das Thema der Geschlechtergerechtigkeit den Parteien als Programm entzogen würde (vgl. oben G. II. 2. b), Seite 118).

3. *Verhältnismäßigkeit*

Das Muster-Quotengesetz müsste auch verhältnismäßig sein. Es dürfte nur dazu dienen, die tatsächliche Benachteiligung zu beseitigen und müsste im Übrigen geeignet, erforderlich und angemessen sein. Hinsichtlich dieser Prüfungspunkte kann auf die Ausführungen oben unter H. I. 7., Seite 149, verwiesen werden.

I. Ergebnis

1. Das Muster-Quotengesetz ist weder Teil des Wahlorganisationsrechts noch gestaltet es lediglich das Demokratieprinzip aus.

---

493 Vorländer, S. 110.

II. Das Muster-Quotengesetz greift in die passive Allgemeinheit der Wahl sowie in die passive Wahlgleichheit und -freiheit ein. Es greift weiter in die Chancengleichheit und Programmfreiheit der Parteien ein. Schließlich greift es in das Diskriminierungsverbot ein.

III. Rechtfertigen lassen sich die Eingriffe zum einen über das Gleichbehandlungsgebot des Art. 3 Abs. 2 Satz 2 GG und zum anderen als eine Maßnahme, die ein von der Verfassung legitimiertes Ziel verfolgt, das sich mit den Wahlrechtsgrundsätzen die Waage hält. Allerdings bedarf es unter dem Gesichtspunkt der Verhältnismäßigkeit einer Modifikation des Muster-Quotengesetzes. Damit kleine Parteien nicht übermäßig belastet werden, ist eine Absenkung der Quote notwendig.

Teil 3 Verfassungsmäßigkeit einer grundgesetzlich geregelten Geschlechterquote

A. Ausgangslage

Wie oben in Teil 2 dargelegt, wird mit unterschiedlichen Begründungen – im Ergebnis aber wohl überwiegend – die Auffassung vertreten, dass eine einfachgesetzlich geregelte Geschlechterquote bei Wahlen verfassungswidrig sei. Unterstellt, dies wäre entgegen dem hiesigen Prüfungsergebnis der Fall, stellt sich die Frage, ob durch eine Änderung des Grundgesetzes eine Rechtslage herbeigeführt werden kann, die eine einfachgesetzliche Geschlechterquote erlaubt.

Für den weiteren Gang der Prüfung soll unterstellt werden, dass durch eine Verfassungsänderung Art. 38 Abs. 3 GG durch einen zweiten Satz ergänzt wird, der sinngemäß wie folgt lautet: „*Durch das Bundesgesetz ist zu gewährleisten, dass im Deutschen Bundestag in gleichem Maße Männer wie Frauen vertreten sind.*“[494]

B. Voraussetzungen einer Grundgesetzänderung

Soll das Grundgesetz geändert werden, sind bestimmte formale und materielle Voraussetzungen zu erfüllen, die sich aus Art. 79 GG ergeben.

I. Formelle Voraussetzungen

Formal ist gemäß Art. 79 Abs. 1 Satz 1 GG eine Grundgesetzänderung nur durch ein Gesetz möglich. Dieses muss ausdrücklich den Wortlaut des Grundgesetzes ändern oder ergänzen. Hiervon ausgenommen sind gemäß Art. 79 Abs. 1 Satz 2 GG bestimmte völkerrechtliche Verträge. Die Änderung des Grundgesetzes

---

494 Unter Umständen ist auch Art. 28 GG zu ändern, der das Homogenitätsprinzip enthält. Das bundesstaatliche Verfassungsgefüge verlangt ein gewisses Mindestmaß an verfassungsstruktureller und materieller Übereinstimmung. So gelten gemäß Art. 28 Abs. 1 Satz 2 GG für die Volksvertretungen auch die Wahlgrundsätze aus Art. 38 Abs. 1 Satz 1 GG. Die Volksvertretungen müssen also aus allgemeinen, unmittelbaren, freien, gleichen und geheimen Wahlen hervorgegangen sein. Ob das Homogenitätsprinzip des Grundgesetzes sich auch auf eine für den Bundestag geltende Paritätsregelung bezieht, soll hier nicht vertieft werden, dürfte aber zu bejahen sein (vgl. von Ungern-Sternberg, Zur Geschäftsordnung, 8. Februar 2019), was auch einer Änderung von Art. 28 GG nach sich ziehen würde.

bedarf einer qualifizierten Mehrheit in Bundestag und Bundesrat. So kann das Grundgesetz nur geändert werden, wenn zwei Drittel der Mitglieder des Bundestags und zwei Drittel der Mitglieder des Bundesrates zustimmen, Art. 79 Abs. 2 GG.

II. Materielle Voraussetzungen

Materiell sind gemäß Art. 79 Abs. 3 GG Änderungen des Grundgesetzes unzulässig, durch die die Gliederung des Bundes in Länder, die grundsätzliche Mitwirkung der Länder bei der Gesetzgebung oder die in den Art. 1 GG und Art. 20 GG niedergelegten Grundsätze berührt werden.

Wegen der materiellen Voraussetzungen, die die Änderung des Grundgesetzes beschränken, wird Art. 79 Abs. 3 GG als „Ewigkeitsgarantie" bezeichnet. Durch diese Regelung hat der Verfassungsgeber einen änderungsfesten Kern des Grundgesetzes geschaffen, den er als für das Grundgesetz identitätsbildend angesehen hat.[495] Diese vom Verfassungsgeber geschaffene Beschränkung möglicher Verfassungsänderungen bindet den verfassungsändernden Gesetzgeber. Ändert der verfassungsändernde Gesetzgeber den identitätsbildenden änderungsfesten Kern des Grundgesetzes, bricht er die Verfassungsordnung.

III. Verfassungstheoretische Grundlage

Dadurch, dass der Verfassungsgeber einen änderungsfesten Kern des Grundgesetzes geschaffen hat, kommt es zu einer hierarchischen Stufung der Verfassungsätze. Über der Masse der grundsätzlich änderbaren Normen des Grundgesetzes „thronen" die Grundelemente der föderalen Ordnung und die Leitprinzipien der Art. 1 und Art. 20 GG. Sie bilden somit den Maßstab, an dem die Legalität jeder Verfassungsänderung zu messen ist.

Die dauerhafte Beschränkung des verfassungsändernden Gesetzgebers wird in der Staatsrechtslehre oft als Dilemma des Verfassungsstaates angesehen[496], denn eine solche Bindung beschränkt die Volkssouveränität, die einen Grundpfeiler westlichen Demokratieverständnisses darstellt. Um dieses Dilemma abzufedern, muss der Verfassungsgesetzgeber – will er, dass der von ihm bestimmte identitätsbildende änderungsfeste Kern Bestand hat – rein

---

495 Herdegen, in: Maunz/Dürig, GG, Art. 79, Rn. 60 (72. EL Juli 2014).

496 Herdegen, in: Maunz/Dürig, GG, Art. 79, Rn. 61 (72. EL Juli 2014). Badura, in: Ehmke u.a., S. 19 (25): „Grundaporie des Verfassungsstaates"; Dreier, in: Dreier, GG, Art. 79 III Rn. 17: „Grenzproblem des Verfassungsrechts"; Hofmann, S. 261 (293 f.): „Paradoxie der Verfassungsgebung".

zeitgeschichtlich Erwünschtes von auf Dauer Unaufgebbarem unterscheiden. Nur Grundentscheidungen, die vom Volk auf Dauer als unaufgebbar akzeptiert werden, können – wenn überhaupt – als änderungsfester Kern einer Verfassung Bestand haben.[497] Hinzukommen muss eine gewisse „Elastizität", die es dem verfassungsändernden Gesetzgeber erlaubt, auf gesellschaftliche Änderungen zu reagieren und zeitgeschichtlich Erwünschtes zu ändern. Schießt der verfassungsgebende Gesetzgeber über dieses Ziel hinaus, droht die Gefahr, dass die Verfassungsordnung von einer revolutionär begründeten neuen Ordnung hinweggetragen wird und diese ihre eigenen Vorstellungen und Grundentscheidungen anstelle der ursprünglichen Verfassungsordnung setzt.[498]

C. Auslegung von Art. 79 Abs. 3 GG

Es verwundert nicht, dass die Auslegung einer hinsichtlich der Bedeutung für das Grundgesetz derart fundamentalen Bestimmung einerseits und einer derart offenen Formulierung andererseits zu erheblichen Diskussionen führt.

I. Rechtsprechung des Bundesverfassungsgerichts

1. Abhörurteil vom 15. Dezember 1970

Das Bundesverfassungsgericht hat sich erstmals mit der Auslegung von Art. 79 Abs. 3 GG im sog. Abhörurteil von 1970 beschäftigt.

a) Kernaussage des Urteils zu Art. 79 Abs. 3 GG.

In dem Urteil führt es aus, dass Art. 79 Abs. 3 GG als Schranke für den verfassungsändernden Gesetzgeber den Sinn habe zu verhindern, dass die geltende Verfassungsordnung in ihrer Substanz, in ihren Grundlagen auf dem formal-legalistischen Weg eines verfassungsändernden Gesetzes beseitigt und zur nachträglichen Legalisierung eines totalitären Regimes missbraucht werden könne. Die Vorschrift verbiete also eine prinzipielle Preisgabe der dort genannten Grundsätze. Grundsätze würden als Grundsätze von vornherein nicht berührt, wenn ihnen im allgemeinen Rechnung getragen werde und sie nur für eine Sonderlage entsprechend deren Eigenart aus evident sachgerechten Gründen modifiziert würden. Die Formel, jene Grundsätze dürfen „nicht berührt" werden, habe also keine striktere Bedeutung als die ihr verwandte Formel in

497 Alberts, JuS 1972, S. 319 (322).
498 Herdegen, in: Maunz/Dürig, GG, Art. 79, Rn. 61 (72. EL Juli 2014).

Art. 19 Abs. 2 GG, wonach in keinem Fall ein Grundrecht „*in seinem Wesensgehalt angetastet*" werden dürfe.[499]

b) Exkurs: Entstehungsgeschichte von Art. 79 Abs. 3 GG

Damit lag das Bundesverfassungsgericht ganz auf der Linie des historischen Gesetzgebers. Historisch ist Art. 79 Abs. 3 GG vor dem Hintergrund des Desasters der Weimarer Reichsverfassung und dem Gesetz zur Behebung der Not von Volk und Reich vom 24. März 1933, dem sog. Ermächtigungsgesetz, zu sehen. Das sog. Ermächtigungsgesetz eröffnete der Reichsregierung die Möglichkeit der Gesetzgebung („*Reichsgesetze können außer in den in der Reichsverfassung vorgesehenen Verfahren auch durch die Reichsregierung beschlossen werden.*" – Art. 1 Satz 1) und setzte das Erfordernis der Verfassungsmäßigkeit außer Kraft („*Die von der Reichsregierung beschlossen Reichsgesetze können von der Reichsverfassung abweichen, …*" – Art. 2 Satz 1). Zudem galten für die von der Reichsregierung erlassenen Gesetze nicht die Verfassungsbestimmungen über das Gesetzgebungsverfahren („*Die Art. 68–77*[500] *der Reichsverfassung finden auf die von der Reichsregierung beschlossenen Gesetze keine Anwendung*" – Art. 3 Satz 3).[501]

Aufgrund dieser historischen Erfahrung waren die Vorbereitungen zur Schaffung des Grundgesetzes durch den Verfassungskonvent auf Herrenchiemsee von dem Bemühen gekennzeichnet, die (neuen) verfassungsprägenden Kerngehalte besonders zu sichern. Dabei sollte die Gliederung des Bundes in Länder durch eine besondere Verfahrensvorschrift gesichert werden. Ein Gesetz, das die bundesstaatliche Grundordnung aufheben sollte, sollte zwar möglich sein, aber es sollte der einstimmigen Annahme im Bundesrat bedürfen

499 BVerfGE 30, 1 (juris-Tz. 79).

500 Die Art. 68–77 der Weimarer Reichsverfassung bildeten den fünften Abschnitt der Weimarer Reichsverfassung der mit der Überschrift „*Die Reichsgesetzgebung*" überschrieben war und das Gesetzgebungsverfahren regelte.

501 Bei der Bewertung der Bedeutung des so genannten Ermächtigungsgesetzes für das Ende der Weimarer Reichsverfassung darf nicht übersehen werden, dass zur Sicherung der erforderlichen Mehrheit im Reichstag Abgeordnete der linken Parteien verhaftet und die Mitglieder der KPD von der Sitzung ferngehalten worden waren und dass in mehreren Ländern nach der Absetzung der Landesregierungen Reichsbeauftragte die Regierungsgewalt ausübten, so dass auch die verfassungsmäßige Zusammensetzung des Reichsrats (vergleichbar mit dem heutigen Bundesrat) bezweifelt werden muss – vgl. Evers, in: Kahl/Waldhoff/Walter, BK GG, Art. 79 Abs. 3, 45. Lieferung (Zweitbearbeitung Art. 79 Abs. 3/Oktober 1982), Rn. 16.

(Art. 107 HChE). Die Abschaffung der freiheitlich demokratischen Grundordnung sollte hingegen unmöglich gemacht werden, indem man sie inhaltlich schützen wollte. Auf die Beseitigung der freiheitlich demokratischen Grundordnung gerichtete Anträge sollten unzulässig sein (Art. 108 HChE).[502]

Die vom Verfassungskonvent vorgeschlagene inhaltliche Absicherung der freiheitlich demokratischen Grundordnung war im Parlamentarischen Rat nicht unumstritten. So wurde argumentiert, dass die Errichtung einer Diktatur oder die Beseitigung der Verfassung durch eine Revolution auf diese Art und Weise nicht verhindert werden könne. Dem wurde entgegengehalten, dass eine inhaltliche Absicherung der freiheitlich demokratischen Grundordnung zum Ausdruck bringen solle, dass das Grundgesetz keinen Hebel bieten dürfe, sich selbst zu beseitigen und zu vernichten. Insbesondere solle durch diese Vorschrift verhindert werden, dass – wie 1933 geschehen – eine revolutionäre und antidemokratische Bewegung mit demokratischen Mitteln auf scheinbar legalem Wege die demokratisch-rechtsstaatliche Grundordnung ins Gegenteil verkehrt. Mit den Worten des Abgeordneten Carlo Schmid zu sprechen, ging es darum, *„einer Revolution die Maske der Legalität zu nehmen"*.[503]

Die Befürworter einer inhaltlichen Absicherung der die neue Verfassung prägenden Kerngehalte konnten sich im Parlamentarischen Rat schließlich durchsetzen. In der vom Allgemeinen Redaktionsausschuss vorgeschlagenen Fassung vom 16. Dezember 1948 wurde allerdings nicht mehr auf die Unzulässigkeit von bestimmten die Verfassung ändernden Anträgen abgestellt, sondern dem verfassungsändernden Gesetzgeber wurde die Kompetenz genommen, bestimmte Änderungen der Verfassung vorzunehmen. Dabei wurde nicht mehr das Schutzgut selbst genannt, sondern es wurde auf die in Art. 1 HChE und Art 21 HChE (in der der Endfassung Art. 1 und Art. 20 GG) niedergelegten Grundsätze verwiesen.[504] Der spätere Vorschlag des Allgemein Redaktionsausschusses, die einer Änderung entzogenen Materien näher zu beschreiben, wurde nicht umgesetzt.[505]

502 Hain, in: von Mangoldt/Klein/ Starck, GG, Art. 79, Rn. 30.

503 Zitiert nach: Hain, in: von Mangoldt/Klein/Starck, GG, Art. 79, Rn. 30.

504 Art. 108 der Stellungnahme des Allgemeinen Redaktionsausschusses zu dem Entwurf des Grundgesetzes nach der 1. Lesung des Hauptausschusses des Parlamentarischen Rats lautete „Der Verfassungsänderung gemäß Artikel 106 sind die in den Artikeln 1 und 21 dieses Grundgesetzes niedergelegten Grundsätze entzogen."

505 Hain, in: von Mangoldt/Klein/Starck, GG, Art. 79, Rn. 30.

c) Kritik in Literatur und Rechtsprechung an der Entscheidung des Bundesverfassungsgerichts

Dennoch ist die Entscheidung des Bundesverfassungsgerichts in der Rechtsprechung (Sondervotum von drei Verfassungsrichtern) und der Literatur auf erhebliche Kritik gestoßen.[506] Die Kritik lässt sich dahin zusammenfassen, dass das Bundesverfassungsgericht mit seiner sehr restriktiven Auslegung Art. 79 Abs. 3 GG jeglicher Wirksamkeit beraube. Entgegen der Auffassung des Bundesverfassungsgerichts greife die Ewigkeitsgarantie nicht erst dann, wenn die Beseitigung des Grundgesetzes drohe. Art. 79 Abs. 3 GG richte sich vielmehr auch gegen eine allmähliche Aushöhlung der dort genannten Grundsätze und Prinzipien. Art. 79 Abs. 3 GG habe die Funktion, schon den Anfängen zu wehren.[507] Die Regelung stehe bereits solchen Verfassungsänderungen entgegen, die zwar die Grundprinzipien der Verfassung unangetastet ließen, aber im Einzelfall verletzten und dadurch einem Erosionsprozess aussetzten.

2. Weitere Entscheidungen des Bundesverfassungsgerichts

a) Bodenreformentscheidung vom 23. April 1991

In der Bodenreformentscheidung von April 1991 hat sich das Bundesverfassungsgericht erneut mit der Auslegung von Art. 79 Abs. 3 GG beschäftigt und ausgeführt, dass der verfassungsändernde Gesetzgeber grundlegende Gerechtigkeitspostulate nicht außer Acht lassen dürfe. Zu den grundlegenden Gerechtigkeitspostulaten gehörten der Grundsatz der Rechtsgleichheit und das Willkürverbot. Ebenso seien grundlegende Elemente des Rechts- und des Sozialstaatsprinzips zu achten, die in Art. 20 Abs. 1 und 3 GG niedergelegt seien. Bei alledem verlange Art. 79 Abs. 3 GG allerdings nur, dass die genannten Grundsätze nicht berührt würden. Er hindere den verfassungsändernden Gesetzgeber dagegen nicht, die positivrechtliche Ausprägung dieser Grundsätze aus sachgerechten Gründen zu modifizieren.[508]

---

506 BVerfGE 30, 1 – juris-Tz. 103 ff. (Sondervotum); Kalkbrenner, BayVBl, 1971, S. 146; Rupp, NJW 1971, S. 275 (284); Alberts, JuS 1972, S. 319; Bryde, S. 239 ff.; Erichsen, VerwArch 62 (1971), S. 291 (293 ff.); Häberle, JZ 1971, S. 145 (149 f.); Hall, JuS 1972, S. 132 (135 f.).

507 BVerfGE 30, 1 (juris-Tz. 136 – Sondervotum).

508 BVerfGE 84, 90 (juris-Tz. 125).

b) Entscheidung zum „Großen Lauschangriff" vom 3. März 2004

In der Entscheidung zum „Großen Lauschangriff" erklärte das Bundesverfassungsgericht, dass Art. 79 Abs. 3 GG eine eng auszulegende Ausnahmevorschrift sei. Unter Verweis unter anderem auf die Bodenrechtsreformentscheidung wiederholte es, dass Art. 79 Abs. 3 GG den verfassungsändernden Gesetzgeber nicht hindere, die positivrechtlichen Ausprägungen dieser Grundsätze aus sachgerechten Gründen zu modifizieren. Das Bundesverfassungsgericht habe das Recht des verfassungsändernden Gesetzgebers zu respektieren, einzelne Grundrechte zu ändern, einzuschränken oder sogar aufzuheben, sofern die in Art. 1 und 20 GG niedergelegten Grundsätze nicht berührt würden. Aus sachgerechten Gründen erfolgende Modifikationen der positivrechtlichen Ausprägung dieser Grundsätze seien dem Gesetzgeber nicht verwehrt.[509]

c) Lissabon-Entscheidung vom 30. Juni 2009

In der Lissabon-Entscheidung betonte das Bundesverfassungsgericht, dass innerhalb der Ordnung des Grundgesetzes die Staatsstrukturprinzipien des Art. 20 GG, also die Demokratie, die Rechts- und die Sozialstaatlichkeit, die Republik, der Bundesstaat sowie die für die Achtung der Menschwürde unentbehrliche Substanz elementarer Grundrechte in ihrer prinzipiellen Qualität jeder Änderung entzogen seien.[510]

d) Entscheidung im NPD-Verbotsverfahren vom 17. Januar 2017

In seiner Entscheidung im NPD-Verbotsverfahren stellte das Bundesverfassungsgericht schließlich klar, dass anders als Art. 108 HChE – der Vorläufer von Art. 79 Abs. 3 GG – Art. 79 Abs. 3 GG in der vom Parlamentarischen Rat beschlossenen Fassung nicht nur Änderungen des Grundgesetzes verbiete, durch die die freiheitliche und demokratische Grundordnung beseitigt würde, sondern der Regelungsgehalt über den für einen freiheitlich demokratischen Verfassungsstaats unverzichtbaren Mindestgehalt hinausgehe.[511]

3. Zusammenfassung und Stellungnahme

Mit der neueren Rechtsprechung des Bundesverfassungsgerichts ist davon auszugehen, dass Art. 79 Abs. 3 GG nicht nur ein Verfassungsbeseitigungs- und

---

509 BVerfGE 109, 279 (juris-Tz. 114 f.).
510 BVerfGE 123, 267 (juris-Tz. 217).
511 BVerfGE 144, 20 (juris-Tz. 536 f.).

Revolutionsverbot enthält, sondern darüberhinausgehend bestimmte Kerngehalte der Verfassung nicht geändert werden dürfen. Damit entspricht das Verständnis dem Wortlaut von Art. 79 Abs. 3 GG.

„Berühren“ wird im Duden mit drei Bedeutungen beschrieben:

- Erstens, in dem Sinn, dass ein Kontakt hergestellt wird, dass etwas angerührt wird, ohne es fest zufassen oder dass etwas gestreift wird.
- Zweitens, in dem Sinn, dass ein Thema kurz erwähnt wird (eine Bedeutung, die für die Verwendung des Wortes „berühren“ im hiesigen Kontext nicht von Interesse ist).
- Drittens, dass etwas in bestimmter Weise auf jemanden wirkt oder dass etwas jemanden beeindruckt.

Dem Wort „Grundsatz“ werden im Duden zwei Bedeutungen zugeschrieben:

- Erstens wird darunter eine feste Regel verstanden, die jemand zur Richtschnur seines Handelns macht.
- Zweitens wird darunter ein allgemeingültiges Prinzip verstanden, das einer Sache zugrunde liegt, nach dem sie ausgerichtet ist, das sie kennzeichnet.

Als Synonyme werden unter anderem genannt: feste Regel, Leitfaden, Leitsatz, Prinzip, Richtlinie, Grundgedanke, Grundprinzip und Leitgedanke.

Legt man den Worten „berühren“ und „Grundsätze“ die Bedeutung zu Grunde, die der Duden den Worten gibt, und die auch dem allgemeinen Sprachgebrauch entsprechen, so werden durch Art. 79 Abs. 3 GG gewisse Regeln und Prinzipien des Grundgesetzes absolut geschützt.

Damit ist aber noch keine Aussage über den normativen Gehalt der Grundsätze gesagt. Dieser ist im Einzelfall zu bestimmen.

II. Restriktive Auslegung von Art. 79 Abs. 3 GG

Art. 79 Abs. 3 GG ist restriktiv auszulegen.[512] Das ergibt sich zum einen daraus, dass eine Verfassungsänderung nur unter den Voraussetzungen gemäß Art. 79

512 BVerfGE 30, 1 (juris-Tz. 120); 109, 279 (juris-Tz. 114); Bryde, in: von Münch/Kunig, GG, Art. 79, Rn. 37; Dreier, in: Dreier, GG, Art. 79 III, Rn. 19; Herdegen, in: Maunz/Dürig, GG, Art. 79, Rn. 80 (72. EL Juli 2014); Pieroth, in: Jarass/Pieroth, GG, Art. 79, Rn. 9; Sannwald, in: Schmidt-Bleibtreu/ Hoffmann/Henneke, GG, Art. 79 Rn. 38; anderer Ansicht: Hain, S. 70 ff.; Erichsen, VerwArch 62 (1971), S. 291 (294 f.); Evers, in: Kahl/Waldhoff/Walter, BK GG, Art. 79 Abs. 3, 45. Lieferung (Zweitbearbeitung Art. 79 Abs. 3/Oktober 1982), Rn. 152 ff.; Stern, Staatsrecht I, 1984, S. 116, 168.

GG möglich ist, die eine Verfassungsänderung als Ausnahme erscheinen lassen. Dies legt eine enge Auslegung von Art. 79 Abs. 3 GG nahe. Zum anderen ergibt sich die einschränkende Auslegung aus dem Grundsatz der Volkssouveränität. Denn es soll dem Volk möglich sein, die Verfassung nach seinem Willen zu gestalten. Dem ist zwar entgegenzuhalten, dass die Väter und Mütter des Grundgesetzes mit der Garantie einer änderungsfesten Verfassungsidentität auch den Volkswillen disziplinieren wollten. Allerdings soll die Bestandsgarantie des Art. 79 Abs. 3 GG den verfassungsändernden Gesetzgeber nur sehr eng umgrenzt beschränken und ihm nur ein bestimmtes Leitbild der Verfassungsordnung dauerhaft auferlegen.[513] Zudem spricht eine weitere systematische Überlegung in diesem Zusammenhang für eine enge Auslegung: Mit dem Verweis auf Art. 20 GG in Art. 79 Abs. 3 GG wird gerade auch die Achtung der Volkssouveränität auf Dauer gewährleistet. Sie steht also auch unter dem besonderen Schutz der Ewigkeitsgarantie. Zudem droht durch eine extensive Auslegung von Art. 79 Abs. 3 GG eine Verkrustung des Verfassungsgefüges, die der Gefahr Vorschub leisten könnte, das Grundgesetz durch eine Revolution außer Kraft zu setzen und durch ein neues Verfassungsgefüge zu ersetzen. Eine enge Auslegung von Art. 79 Abs. 3 GG dient damit der notwendigen Elastizität der Verfassung und gewährleistet den dauerhaften Erhalt als funktionsfähige Ordnung.[514]

D. Stand der Diskussion in der Literatur zur Änderung des Grundgesetzes für eine Geschlechterquote bei Wahlen

In der Literatur hat bisher nur eine intensive Auseinandersetzung mit der Frage stattgefunden, ob eine einfachgesetzliche Geschlechterquote bei Wahlen verfassungsgemäß ausgestaltet werden kann. Mit der Frage, ob dies auf Verfassungsebene möglich ist, wenn man die Verfassungsmäßigkeit einer einfachgesetzlichen Regelung verneint, haben sich in der Literatur bisher nur wenige Autoren beschäftigt.

I. Geschlechterquote im Grundgesetz verfassungswidrig

Einerseits wird die Auffassung vertreten, dass eine Geschlechterquote bei Wahlen weder einfachgesetzlich noch im Grundgesetz verfassungskonform geregelt werden könne. Eine entsprechende Verfassungsänderung würde an der

---

513 Herdegen, in: Maunz/Dürig, GG, Art. 79, Rn. 80 (72. EL Juli 2014).

514 Herdegen, in: Maunz/Dürig, GG, Art. 79, Rn. 80 (72. EL Juli 2014).

Ewigkeitsgarantie gemäß Art. 79 Abs. 3 GG i.V.m. Art. 20 GG scheitern.[515] Die Auffassung wird wie folgt begründet:

Eine Änderung des Grundgesetzes für eine Quotenregelung bei Wahlen verletze den Demokratiekern, weil es die passive Wahlrechtsgleichheit der Bewerberinnen und Bewerber beeinträchtige und den Wählerinnen und Wählern die Möglichkeit nehme, in Freiheit über die Zusammensetzung des Parlaments zu bestimmen. Zudem widerspreche die Idee der Parität dem Grundsatz der Volkssouveränität.[516]

Als Herrschaftsform der Gleichen garantiere Demokratie die staatsbürgerliche Gleichheit der politischen Mitwirkungsrechte im Sinne einer gleichberechtigten Teilnahme aller Bürgerinnen und Bürger am Prozess der politischen Willensbildung. Mit dem Gedanken von Gleichheit sei es unvereinbar, wenn bestimmten Gruppen Sonderrechte eingeräumt oder Nachteile auferlegt würden, wie dies bei Quotenregelungen der Fall sei.[517]

Als Herrschaftsform der Freien garantiere Demokratie dem Wähler ein Recht auf Willkür in seiner Wahlentscheidung. Er müsse diese nicht an objektiven Kriterien ausrichten und sei nicht an Grundrechte gebunden, auch nicht an Art. 3 Abs. 2 Satz 1 GG. Die damit im Zusammenhang stehende Staatszielbestimmung des Art. 3 Abs. 2 Satz 2 GG sei schon deshalb zur Rechtfertigung einer paritätischen Besetzung von Parlamenten nicht geeignet.[518]

Dass eine Änderung der Verfassung für Quotenregelungen und ein darauf aufbauendes Wahlgesetz die Parteien verpflichte (und nicht die Wählerinnen und Wähler), ließen die beiden vorgenannten Argumente nicht ins Leere laufen. In der Parteiendemokratie des Grundgesetzes sei zwar das Recht des Wählers, über die Zusammensetzung des Parlaments zu bestimmen, von vornherein eingeschränkt, weil die Parteien als Mittler zwischen den Wählerinnen und Wählern und den Kandidatinnen und Kandidaten stünden. Werde nun aber den Parteien gesetzlich vorgeschrieben, wie sie ihre Kandidaten aufzustellen haben, beschränke dies gleichzeitig die Freiheit und Gleichheit der Wahl und berühre damit den unantastbaren Demokratiekern des Grundgesetzes.[519]

Auch gehöre das Recht der Parteien, frei und ohne staatliche Einflussnahme über die Aufstellung ihrer Kandidatinnen und Kandidaten zu bestimmen,

515 Burmeister/Greve, ZG 2019, S. 154 (164 ff.).
516 Burmeister/Greve, ZG 2019, S. 154 (166).
517 Burmeister/Greve, ZG 2019, S. 154 (167).
518 Burmeister/Greve, ZG 2019, S. 154 (167).
519 Burmeister/Greve, ZG 2019, S. 154 (168).

zum änderungsfesten Kern des Grundgesetzes. Denn anders als bei einem reinen Mehrheitswahlsystem, bei dem der Wähler einem nach staatlichen Vorgaben aufgestellten Parteibewerber ausweichen und einem anderen seine Stimme geben könne, habe er bei einer Verhältniswahl, wie sie in Deutschland im Wesentlichen gelte, diese Möglichkeit nicht. Deshalb gehöre das Recht der Parteien, frei über die Aufstellung ihrer Kandidatinnen und Kandidaten zu bestimmen, zum unantastbaren Bereich des Demokratieprinzips gemäß Art. 79 Abs. 3 i.V.m. Art. 20 GG.[520]

Weiter wird argumentiert, dass durch eine Änderung des Grundgesetzes für Quoten bei Wahlen das zum änderungsfesten Kern des Demokratieprinzips zählende Prinzip der Volkssouveränität in Ausprägung des Grundsatzes des freien Mandats verletzt sei und dem Ansinnen zudem ein identitäres Verständnis von Demokratie zugrunde liege, was dem Grundgesetz fremd sei. Die Befürworter von Quotenregelungen gingen davon aus, dass eine Repräsentation von Fraueninteressen nur durch Frauen und von Männerinteressen nur durch Männer möglich sei. Mit Quotenregelungen ginge der Versuch einher, durch das Wahlrecht den politischen Einfluss von bestimmten Interessengruppen auf die Gesetzgebung zu determinieren. Dies stünde im Widerspruch zum grundgesetzlichen Demokratieverständnis und zum Grundsatz des freien Mandats.[521]

Schließlich stünde die Änderung des Grundgesetzes für Quotenregelungen bei Wahlen in diametralem Gegensatz zur grundgesetzlichen Idee von Demokratie im Sinne eines Pluralismus, der die Anerkennung einer politischen Vielfalt von Meinungen und Interessen bedeute. Die Vorstellung, dass eine Gruppe als solche im Parlament vertreten und repräsentiert werden müsse, sei dem Grundgesetz vollkommen fremd. Eine Quotenregelung bei Wahlen öffne das Tor zu einer schleichenden Abschaffung des Demokratieprinzips. Denn den Paritätsgedanken weitergedacht, müsste die Bevölkerung in weitere Gruppen eingeteilt werden. Eine Grenzziehung bei Anwendung des Spiegelgedankens sei schwierig.[522]

---

520 Burmeister/Greve, ZG 2019, S. 154 (169).
521 Burmeister/Greve, ZG 2019, S. 154 (170).
522 Burmeister/Greve, ZG 2019, S. 154 (171).

II. Geschlechterquote im Grundgesetz verfassungskonform

Demgegenüber wird die Auffassung vertreten, dass eine Änderung des Grundgesetzes für eine Geschlechterquote bei Bundestagwahlen verfassungskonform geregelt werden könne.[523]

Dem verfassungsändernden Gesetzgeber sei es nicht verwehrt, das Prinzip der demokratischen Gesamtrepräsentation dergestalt zu modifizieren, als mit ihm eine möglichst gleichberechtigte Geschlechterrepräsentation im Parlament verfolgt werde[524]. Die gemäß Art. 79 Abs. 3 i.V.m. Art. 20 GG unverzichtbaren Strukturelemente der Demokratie und die änderungsoffenen Strukturelemente seien nicht immer leicht voneinander abzugrenzen. Dennoch sprächen drei Argumente dafür, Paritätsregelungen als zulässige Weiterentwicklung des grundgesetzlichen Demokratieverständnisses einzuordnen. Zum einen blieben demokratische Mindeststandards unberührt. So würden durch eine Paritätsregelung weder der Grundsatz der Volkssouveränität, die ununterbrochene Legitimation der Repräsentanten durch das Volk, das Mehrheitsprinzip, die Herrschaft auf Zeit, die freie Wahl der zugelassenen Kandidaten noch die Kommunikationsfreiheiten berührt. Zum anderen solle man den formal hinreichend legitimierten verfassungsändernden Gesetzgeber in Zweifelsfällen nicht übermäßig beschränken. Und schließlich bewegten sich Paritätsregelungen im Rahmen dessen, was man in anderen westlichen Demokratien für zulässig erachte.[525]

E. Verfassungsmäßigkeit einer Grundgesetzänderung für eine Geschlechterquote bei Wahlen gemäß Art. 79 Abs. 3 GG i.V.m. Art. 20 GG

Der geringe normative Gehalt von Art. 79 Abs. 3 GG i.V.m. Art. 20 GG führt dazu, dass die Frage, wann die in Art. 20 GG niedergelegten Grundsätze im Sinne von Art. 79 Abs. 3 GG berührt werden, bei verschiedenen Beurteilern unterschiedlich ausfallen. Aber auch wenn die Prüfung im Wesentlichen auf nicht zwingenden Wertungen beruht, dürften die besseren Argumente für eine verfassungsrechtliche Zulässigkeit der angedachten Parité-Regelung sprechen, wie im Folgenden gezeigt wird.

---

523 Claasen, ZRP 2021, S. 50 (51 f.); Pautsch, JSE 2019, S. 1 (5); von Ungern-Sternberg, JZ 2019, S. 525 (534).

524 Claasen, ZRP 2021, S. 50 (51 f.); Pautsch, JSE 2019, S. 1 (5).

525 von Ungern-Sternberg, JZ 2019, S. 525 (534).

Die Prüfung soll in zwei Schritten erfolgen. In einem ersten Schritt soll der Frage nachgegangen werden, ob die Verfassungspositionen, in die durch eine Geschlechterquote bei Wahlen eingegriffen wird (vgl. oben Teil 2), prinzipiell Grundsatzcharakter i.S.v. Art. 79 Abs. 3 GG i.V.m. Art. 20 GG haben, um dann in einem zweiten Schritt zu klären, ob durch die Eingriffe der identitätsfeste Kern des Grundgesetzes berührt wird.

Für die Prüfung soll davon ausgegangen werden, dass die Grundgesetzänderung der Beseitigung struktureller Benachteiligung dient (vgl. oben Teil 2 C., Seite 79).

I. Verfassungsmäßigkeit der Änderung des Grundgesetzes im Hinblick auf die Wahlrechtsgrundsätze

1. Wahlrechtsgrundsätze als Grundsatzcharakter i.S.v. Art. 79 Abs. 3 GG i.V.m. Art. 20 GG

Wie oben dargelegt, wird durch eine einfachgesetzliche Geschlechterquote bei Wahlen in die Allgemeinheit, die Gleichheit und die Freiheit der Wahl wie sie durch Art. 38 Abs. 1 Satz 1 GG normiert sind, eingegriffen. Fraglich ist, ob die genannten Wahlrechtsgrundsätze Grundsatzcharakter im Sinne von Art. 79 Abs. 3 GG i.V.m. Art. 20 GG haben. Nur wenn dies der Fall ist, ist insoweit die Änderung des Grundgesetzes für Geschlechterquoten an Art. 79 Abs. 3 GG zu messen.

Demokratie ist die Herrschaftsform der Freien und Gleichen. Sie beruht auf der Idee der freien Selbstbestimmung aller Bürger. Das Grundgesetz geht insoweit vom Eigenwert und der Würde des zur Freiheit befähigten Menschen aus und verbürgt im Recht der Bürger, in Freiheit und Gleichheit durch Wahlen und Abstimmungen die sie betreffende öffentliche Gewalt personell und sachlich zu bestimmen, zugleich den menschenrechtlichen Kern des Demokratieprinzips.[526]

Es steht damit außer Frage, dass jedenfalls die Wahlrechtsgrundsätze der Gleichheit und – dem Grundsatz der Gleichheit sehr ähnlich – der Allgemeinheit der Wahl sowie der Freiheit der Wahl Teil des Demokratieprinzips sind, die durch Art. 79 Abs. 3 GG vor Änderungen geschützt werden.[527] Allerdings

---

526 BVerfGE 144, 20 (juris-Tz. 542).

527 Dietlein, in: BeckOK GG, Art. 79, Rn. 38; Herdegen, in: Maunz/Dürig, GG, Art. 79, Rn. 138 (72. EL Juli 2014); Sachs, in: Sachs, GG, Art. 79, Rn. 70; Wegge, S. 210 ff.

sind sie nicht in ihrer reinen Form geschützt.[528] Das wird besonders deutlich bei der Wahl des Wahlsystems, dass der Verfassungsgesetzgeber dem einfachen Gesetzgeber überlassen hat, Art. 38 Abs. 3 GG. So hat die Wahl eines Mehrheitswahlsystems, bei dem die Kandidatin oder der Kandidat gewinnt, der die meisten Stimmen auf sich vereint, andere Auswirkungen auf die Gleichheit der Wahl als ein Verhältniswahlrecht, bei dem mittels Listen der Wählerwille möglichst realitätsnah abgebildet werden soll. Bei dem Mehrheitswahlsystem bleiben im Ergebnis alle Stimmen unberücksichtigt, die nicht für die Kandidatin oder den Kandidaten abgegeben wurden, die bzw. der die meisten Stimmen auf sich vereinigen kann. So führt auch das Bundesverfassungsgericht aus, dass der Gesetzgeber den ihm von der Verfassung erteilten Auftrag zur Schaffung eines Wahlsystems, das den diversen staatspolitischen Zielen genügt, nur mit einem weiten Gestaltungsspielraum erfüllen kann, der ihn nicht in dem Sinne starr an die Wahlrechtsgrundsätze bindet, dass er verpflichtet wäre, jeden einzelnen von ihnen bis in dessen letzte Folgerungen zu verwirklichen.[529] In welchen Grenzen die Wahlrechtsgrundsätze letztendlich geschützt sind, ist im Einzelnen durch Auslegung zu klären.

2. *„Zwingender Grund“ auch Maßstab für Verfassungsänderung?*

Wie oben dargelegt (vgl. Teil 2 H. II., Seite 159) sind einfachgesetzlich Modifizierungen der Wahlgrundsätze gerechtfertigt, wenn mit ihnen ein von der Verfassung legitimiertes Ziel verfolgt wird, das sich mit den Wahlrechtsgrundsätzen die Waage hält und die Modifizierung verhältnismäßig ist („zwingender Grund“).

Es stellt sich die Frage, ob diese vom Bundesverfassungsgericht formulierte Grenze der Modifizierung der Wahlrechtsgrundsätze auch die Grenze für eine verfassungsgemäße Änderung auf der Ebene des Grundgesetzes darstellt. Die Frage liegt deshalb nahe, weil in der Rechtsprechung der Landesverfassungsgerichte und in der Literatur die Frage diskutiert wird, ob eine Kommunalwahlen betreffende Sperrklausel, die die Gleichheit der Wahl beschränkt, unterschiedlichen Prüfungsmaßstäben unterliegt, je nachdem, ob sie einfachgesetzlich oder in der Landesverfassung geregelt wird. Von der Rechtsprechung und Teilen der Literatur wird die Auffassung vertreten, kommunalwahlrechtliche Sperrklauseln seien am gleichen Maßstab zu messen, egal ob sie einfachgesetzlich

---

528 Sachs, in: Sachs, GG, Art. 79, Rn. 70; Dietlein, in: BeckOK GG, Art. 79, Rn. 38; Herdegen, in: Maunz/Dürig, GG, Art. 79, Rn. 138 (72. EL Juli 2014).

529 BVerfGE 95, 335 (juris-Tz. 105); 59, 119 (juris-Tz. 23); 3, 19 (juris-Tz. 24).

geregelt werden oder in der Landesverfassung verankert sind. Die Vertreter dieser Ansicht wollen auch auf Ebene der Landesverfassung verankerte Sperrklauseln am Maßstab der verfassungsgerichtlichen Rechtsprechung der „zwingenden Gründe" messen, der für einfachgesetzlich geregelte Sperrklauseln entwickelt wurde.[530]

Die Frage ist zu verneinen. Der vom Bundesverfassungsgericht entwickelte Maßstab für einfachgesetzliche Beschränkungen der Wahlrechtsgrundsätze beschreibt nicht gleichzeitig den änderungsfesten Kern des Demokratieprinzips gemäß Art. 20 i.V.m. Art. 79 Abs. 3 GG.

Die Frage nach dem Prüfungsmaßstab für landesverfassungsrechtlich geregelte Sperrklauseln resultiert aus dem Verhältnis des einfachen Landesrechts und des Landesverfassungsrecht einerseits zum Grundgesetz andererseits. Konkret stellt sich die Frage, ob landesverfassungsrechtlich geregelte Sperrklauseln nur am Maßstab des Landesverfassungsrechts zu messen sind oder auch am Maßstab des Grundgesetzes, und wenn ja, an welchen Normen. Die Stimmen in Rechtsprechung und Literatur, die vom gleichen Prüfungsmaßstab für einfachgesetzlich und landesverfassungsrechtlich geregelte Sperrklauseln ausgehen, vertreten die Auffassung, dass landesverfassungsrechtlich geregelte Sperrklauseln auch an Art. 28 Abs. 1 Satz 2 GG zu messen sind, der vorschreibt, dass die Landes- und Kommunalparlamente nach den fünf Wahlrechtsgrundsätzen zu wählen sind, die auch in Art. 38 Abs. 1 Satz 1 GG für den Bundestag niedergelegt sind. Für die Auslegung von Art. 28 Abs. 1 Satz 2 GG könne dann auf die Rechtsprechung des Bundesverfassungsgerichts zu Art. 38 Abs. 1 Satz 1 GG zurückgegriffen werden, weil die Wahlrechtsgrundsätze auf Bundes- und Landesebene inhaltlich identisch seien.[531]

Bei der skizzierten Diskussion geht es also nicht um die Frage, wie Art. 79 Abs. 3 GG bzw. gleichlautende landesverfassungsrechtliche Regelungen auszulegen sind, sondern um die Frage von Homogenität oder Identität zwischen Grundgesetz und Landesverfassungsrecht im bundesstaatlichen Gefüge. Auf die Frage, wie Art. 20 i.V.m. Art. 79 Abs. 3 GG im Hinblick auf die Bestimmung des änderungsfesten Kernbereichs des Demokratieprinzips und der Wahlrechtsgrundsätze auszulegen ist, ergibt sich aus der Diskussion weder in die eine noch in die andere Richtung eine Antwort.

---

530 VerfGH NRW, KommJur 2018, S. 18 (juris-Tz. 81 ff.); Barczak, NWVBl. 2017, S. 133 (135 ff.); Dietlein, LTO, 28. August 2014, Oebbecke, Stellungnahme, S. 4 f.; Wissmann, S. 4; Roth, S. 127; Michael, S. 19.

531 Barczak, NWVBl. 2017, S. 133 (136).

Anders als die Rechtsprechung der Landesverfassungsgerichte auf den ersten Blick vermuten lässt, findet die Rechtsprechung des Bundesverfassungsgerichts zu den „zwingenden Gründen", die eine einfachgesetzliche Modifikation der Wahlgrundsätze rechtfertigen können, auf deren Modifikation auf Verfassungsebene keine Anwendung.

3. *Berühren der Grundsätze gemäß Art. 79 Abs. 3 GG i.V.m. Art. 20 GG im Hinblick auf die Wahlrechtsgrundsätze*

Mit den Modifikationen der Wahlgrundsätze, die mit der Änderung des Grundgesetzes für Geschlechterquoten bei Wahlen verbunden sind, wird kein Neuland im Gefüge des Grundgesetzes betreten. Das Demokratieprinzip ist für die Frauenförderung grundsätzlich offen und es gibt bereits auf der Ebene des Grundgesetzes Regelungen, die ähnliche Auswirkungen auf die Wahlgrundsätze haben wie Quotenregelungen. Zudem sind dem deutschen Staatsrecht Fragmentierungen der Wählerschaft nicht fremd. Schließlich steht auch die historische Entwicklung des Frauenwahlrechts einer Beschränkung der Allgemeinheit der Wahl nicht entgegen.

a) Demokratieprinzip offen für Frauenförderung

Sofern man die Änderung des Grundgesetzes für Geschlechterquoten bei Bundestagswahlen mit der Beseitigung struktureller Benachteiligungen von Frauen begründet, so dient sie dem Ziel, Männer und Frauen im Bereich der Bundestagswahlen tatsächlich gleichzustellen. Das Ziel, der Auswirkungen struktureller Benachteiligung von Frauen in der Politik zu begegnen und Männer und Frauen im Bereich der Bundestagswahlen tatsächlich gleichzustellen, hat Verfassungsrang. Genauso wie die Wahlrechtsgrundsätze kann dieses Ziel dem Demokratieprinzip zugeordnet werden. Zudem ergibt sich das Ziel auch aus dem Sozialstaatsprinzip, das gemäß Art. 79 Abs. 3 GG i.V.m. Art. 20 GG ebenfalls der Ewigkeitsgarantie unterfällt.

Die Ausgestaltung des Demokratieprinzips im Grundgesetz ist grundsätzlich offen für das Ziel, die politische Partizipation von Frauen im Rahmen von demokratischen Wahlen zu fördern. Zum Demokratieprinzip des Grundgesetzes gehört nicht nur der Grundsatz der staatsbürgerlichen Gleichheit der politischen Mitwirkungsrechte[532], der sich im speziellen Gleichheitssatz der Gleichheit der Wahlen gemäß Art. 38 Abs. 1 GG niederschlägt. Auch der

---

532 Grzeszick, in: Maunz/Dürig, GG, Art. 20, Rn. 35 (57. EL Juli 2010).

allgemeine Gleichheitssatz gemäß Art. 3 Abs. 1 GG stellt eines der tragenden Konstitutionsprinzipien der freiheitlich-demokratischen Verfassung dar.[533] Damit ist aber auch der spezielle Gleichheitssatz in Art. 3 Abs. 2 Satz 1 GG tragendes Konstitutionsprinzip der demokratischen Verfassung und mit ihm das Förderungsgebot gemäß Art. 3 Abs. 2 Satz 2 GG. Denn nach der herrschenden Meinung wird mit der Regelung in Art. 3 Abs. 2 Satz 2 GG nachgezeichnet, was sich bereits auch ohne diese Regelung aus dem Grundgesetz in seiner ursprünglichen Fassung ergab: Art. 3 Abs. 2 GG a.F. (jetzt Art. 3 Abs. 2 Satz 1 GG) ging nach der herrschenden Meinung in seiner Wirkung über ein allgemeines Diskriminierungsverbot hinaus und stellte ein Gleichberechtigungsgebot auf, wonach sich dieses auch auf die gesellschaftliche Wirklichkeit beziehen soll.[534]

Zudem steht das Gebot der Frauenförderung in engem Zusammenhang mit dem Sozialstaatsprinzip[535] (vgl. oben Teil 2 H. II. 2. a), Seite 170), das ebenfalls dem besonderen Schutz des Art. 79 Abs. 3 GG unterfällt.

Maßnahmen der Frauenförderung zur Beseitigung struktureller Benachteiligungen auch im Rahmen von Wahlen zum Bundestag lassen sich somit aus dem Demokratieprinzip heraus begründen. Sie stehen damit im Verhältnis zum Demokratieprinzip auf der gleichen Ebene wie die Wahlrechtsgrundsätze.

b) Vergleichbare Regelungen zur Beschränkung der Wahlgrundsätze

Das Grundgesetz kennt Regelungen, die die Wählbarkeit beschränken und die sich aus dem Grundgesetz unmittelbar ergeben, wie die Regelung über das Wahlalter in Art. 38 Abs. 2 GG, oder Regelungen, die zu ihrer Einführung ermächtigen, wie Art. 137 Abs. 1 GG, welcher der Sicherung der organisatorischen Gewaltenteilung dient. Der Sinn und Zweck beider Regelungen ergibt sich wie die Änderung des Grundgesetzes für Geschlechterquoten bei Bundestagswahlen aus dem Demokratieprinzip. Die mit der Änderung des Grundgesetzes für Geschlechterquoten bei Bundestagswahlen einhergehenden Beschränkungen der Wahlrechtsgrundsätze und ihre Begründung sind daher

533 BVerfGE 6, 257 (juris-Tz. 18).

534 BVerfGE 126, 29 (juris-Tz. 65); 113, 1 (juris-Tz. 52); 109, 64 (juris-Tz. 209); 104, 373 (juris-Tz. 69); 92, 91 (juris-Tz. 68); 85, 191 (juris-Tz. 53); Langenfeld, in: Maunz/Dürig, GG, Art. 3 Abs. 2, Rn. 20 (74. EL Mai 2015).

535 BVerfGE 74, 163 (juris-Tz. 46); Fuchsloch, NJW 1991, S. 442 (444); Eckertz-Höfer, in: Festschrift für Simon, S. 467 ff.; Benda, S. 137 ff.

vergleichbar, was dafür spricht, dass das Grundgesetz für Geschlechterquoten bei Bundestagswahlen geändert werden kann.

aa) Wahlalter, Art. 38 Abs. 2 GG

Durch Art. 38 Abs. 2 GG wird das aktive und passive Wahlrecht aller Deutschen unter 18 Jahren beschränkt. Der Hintergrund der Beschränkung des Wahlalters leitet sich aus dem Demokratieprinzip selbst und dem aus diesem fließenden Prinzip der Volkssouveränität her. Will das Volk selber über seine Geschicke entscheiden, muss der Einzelne im Volk in der Lage sein, einen entsprechenden vernunftgeleiteten Willen zu bilden. Eine wesentliche Funktion der Wahl ist die Kommunikation zwischen Regierenden und Regierten.[536] Die Teilnahme an diesem Kommunikationsprozess setzt aber die Möglichkeit einer bewussten und vernunftgeleiteten Wahlentscheidung voraus.[537] Die Wählerinnen und Wähler müssen also eine gewisse politische Mündigkeit haben. Diese fehlt Menschen bis zu einem gewissen Alter. Die Frage, von welchem Alter an typischerweise vom Vorliegen der notwendigen Einsichtsfähigkeit ausgegangen werden kann, ist eine Wertungsfrage. Im Sommer 1970 wurde das in Art. 38 Abs. 2 GG festgelegte aktive Wahlalter von 21 Jahren auf 18 Jahre und das passive Wahlalter von 25 Jahren auf 21 Jahre und ab Januar 1975 auf 18 Jahre herabgesetzt.[538]

Bis das Wahlalter erreicht ist, sind Staatsbürger nicht wählbar. Man spricht von Ineligibilität.

bb) Sicherung der organisatorischen Gewaltenteilung, Art. 137 Abs. 1 GG

Art. 137 Abs. 1 GG ist eine Ermächtigungsgrundlage für den einfachen Gesetzgeber, die Wählbarkeit von Beamten, Angestellten des öffentlichen Dienstes,

---

536 Dreier, in: Dreier, GG, Art. 20 (Demokratie), Rn. 76 ff.; Breuer, NVwZ, 2002, S. 43 (45).

537 Mussgnug, FS für Gerd Roellecke, S. 165 (173), Oppermann/Walkling, RuP 1995, S. 85; Pechstein, FuR 1991, S. 142 (145); Breuer, NVwZ, 2002, S. 43 (45).

538 Seit der Änderung von Art. 38 Abs. 2 GG durch das 27.Gesetz zur Änderung des Grundgesetzes vom 31. Juli 1970 heißt Art. 38 Abs. 2 GG „*Wahlberechtigt ist, wer das achtzehnte Lebensjahr vollendet hat; wählbar ist, wer das Alter erreicht hat, mit dem die Volljährigkeit eintritt.*" Die Volljährigkeit, die im BGB geregelt ist, begann zum Zeitpunkt der Änderung von Art. 38 Abs. 2 GG mit Vollendung des 21. Lebensjahres. Durch das Gesetz zur Neuregelung des Volljährigkeitsalters vom 31. Juli1974, das am 1. Januar 1975 in Kraft getreten ist, wurde die Volljährigkeit auf die Vollendung des18. Lebensjahres herabgesetzt.

Berufssoldaten, freiwilligen Soldaten auf Zeit und Richtern im Bund, in den Ländern und den Gemeinden gesetzlich zu beschränken. Die Ermächtigung zielt darauf ab, mögliche Interessenkonflikte zwischen Amt und Mandat zu vermeiden. Art. 137 Abs. 1 GG will durch Wählbarkeitsbeschränkungen eine der organisatorischen Gewaltenteilung zuwiderlaufende Wahrnehmung von Aufgaben im Bereich einer anderen Staatsfunktion verhindern, um die Gefahr von Entscheidungskonflikten und damit „Verfilzungen" abzuwehren.[539] Art. 137 Abs. 1 GG erlaubt nur solche einfachgesetzlichen Regelungen, die den betroffenen Personen ermöglichen, sich zur Wahl zu stellen und nach der Wahl – wenn auch unter Inkaufnahme großer persönlicher Nachteile – sich zwischen Amt und Mandat zu entscheiden.[540] Man spricht in diesem Fall von Inkompatibilität. Art. 137 Abs. 1 GG bietet keine verfassungsrechtliche Rechtsgrundlage, um Menschen, die sich zur Wahl stellen wollen, von der Wahl von Beginn an auszuschließen. Art. 137 Abs. 1 ermächtigt also nicht zum Erlass von Ineligibilitätsregeln (wie die Regelung des Wahlalters in Art. 38 Abs. 2 GG).[541]

Die Ineligibilität unterscheidet sich von Inkompatibilität also dadurch, dass die Inkompatibilität dem Betroffenen die Wahl zwischen Amt und Mandat lässt. Allerdings kann die Inkompatibilität in bestimmten Konstellationen dazu führen, dass die betroffene Person tatsächlich nicht zwischen Amt und Mandat wählen kann.[542] Man spricht dann von faktischer Ineligibilität.[543] Die faktische Ineligibilität ist nur zulässig, wenn ein zwingender Grund vorliegt.[544]

cc) Vergleichbarkeit

Beide Regelungen sind von ihrer Eingriffsqualität in die Wahlrechtsgrundsätze mit der hier angedachten Grundgesetzänderung vergleichbar.

Auf die Vergleichbarkeit der „Begründungsebene", also das Demokratieprinzip, wurde bereits hingewiesen: Die Beschränkung des Wahlalters, die Sicherung der organisatorischen Gewaltenteilung und die Geschlechterquote

---

539 BVerfGE 57, 43 (juris-Tz. 53); 38, 326 (juris-Tz. 46); 18, 172 (juris-Tz. 34); 12, 73 (juris-Tz. 22); Domgörgen, in: Hömig/Wolff, GG, Art. 137, Rn. 1.

540 BVerfGE 58, 177 (juris-Tz. 38) m.w.N.; Domgörgen, in: Hömig/Wolff, GG, Art. 137, Rn. 5; Klein, in: Maunz/Dürig, GG, Art. 137, Rn. 67 (80. EL Juni 2017).

541 BVerfGE 98, 145 (juris-Tz. 39); 58, 177 (juris-Tz. 38) m.w.N.; Klein, in: Maunz/Dürig, GG, Art. 137, Rn. 67 ff. (80. EL Juni 2017) mit Hinweisen zur Mindermeinung, die sog. *„beschränkte Ineligibilitäten"* zulassen möchte.

542 BVerfGE 98, 145 (juris-Tz. 39); 58, 177 (juris-Tz. 39).

543 Klein, in: Maunz/Dürig, GG, Art. 137, Rn. 66 (80. EL Juni 2017).

544 BVerfGE 93, 373 (juris-Tz. 18); 57, 43 (juris-Tz. 67).

haben alle drei ihre Wurzeln im Demokratieprinzip. Die Geschlechterquote kann zudem noch auf das Sozialstaatsprinzip gestützt werden.

Ebenso wie die Geschlechterquote, die dazu führt, dass Personen eines Geschlechts für Kandidatenplätze, die dem anderen Geschlecht vorbehalten sind, nicht wählbar sind, also zu einer partiellen Ineligibiltät führt, führt auch die Beschränkung des Wahlalters zu einer Ineligilibität. Dass die Bürger, die zunächst von der Wahl ausgeschlossen sind, weil sie das Wahlalter nicht erreichen, bei einer späteren Wahl, wenn sie das Wahlalter erreichen, an Wahlen teilnehmen können, steht einer Vergleichbarkeit nicht entgegen. Denn es kommt auf den Ausschluss bei der konkreten Wahl an und nicht darauf, wie sich die Lage möglicherweise bei einer späteren Wahl darstellt.

Auch ist die Regelung über das Wahlalter keine „einsame" Ausnahme. Das deutsche Wahlrecht kennt weitere einfachgesetzliche Ineligibiltätsvorschriften im Bereich der aktiven und passiven Wahl. So ist gemäß § 13 BWahlG vom Wahlrecht ausgeschlossen, wer infolge Richterspruchs das Wahlrecht nicht besitzt. Das betrifft vor allem Personen mit einer geistigen Behinderung, bei denen aufgrund ihrer Behinderung davon auszugehen ist, dass die Möglichkeit der Teilnahme am Kommunikationsprozess zwischen Volk und Staatsorganen nicht in hinreichendem Maße besteht. Nicht wählbar für die Dauer von fünf Jahren ist, wer wegen eines Verbrechens zu Freiheitsstrafe von mindestens einem Jahr verurteilt wird, § 45 Abs. 1 StGB. Auf die Notwendigkeit, ein Unterschriftenquorum zu erfüllen, um an der Wahl zum Bundestag teilnehmen zu dürfen, wurde bereits oben hingewiesen (vgl. Teil 2 H. II. 1. c), Seite 164).

Zudem wurde Art. 137 Abs. 1 GG nicht aus Respekt vor dem Demokratieprinzip und den Wahlgrundsätzen nur als Inkompatibilitätsregelung statt als Ineligibiltätsregelung ausgestaltet, sondern aus einer historischen Verfassungstradition heraus. Es ist nur ein Zufall der Geschichte, dass die Regelung eine Inkompatibilitätsregelung ist. Dies zeigt ein Blick auf die Entstehungsgeschichte der Regelung.

Entsprechend der deutschen Verfassungstradition kannte der Verfassungsentwurf des Konvents von Herrenchiemsee (HChE) die Unvereinbarkeit von Amt und Mandat nicht. Er setzte sie vielmehr ungeschrieben voraus. In Art. 62 Abs. 1 HChE hieß es: „*Angehörige des öffentlichen Dienstes bedürfen für die Tätigkeit als Abgeordnete keines Urlaubs.*" Auch der Parlamentarische Rat ging zunächst von der unbeschränkten Vereinbarkeit von Amt und Mandat aus.[545] Damit setzten sich der Konvent von Herrenchiemsee und der Parlamentarische

545 Klein, in: Maunz/Dürig, GG, Art. 137, Rn. 2 (80. EL Juni 2017).

Rat in Widerspruch zu der amerikanischen und britischen Besatzungsmacht. In ihrem ersten Memorandum vom 22. November 1948 gerichtet an den Präsidenten des Parlamentarischen Rates forderten die Militärgouverneure sicherzustellen, *„dass der öffentliche Dienst unpolitischen Charakters ist“* und *„dass ein öffentlicher Bediensteter, sollte er in die Bundeslegislative gewählt werden, vor Annahme der Wahl von seinem Amt bei der ihm beschäftigenden Behörde zurücktritt.“*[546] Nachdem der Parlamentarische Rat dieser Forderung nicht nachkam, wiederholten die Militärgouverneure in einem weiteren Memorandum vom 2. März 1949 ihre Forderung ausdrücklich.[547] Soweit sie konnten, setzten sie es an anderer Stelle durch. So sah das am 15. März 1949 für das amerikanische und britische Kontrollgebiet in Kraft getretene Gesetz Nr. 15 in § 26 ein umfassendes politisches Betätigungsverbot für Beamte vor. So durfte ein Beamter sich nicht als Kandidat für die Wahl zu einem öffentlichen Amt aufstellen lassen und er durfte nicht durch politische Tätigkeit eine Partei oder ein politisches Programm öffentlich unterstützen.[548]

Mit ihrer Forderung nach einer strikten Trennung von Amt und Mandat wollten die Militärgouverneure einerseits eine Neutralisierung des Beamtentums sicherstellen und andererseits die Selbständigkeit des Parlaments gegenüber der Verwaltung sichern.[549] Der Widerstand des Parlamentarischen Rates wiederum beruhte auf der Überzeugung, dass es gerade die unpolitische Haltung der Beamten während der Zeit der Weimarer Republik war, die den Nationalsozialisten den Zugriff auf die Exekutive erleichterte. Zudem wollte man dem Parlament den Sachverstand der Beamten nicht vorenthalten.[550]

Erst während der dritten und letzten Lesung des Grundgesetzes im Plenum des Parlamentarischen Rates am 8. Mai 1949 beantragten der SPD-Abgeordnete Dr. Menzel und der CDU-Abgeordnete Dr. Strauß die Aufnahme des Art. 137 Abs. 1 GG in die Endfassung. Dem Antrag wurde ohne Aussprache stattgegeben.[551] Er hatte bereits damals im Wesentlichen den heute bekannten Inhalt.

---

546 Verfassungen der Welt, http://www.verfassungen.de/de49/grundgesetz-memorandum48.htm (abgerufen: 15. Mai 2021).

547 Verfassungen der Welt, http://www.verfassungen.de/de49/grundgesetz-memorandum49.htm (abgerufen: 15. Mai 2021).

548 Gesetzblatt der Verwaltung des Vereinigten Wirtschaftsgebiets Nr. 8 vom 29. März 1949, Beilage Nr. 2.

549 Klein, in: Maunz/Dürig, GG, Art. 137, Rn. 3 (80. EL Juni 2017).

550 Klein, in: Maunz/Dürig, GG, Art. 137, Rn. 1 (80. EL Juni 2017); Strauss, DÖV 1949, S. 143 (144); Blum, S. 442.

551 JöR N.F. 1 (1951), S. 895 f.; Klein, in: Maunz/Dürig, GG, Art. 137, Rn. 5 (80. EL Juni 2017).

Lediglich mit der Einführung der Wehrverfassung in das Grundgesetz im Jahr 1956 wurde die Vorschrift geringfügig angepasst und der persönliche Anwendungsbereich um die Soldatinnen und Soldaten ergänzt.

Der Blick auf die Entstehungsgeschichte von Art. 137 Abs. 1 GG zeigt, dass die Väter und Mütter des Grundgesetzes bei der Abfassung dieses Artikels nicht den Grundsatz der allgemeinen Wahl im Blick hatten und die Frage, ob dieser im Wege einer Ineligibilität dauerhaft eingeschränkt werden kann. Hintergrund von Art. 137 Abs. 1 GG war vielmehr ein Verfassungskulturkonflikt zwischen dem Parlamentarischen Rat und den Besatzungsmächten, der mit einer Kompromisslösung endete. Man überließ es dem einfachen Gesetzgeber, wann und unter welchen Umständen Beamte und ähnliche Personen an einer Wahl teilnehmen durften und ein Mandat annehmen durften, wobei man sich zu Gunsten einer Inkompatibilität entschied, weil diese der deutschen Verfassungstradition am nächsten stand.

Vor dem Hintergrund dieser bereits bestehenden Regelungen, die offensichtlich nicht den änderungsfesten Kern des Demokratieprinzips berühren, ist nicht nachvollziehbar, warum nun gerade eine Änderung des Grundgesetzes für Quotenregelungen bei Wahlen den änderungsfesten Kern des Demokratieprinzips berühren sollte. Die Vergleichbarkeit der Eingriffsintensität spricht vielmehr dagegen, dass der änderungsfeste Kern des Demokratieprinzips berührt wird.

c) „Deskriptive Elemente“ des Grundgesetzes und des Wahlrechts

Die Stimmen in der Literatur, die Geschlechterquoten bei Bundestagswahlen – egal ob einfachgesetzlich oder auf der Ebene des Grundgesetzes – für verfassungswidrig halten, meinen, dass diejenigen, die eine Umsetzung für möglich halten, ein identitäres Demokratieverständnis hätten[552], das dem Grundgesetz fremd sei.

Der Vorwurf geht fehl. Dem Grundgesetz ist zwar ein *grundsätzliches* identitäres Demokratieverständnis fremd. Es enthält aber durchaus identitäre Elemente, in die sich eine Geschlechterquote einreihen würde.

Die demokratische Identitätstheorie geht auf Jean-Jacques Rousseau und sein Buch *„Vom Gesellschaftsvertrag oder Prinzipien des politischen Rechtes“* zurück. Er ließ das Modell der athenischen Demokratie von der Identität von Herrschern und Beherrschten aufleben. Nach seiner Theorie gibt es einen Gemeinwillen des Volkes, der zur Identität von Herrschern und Beherrschten führt.

552 Burmeister/Greve, ZG 2019, S. 154 (171); Gärditz, LTO, 19. November 2018.

Sonderinteressen des Einzelnen gibt es nicht. Schon Rousseau erkannte, dass seine Vorstellung des Idealstaats nur in kleinen Staaten mit einer homogenen Gesellschaftsstruktur funktionieren kann. Große Territorialstaaten benötigen eine Vertretungskörperschaft. Dies führt zu den Vertretern einer „deskriptiven Repräsentation“[553], die die Auffassung vertreten, dass die Vertretungskörperschaften möglichst spiegelbildlich zur Gesellschaft zusammengesetzt werden sollen.

In Zeiten aufkeimenden Populismus und des Erstarkens von Nationalismus in westlichen Demokratien hat das Adjektiv „identitär“ einen nationalistischen und völkischen, mithin einen negativen Beigeschmack, nicht zuletzt, weil sich im deutschsprachigen Raum eine rechtsextremistische Gruppierung „Identitäre Bewegung“ nennt, die vom Bundesamt für Verfassungsschutz beobachtet wird. Aus diesem Grund soll im Rückgriff auf die Theorie der deskriptiven Repräsentation[554] im Folgenden von „deskriptiven Elementen“ die Rede sein.

Grundsätzlich baut das Grundgesetz auf der Theorie des Pluralismus auf, also auf der Idee des Wettbewerbs widerstreitender Interessen und Meinungen. Dieser Wettbewerb wird dann in Wahlen ausgetragen. Die Idee einer deskriptiven Repräsentation ist dem Grundgesetz daher fremd, denn es schränkt das Element der Wahlen stark ein (vgl. oben Teil 2 F. III., Seite 99). Ungeachtet dessen enthält das deutsche Recht aber einige „deskriptive Elemente“. Vor dem Hintergrund, dass eine Geschlechterquote nicht zu einer vollständigen Spiegelung der Gesellschaft im Parlament führt, sondern lediglich zu einer partiellen, und der Tatsache, dass das deutsche Recht „deskriptive Elemente“ enthält, ist das Argument, dem Grundgesetz sei ein „identitäres“ Demokratieverständnis fremd, in seiner Absolutheit nicht haltbar.

aa) Privilegierung nationaler Minderheiten

Am stärksten kommt das deskriptive Element im deutschen Wahlrecht bei der Privilegierung nationaler Minderheiten zum Tragen.[555] So sind die Parteien nationaler Minderheiten bei der Bundestagswahl von der Fünf-Prozent-Sperrklausel befreit, ebenso wie vom Erfordernis eines Unterschriftenquorums, §§ 6 Abs. 3 Satz 2, 27 Abs. 1 Satz 4 BWahlG. Ähnliche Regelungen existieren für die Landtagswahlen in Schleswig-Holstein und in Brandenburg. So unterliegen bei den Landtagswahlen in Schleswig-Holstein Parteien der dänischen

---

553 Pitkin, S. 60 ff.

554 Pitkin, S. 60 ff.

555 Ähnlich Claasen, ZRP 2021, S. 50 (51).

Minderheit – konkret der Südschleswigsche Wählerverband (SSW) – nicht der Fünf-Prozent-Sperrklausel.[556] Gleiches gilt für die Minderheit der Sorben und Wenden in Brandenburg.[557] Nach der Rechtsprechung des Bundesverfassungsgerichts sind die Sonderregelungen für nationale Minderheiten verfassungskonform.[558] Die Begünstigung führt ein Stück weit zu einer Spiegelung der Gesellschaft im Parlament. Sie relativiert den Gedanken der offenen demokratischen Repräsentation, als sie gleichgerichtete politische Interessen von Angehörigen einer nationalen Minderheit unterstellt.[559]

bb) Wahlen in Wahlkreisen und über Landeslisten

Zu nennen sind des Weiteren die nach dem deutschen Wahlrecht vorgesehenen Wahlen in Wahlkreisen und über Landeslisten.

Vor allem die Wahlen in Wahlkreisen führen zu einer gewissen Spiegelung der Gesellschaft im Bundestag nach der örtlichen Herkunft. Weil sich der Gesetzgeber bei der Ausgestaltung des Wahlrechts auch für ein Mehrheitswahlsystem entschieden hat, wird die Hälfte der Bundestagsabgeordneten (derzeit 299) in Wahlkreisen gewählt. Die Aufteilung in Wahlkreise gewährleistet unter anderem, dass die Bevölkerung der Bundesrepublik Deutschland örtlich gleichmäßig repräsentiert wird. Zwar gilt für die Wahlkreiskandidatinnen und -kandidaten keine Residenzpflicht, wie sie für die Wählerinnen und Wähler gilt. Die Wahl in Wahlkreisen bleibt jedoch eine Personenwahl, die ein enges Verhältnis zwischen den Wählern und dem gewählten Kandidaten zur Folge hat.[560] Auch wenn er – gemeinsam mit den anderen Abgeordneten – gemäß Art. 38 GG Vertreter des ganzen Volkes ist, ist er auch Vertreter seines Wahlkreises.

Aber auch die Wahl über die Landeslisten führt zu einer gewissen Identität in Bezug auf die geographische Herkunft der Gewählten zu den Wählern. Durch die Landeslisten wird ebenfalls eine gleichmäßige örtliche Repräsentation erreicht werden. Denn seit der Wahlrechtsreform 2013 werden in einem

---

556 § 3 Abs. 1 Satz 2 LWahlG; bei der Landtagswahl 2017 erreichte der SSW mit 3,3 % Stimmenanteil drei Sitze im Landtag von Schleswig-Holstein.

557 § 3 Abs. 1 Satz 2 BbgLWahlG.

558 BVerfGE 6, 84 (juris-Tz. 34); in der Literatur wird eine Ausnahme von der Sperrklausel nur dort für zulässig erachtet, wo die Verfassung den Schutz nationaler Minderheiten kennen: MORLOK, in: DREIER, GG, Art. 38, Rn. 113; STRELEN, in: SCHREIBER, § 6 Rn. 47, Fn. 100 m.w.N. zu beiden Ansichten.

559 VON UNGERN-STERNBERG, JZ 2019, S. 525 (531).

560 Skeptisch: KLEIN, in MAUNZ/DÜRIG, GG, Art. 38, Rn. 156 (60. EL Oktober 2010).

ersten Schritt für jedes Land im Verhältnis der dortigen deutschen Bevölkerung Sitzkontingente ermittelt, § 6 Abs. 2 BWahlG. So entfielen beispielsweise bei der Bundestagswahl 2017 auf Nordrhein-Westfalen 128 Sitze, auf Hamburg 13 Sitze und auf Sachsen 32 Sitze.[561]

Durch die Aufteilung in Wahlkreise und durch die Landeslisten kommt es somit zu einer föderalen Zuordnung der Wählerstimmen, die das Bundesverfassungsgericht als Anliegen des Gesetzgebers bei der Ausgestaltung des Wahlrechts grundsätzlich billigt.[562]

cc) Mitbestimmung der Länder durch den Bundesrat

Schließlich ist noch der Bundesrat zu nennen. Durch ihn werden die Belange der Länder auf Bundesebene wahrgenommen.[563] Über den Bundesrat wird eine mittelbare Beteiligung des Landeswahlvolks – über die Landtage und die von ihnen kontrollierten Landesregierungen – an der Gestaltung des gesamtstaatlichen Willens ermöglicht.[564] Über die Beteiligung des Bundesrats an der Gesetzgebung wird also unter dem Gesichtspunkt der örtlichen Herkunft ebenfalls eine – wenn auch nur mittelbare – Identität zwischen Herrschern und Beherrschten hergestellt.

dd) Zusammenfassung

Die Behauptung der Vertreter der Auffassung, die eine Änderung des Grundgesetzes für Geschlechterquoten bei Bundestagswahlen für verfassungswidrig halten, dem Demokratieverständnis des Grundgesetzes seien deskriptive Elemente fremd[565], kann somit in seiner Absolutheit keinen Bestand haben. Es ist als Argument gegen die Zulässigkeit der Änderung des Grundgesetzes für Geschlechterquoten bei Bundestagswahlen nicht überzeugend.

d) Historische Betrachtung

Auch aus historischer Sicht spricht wenig dafür, dass die angedachte Grundgesetzänderung im Hinblick auf die Beschränkung der Wahlrechtsgrundsätze das Demokratieprinzip in seinem Kernbereich berührt.

---

561 Landeszentrale für politische Bildung Baden-Württemberg, Sitzberechnung, https://www.bundestagswahl-bw.de/sitzberechnung_btw.html (abgerufen: 15. Mai 2021).

562 BVerfGE 121, 266 (juris-Tz. 113).

563 BVerfGE 121, 266 (juris-Tz. 120).

564 Müller-Terpitz, in: Maunz/Dürig, GG, Art. 50, Rn. 39 (80. EL Juni 2017).

565 Burmeister/Greve, ZG 2019, S. 154 (171).

Ausgehend von der Vermutung, dass die von Art. 79 Abs. 3 GG geschützten Grundsätze mit den im Grundgesetz ursprünglich verwirklichten Ausprägungen im Einklang stehen, kann man sich fragen, ob nicht die Tatsache, dass zum Zeitpunkt des Erlasses des Grundgesetzes das Frauenwahlrecht in Deutschland erst seit 30 Jahren existierte, gegen die Zulässigkeit der Änderung des Grundgesetzes für Geschlechterquoten bei Bundestagswahlen spricht. Die möglicherweise paradox klingende Frage kann man deshalb stellen, weil mit der Verwirklichung des Frauenwahlrechts der letzte Schritt zur Verwirklichung der Allgemeinheit der Wahl gegangen wurde, wie man sie zum Zeitpunkt der Beratungen des Parlamentarischen Rates kannte. Mit der angedachten Grundgesetzänderung geht aber eine Beschränkung einher, die – aus der Perspektive des Verfassungsgebers 1949 – erst kürzlich erreicht worden war. Dabei soll hier noch einmal in Erinnerung gerufen werden, dass im Hinblick auf einen bestimmten Kandidatenplatz die beabsichtigte Grundgesetzänderung auch für Frauen eine Einschränkung des passiven Wahlrechts darstellt: Die Plätze, die für Männer reserviert sind, sind für Frauen gesperrt. Die angedachte Regelung kann sich also im Einzelfall durchaus auch für Frauen nachteilig auswirken.

Berücksichtigt man die geänderte Situation der Frauen heute im Verhältnis zur Zeit des Erlasses des Grundgesetzes und die noch immer bestehenden Hindernisse bei der Verwirklichung der Gleichberechtigung in der Wirklichkeit, spricht nichts dafür, dass Beschränkungen der Allgemeinheit der Wahl aus der Sicht des historischen Gesetzgebers nicht gewollt sind.

In der ersten Reichsverfassung von 1848 war das Wahlrecht für Frauen noch nicht vorgesehen. Die Paulskirchenverfassung äußerte sich zwar zum Wahlrecht für Frauen nicht. Damals gab es aber keinen Anlass, die Frauen vom Wahlrecht explizit auszuschließen. Zwar enthielt die Reichsverfassung in § 137 einen allgemeinen Gleichheitssatz (*„Die Deutschen sind vor dem Gesetz gleich.“*) Es stand aber außer Frage, dass den Frauen das Wahlrecht nicht zustand.[566]

Die Frauen mussten noch bis zum Jahr 1919 warten, um als Staatsbürgerinnen mit vollen politischen Bürgerrechten anerkannt zu werden. Erstmals berechtigt zu wählen waren die Frauen bei der Wahl zur verfassunggebenden Deutschen Nationalversammlung am 19. Januar 1919. Gemäß § 2 der *Verordnung über die Wahlen zur verfassunggebenden deutschen Nationalversammlung (Reichswahlgesetz)* vom 30. November 1918 heißt es: *„Wahlberechtigt sind alle deutschen Männer und Frauen, die am Wahltag das 20. Lebensjahr vollendet*

566 Heepe, Jura 1989, S. 232 (233).

haben.“[567] Etwas früher konnten die Frauen bereits in Baden und in Württemberg wählen. Am 5. Januar 1919 kam es zur Wahl der verfassunggebenden Landesversammlung der Republik Baden und am 12. Januar 1919 zur Wahl der verfassunggebenden Landesversammlung des Freien Württembergischen Volksstaats.[568] Bis das aktive und passive Frauenwahlrecht dann auch verfassungsrechtlich verankert war, dauerte es noch bis zum Inkrafttreten der Verfassung des Deutschen Reichs am 11. August 1919, in der in Art. 109 Satz 2 geregelt wurde: *„Männer und Frauen haben grundsätzlich dieselben staatsbürgerlichen Rechte und Pflichten.“* Damit war zwar eine Absicherung des aktiven und passiven Wahlrechts und der Zugang zu öffentlichen Ämtern verfassungsrechtlich gewährleistet. Tatsächlich aber konnten die Frauen ihre Rechte als Staatsbürgerinnen nur beschränkt ausüben, denn das Familienrecht des BGB von 1896 blieb unverändert in Kraft, weshalb die Frauen in der Familie weiter dem Patriarchat unterworfen waren.[569]

Vor dem Hintergrund dieser Entwicklung – so könnte man argumentieren – spricht wenig dafür, dass die Väter und Mütter des Grundgesetzes eine Beschränkung des Grundsatzes der Allgemeinheit der Wahl und damit einen Rückschritt von mühsam erreichten Zielen akzeptiert hätten.

Zu berücksichtigen ist jedoch, dass beim Erlass des Grundgesetzes und der Formulierung bestimmter Artikel der Verfassungsgeber eine bestimmte Situation oder einen bestimmten Sachverhalt im Blick hatte. Diese Situationen und Sachverhalte ändern sich mit der Zeit, so dass der verfassungsändernde Gesetzgeber solche Änderungen nun zum Anlass nimmt, die Verfassung zu ändern. Insofern muss man bei der Frage, ob eine Verfassungsänderung gemessen an Art. 79 Abs. 3 GG zulässig ist, den neuen, geänderten Sachverhalt berücksichtigen und nach dem potentiellen Willen des Verfassungsgebers fragen.

Bevor die Frage beantwortet wird, ob sich die angedachte Grundgesetzänderung zu weit von den durch den Verfassungsgeber konkretisierten Normen des Demokratieprinzips entfernt – im hiesigen Zusammenhang vom Grundsatz der Allgemeinheit der Wahl –, soll noch ein Blick auf die Entstehungsgeschichte von Art. 3 Abs. 2 GG a. F. (heute Art. 3 Abs. 2 Satz 1 GG) geworfen

567 document.archiv.de, http://www.documentarchiv.de/wr/1918/reichswahlgesetz.html (abgerufen: 15. Mai 2021)

568 Landeszentrale für politische Bildung Baden-Württemberg, Geburtsstunde des Frauenwahlrechts, https://www.lpb-bw.de/12_november.html (abgerufen: 15. Mai 2021)

569 Schmidt-Bens, NZFam 2016, S. 1118 (1119).

werden, denn diese verdeutlicht die Sicht, die der Verfassungsgeber auf die Gleichstellung von Frauen und Männern hatte.

Art. 3 Abs. 2 und Abs. 3 GG a. F. waren von Anfang an Bestandteil des Grundgesetzes. Die Ergänzung der beiden Absätze um jeweils einen zweiten Satz erfolgte erst 1994.[570] Im Parlamentarischen Rat waren die Differenzierungsverbote in Art. 3 Abs. 3 GG a.F./Art. 3 Abs. 3 Satz 1 GG n.F. mit Ausnahme des Differenzierungsverbots des Geschlechts nicht Gegenstand substantieller Auseinandersetzungen. Sie hatten Vorbilder in der deutschen Verfassungstradition, trafen sich mit international-rechtlichen Entwicklungen und waren vor allem unter dem Eindruck der menschenverachtenden und mörderischen Diskriminierungspraxis des NS-Staates Konsens.[571] Das Differenzierungsverbot des Geschlechts wurde hingegen nur zögernd in den Verbotskatalog des Art. 3 Abs. 3 GG a.F./Art. 3 Abs. 3 Satz 1 GG n.F. aufgenommen, denn man fürchtete das Ausmaß der Änderungen im einfachen Recht, die eine solche Bestimmung nach sich ziehen würde, insbesondere die zahlreichen geschlechtsspezifischen Rechtsbeschränkungen des bürgerlichen Rechts und hier vor allem das patriarchalisch strukturierte Ehe- und Familienrecht.[572] Aus dem gleichen Grund gab es ganz erhebliche Widerstände gegen die zusätzliche Gewährleistung der Gleichberechtigung von Männern und Frauen gemäß Art. 3 Abs. 2 GG a.F./ Art. 3 Abs. 2 Satz 1 GG n.F. Nachdem die CDU ihre Auffassung geändert hatte und ihren Widerstand aufgab, wurde in der Sitzung des Hauptausschusses vom 18. Januar 1949 Art. 3 Abs. 2 GG a.F. in der heute als Art. 3 Abs. 2 Satz 1 GG bekannten Fassung einstimmig angenommen. Es bestand jedenfalls Übereinstimmung darüber, dass die Regelung der Verbesserung der Lage der Frau dient und dass die Gleichberechtigung auf *alle* Rechtsgebiete erstreckt werden sollte.[573] Weiter war erklärtes Ziel, die mehrdeutigen Begriffe „bevorzugen“ und „benachteiligen“ in Art. 3 Abs. 3 GG a.F. (Art. 3 Abs. 3 S. 1 GG n.F.) zu präzisieren und klarzustellen. Es sollte verhindert werden, durch Auslegung der Begriffe Bevorzugung und Benachteiligung die Beschränkung von Rechten der Frauen aus dem Diskriminierungsverbot auszunehmen. Solche Änderungen sollten vielmehr am konkreten Gebot der Rechtsgleichheit gemessen werden.[574]

---

570 Art. 1 Nr. 1 a) und b) des Gesetzes zur Änderung des Grundgesetzes vom 27. Oktober 1994, BGBl. I, S. 3146.

571 Nussberger, in: Sachs, GG, Art. 3, Rn. 226.

572 Nussberger, in: Sachs, GG, Art. 3, Rn. 227.

573 Langenfeld, in: Maunz/Dürig, GG, Art. 3 Abs. 2, Rn. 1 (74. EL Mai 2015).

574 Nussberger, in: Sachs, GG, Art. 3, Rn. 227.

Mit Art. 3 Abs. 2 GG a.F./Art. 3 Abs. 2 Satz 1 GG n.F. ging es dem Verfassungsgeber – wenn auch gegen anfänglichen Widerstand – darum, die Rechte der Frauen zu stärken, und er wollte sie von den rechtlichen Beschränkungen befreien, die ihnen nicht nur – aber auch – durch das patriarchalisch strukturierte Ehe- und Familienrecht des BGB von 1896 auferlegt wurden.

Die hier angedachte Verfassungsänderung dient der Umsetzung der tatsächlichen Gleichstellung von Männern und Frauen im Rahmen der politischen Partizipation und dient damit der Umsetzung der rechtlichen Grundlage, die der Verfassungsgeber mit der Einführung von Art. 3 Abs. 2 GG a.F./Art. 3 Abs. 2 Satz 1 GG n.F. geschaffen hat. Insofern spricht nichts dafür, dass allein die Tatsache, dass erst kurz vor Erlass des Grundgesetzes die Allgemeinheit der Wahl erreicht wurde, wie wir sie heute kennen, gegen eine relativ geringe Einschränkung des Grundsatzes der allgemeinen Wahl spricht, die der tatsächlichen Gleichberechtigung von Männern und Frauen dienen soll. Gering ist der Eingriff deshalb, weil mit ihm letztendlich nur der Zustand hergestellt werden soll, der bestehen würde, wenn Frauen und Männer tatsächlich auch im Bereich der politischen Partizipation gleichgestellt wären. Die durch die Umsetzungsmängel entstandene vorteilhafte Position, auf die die Männer „kein Anrecht" haben, wird auf ein Maß zurückgedrängt, wie es zu erwarten wäre, wenn die Umsetzungsmängel nie entstanden wären. Den Männern wird also nichts weggenommen, was ihnen nicht zusteht. Das geht zwar mit einer Beschränkung des Rechts auf allgemeine Wahlen des einzelnen einher, betrifft aber die Frauen und die Männer gleichermaßen. Zwar ist für den einzelnen der Eingriff möglicherweise nicht ganz unerheblich, weil ihm bestimmte Listenplätze (die geraden oder die ungeraden) und bestimmte Wahlkreise (die, in denen bereits eine Person seines Geschlechts nominiert wurde) von vornherein nicht zur Verfügung stehen. Das ist aber angesichts des Ziels, das mit der hier zu untersuchenden Verfassungsänderung verfolgt wird, hinzunehmen.

4. *Zwischenergebnis*

Eine grundgesetzlich geregelte Geschlechterquote berührt somit nicht die in Art. 20 GG i.V.m. Art. 79 GG niedergelegten Grundsätze soweit die Wahlgrundsätze betroffen sind. Das Demokratieprinzip des Grundgesetzes ist offen für Frauenförderung auch bei Wahlen. Es enthält bereits Beschränkungen der Wahlgrundsätze, die mit den Beschränkungen einer Geschlechterquote vergleichbar sind. Auch ist die mit einer solchen Regelung einhergehende Spiegelung der Bevölkerung im Parlament dem Grundgesetz nicht fremd.

II. Verfassungsmäßigkeit der Änderung des Grundgesetzes im Hinblick auf die Chancengleichheit und Programmfreiheit der Parteien

1. Chancengleichheit und Programmfreiheit der Parteien als Grundsatzcharakter i.S.v. Art. 79 Abs. 3 GG i.V.m. Art. 20 GG

Wie oben dargelegt, wird durch eine einfachgesetzliche Geschlechterquote bei Wahlen in die Programmfreiheit und die Chancengleichheit der Parteien eingegriffen, in die Programmfreiheit allerdings nur insoweit, als die personelle Ebene der Programmfreiheit betroffen ist (vgl. Teil 2, G. II. 2. b), Seite 118). Dasselbe gilt für eine entsprechende Regelung auf der Ebene des Grundgesetzes. Fraglich ist, ob die Grundsätze der Freiheit und der Chancengleichheit der Parteien Grundsatzcharakter im Sinne von Art. 79 Abs. 3 GG i.V.m. Art. 20 GG haben. Nur soweit dies der Fall ist, ist die Änderung des Grundgesetzes für Geschlechterquoten an Art. 79 Abs. 3 GG zu messen.

a) Chancengleichheit

Der Grundsatz der Chancengleichheit der Parteien ist eine Konkretisierung des Demokratieprinzips.[575]

Das Grundgesetz hat sich für das Modell der parlamentarisch-repräsentativen Demokratie entschieden. Parlamentswahlen kommt dabei eine besondere Bedeutung zu. Sie stellen den notwendigen Zurechnungszusammenhang zwischen Volk und staatlicher Herrschaft her.[576] Da bei der Größe des Volkes die demokratische Willensbildung eine gewisse Bündelung der verschiedenen Ansichten, Ideen, Strömungen und Kräfte voraussetzt, vollzieht sich die politische Willensbildung regelmäßig überwiegend durch Parteien. In der Demokratie von heute haben allein die Parteien die Möglichkeit, die Wähler zu politisch aktionsfähigen Gruppen zusammenzuschließen.[577] Verschiedene Ansichten, Ideen, Strömungen und Kräfte können sich aber wiederum nur in einem Mehrparteiensystem organisieren, weshalb das Demokratieprinzip einen Mehrparteienstaat voraussetzt.[578] Auch wenn die Parteien vor

575 BVerfGE 144, 20 (juris-Tz. 531); 44, 125 (juris-Tz. 58); 6, 273 (juris-Tz. 25); 5, 85 (juris-Tz. 218); 2, 1 (juris-Tz. 38); Grzeszick, in: Maunz/Dürig, GG, Art. 20, Rn. 17 (57. EL Juli 2010); Antoni, in: Hömig/Wolff, GG, Art. 20, Rn. 3; Pieroth, JuS 2010, S. 473 (478); Sachs, in: Sachs, GG, Art. 20, Rn. 20.

576 BVerfGE 144, 20 (juris-Tz. 546); 83, 60 (juris-Tz. 37).

577 BVerfGE 1, 208 (juris-Tz. 53).

578 Dietlein, in: BeckOK GG, Art. 79, Rn. 40.

allem durch die Beteiligung an Wahlen bei der politischen Willensbildung mitwirken[579], erschöpft sich ihre Tätigkeit nicht in der Wahlvorbereitung. In der modernen Demokratie spielen Parteien auch außerhalb der Wahlen eine wichtige Rolle im Rahmen der ständigen Auseinandersetzung um die Festlegung der politischen Gesamtrichtung. Sie sind eine wichtige Institution, um auch zwischen den Wahlen den Willen der Bürger zu artikulieren und letztendlich auch wirksam werden zu lassen.[580] Die Parteien, die die Mehrheit im Parlament stellen und die Regierung stützen, stellen die wichtigste Verbindung zwischen dem Volk und der Staatsführung her und erhalten sie aufrecht. Die Parteien, die die Minderheit stellen, bilden die politische Opposition und machen sie wirksam – nicht nur im Parlament, sondern auch außerparlamentarisch, wenn sie nicht den Einzug ins Parlament schaffen.[581]

Parlamentswahlen üben so wesentlich Einfluss auf die Willensbildung und die Entscheidungen der Staatsorgane aus. Dabei haben alle Parteien im Vorfeld der Wahlen die Aufgabe, die Ansichten, Ideen, Strömungen und Kräfte in der Bevölkerung zu sammeln, sie auszugleichen und aus ihnen politische Alternativen zu formen, unter denen die Bürger dann in Wahlen auswählen können.[582] Damit stehen die Parteien mit ihren unterschiedlichen Lösungsangeboten für politische Fragen oder Probleme untereinander im Wettbewerb. Damit dieser Wettbewerb fair und offen ausgetragen werden kann, müssen alle Parteien gleichbehandelt werden und somit dieselben Chancen haben, gewählt zu werden – vor allem bei Wahlen. Ihnen darf jedenfalls der Zutritt zum Wahlvorgang nicht sachwidrig erschwert werden. Die jeweils herrschende Mehrheit und die oppositionelle Minderheit müssen grundsätzlich die gleichen Chancen im Wettbewerb um Wählerstimmen haben. Die Gewährleistung gleicher Chancen im Wahlwettbewerb ist ein unabdingbares Element des vom Grundgesetz gewollten freien und offenen Prozesses der Meinungsbildung und Willensbildung des Volkes. Nur so haben die Minderheitsgruppen die Möglichkeit, zur Mehrheit zu werden.[583] Das Recht auf Chancengleichheit der Parteien versteht sich nach alledem als Bestandteil der demokratischen Grundordnung.[584]

---

579 BVerfGE 8, 51 (juris-Tz. 59); HUSTER/RUX, in: BeckOK GG, Art. 20, Rn. 80.
580 BVerfGE 91, 262 (juris-Tz. 25); 44, 125 (juris-Tz. 59); 20, 56 (juri-Tz. 122); 1, 208 (juris-Tz. 53).
581 BVerfGE 44, 125 (juris-Tz. 59).
582 BVerfGE 44, 125 (juris-Tz. 59).
583 BVerfGE 44, 125 (juris-Tz. 58).
584 BVerfGE 120, 82 (juris-Tz. 102); 1, 208 (juris-Tz. 107).

Auch hat die Chancengleichheit der Parteien Grundsatzcharakter i.S.v. Art. 79 Abs. 3 GG i.V.m. Art. 20 GG. Dies erwähnt das Bundesverfassungsgericht in seiner Lissabon-Entscheidung zwar nicht explizit. Das Bundesverfassungsgericht verweist jedoch darauf, dass das Mehrheitsprinzip für das Demokratieprinzip konstitutiv sei, aber mit einer unbehinderten Opposition einhergehe, die die Chance auf Regierungsübernahme habe.[585] Demnach ist auch die Chancengleichheit der Parteien für das Demokratieprinzip des Grundgesetzes elementar.[586]

b) Programmfreiheit

Auch die Programmfreiheit ist eine Konkretisierung des Demokratieprinzips.

Die Wahl der Ziele einer Partei und der Personen, die diese glaubhaft gegenüber dem Wahlvolk vertreten, ist von zentraler Bedeutung.[587] Ein wirklich freier Wettbewerb von Lösungsangeboten ist nur gewährleistet, wenn die Parteien ihr Programm frei gestalten und ihr Personal frei wählen können. Was die Meinungsfreiheit für den Einzelnen ist, ist die Programmfreiheit für die Parteien. Ist aber die Meinungsfreiheit Teil des Demokratieprinzips[588] und Bestandteil seines änderungsfesten Kerns[589], muss dies auch für die Programmfreiheit der Parteien gelten. Der Staat darf daher grundsätzlich keinen Einfluss auf den Inhalt der Programme der Parteien nehmen, solange wie sich die Partei mit ihrem Programm im Rahmen der freiheitlich demokratischen Grundordnung bewegt und nicht das Ziel verfolgt, den Bestand der Bundesrepublik Deutschland zu gefährden (vgl. Art. 21 Abs. 2 GG). Es dürfen mit vorgenannter Ausnahme keine inhaltlichen Anforderungen an die von einer Partei verfolgten Ziele gestellt werden.[590]

---

585 BVerfGE 123, 267 (juris-Tz. 213).

586 Sachs, in: Sachs, GG, Art. 79, Rn. 65, der allerdings keinen Schutz von Art. 21 GG durch Art. 79 Abs. 3, 20 GG anerkennt; Dietlein, in: BeckOK GG, Art. 79, Rn. 40.

587 Klein, in: Maunz/Dürig, GG, Art. 21, Rn. 278 (64. EL Januar 2012).

588 BVerfGE 91, 262 (juris-Tz. 24); 7, 198 (juris-Tz. 32); Grimm, NJW 1995, S. 1697 (1703).

589 Dietlein, in: BeckOK GG, Art. 79, Rn. 52; Herdegen, in: Maunz/Dürig, GG, Art. 79, Rn. 127 (72. EL Juli 2014); Haratsch, in: Sodan, GG, Art. 79, Rn. 39.

590 BVerfGE 107, 339 (juris-Tz. 65); 20, 56 (juris-Tz. 117, 119); Klein, in: Maunz/Dürig, GG, Art. 21, Rn. 278 (64. EL Januar 2012).

2. *Berühren der Grundsätze gemäß Art. 79 Abs. 3 GG i.V.m. Art. 20 GG im Hinblick auf die Chancengleichheit und Programmfreiheit der Parteien*

a) *Chancengleichheit*

Die Chancengleichheit der Parteien steht in engem Zusammenhang mit den Grund sätzen der Allgemeinheit und Gleichheit der Wahl, die ihre Prägung durch das Demokratieprinzip erfahren. Aus diesem Grund ist der Grundsatz der Chancengleichheit – genauso wie die durch die Grundsätze der Allgemeinheit und Gleichheit der Wahl verbürgte gleiche Behandlung der Wählerinnen und Wähler – streng formaler Natur und führt zu einem grundsätzlichen Differenzierungsverbot.[591] Da die Quotenregelung auf der Ebene des Grundgesetzes für alle Parteien gleichermaßen gelten würde, erscheint die Chancengleichheit der Parteien unproblematisch zu sein.

Problematisch ist allerdings, dass die formal gleich auf alle Parteien angewendete Geschlechterquote kleine Parteien und Parteien, die vor allem ein Geschlecht ansprechen, faktisch derart benachteiligen kann, dass ihnen unter Umständen eine Teilnahme an Wahlen unmöglich gemacht wird (vgl. oben, Teil 2 G. II. 2. a), Seite 116). Fraglich ist, ob dadurch die beabsichtigte Änderung des Grundgesetzes für eine Geschlechterquote nicht doch den unveränderbaren Kern des Demokratieprinzips im Sinne von Art. 79 Abs. 3 GG berühren würde.

Im Zusammenhang mit der Parteienfinanzierung hat das Bundesverfassungsgericht ausgeführt, dass es chancengleicher Bedingungen bedarf, vor allem eines für alle offenen Zugangs zum „politischen Markt", damit sich der in der Verfassung angelegte politische Wettbewerb tatsächlich einstellen kann.[592] Für den politischen Wettbewerb seien auch kleine Parteien von Bedeutung.[593] Sie würden für die notwendige neue Konkurrenz sorgen. Denn der Wettbewerb zwischen den Parteien könne auf Dauer nur wirksam sein, wenn er sich nicht auf den Wettbewerb der etablierten Parteien beschränke, sondern durch das Hinzutreten neuer Parteien belebt werde. Die anhaltende Herausforderung durch kleine Parteien erweitere, intensiviere und fördere den demokratischen Wettbewerb.[594] Das Recht der Parteienfinanzierung dürfe daher das Entstehen neuer Parteien und deren Zutritt zum politischen Wettbewerb nicht über

591 BVerfGE 111, 382 (juris-Tz. 62); BVerfGE 104, 14 (juris-Tz. 22); 95, 408 (juris-Tz. 41 f.); 52, 63 (juris-Tz. 88); 20, 56 (juris-Tz. 158).

592 BVerfGE 111, 382 (juris-Tz. 83).

593 BVerfGE 111, 382 (juris-Tz. 84).

594 BVerfGE 111, 382 (juris-Tz. 85).

Gebühr erschweren und die Betätigung kleiner Parteien nicht unangemessen beeinträchtigen.[595]

Weil die grundgesetzliche Demokratie nach der verfassungspolitischen Entscheidung des Verfassungsgebers als Mehrparteiendemokratie angelegt ist[596], berührt eine Regelung, die dazu führt, dass kleine Parteien und Parteien, die in einem besonderen Maße ein Geschlecht ansprechen, nicht mehr an Wahlen teilnehmen können, den durch Art. 79 Abs. 3 GG geschützten Kernbereich des Demokratieprinzips. Der vom Bundesverfassungsgericht in seiner Rechtsprechung zur Parteienfinanzierung geforderte „frische Wind“ im Parteienwettbewerb wäre somit nicht mehr gegeben.

Die Änderung des Grundgesetzes für eine Geschlechterquote bei Bundestagswahlen ist daher so auszugestalten, dass es dem einfachen Gesetzgeber bei der Ausgestaltung die Möglichkeit eröffnet, die Quote auch für kleine Parteien erfüllbar auszugestalten (vgl. oben Teil 2 H. I. 7. c), Seite 151).

b) Programmfreiheit

Auch wenn die Programmfreiheit sowohl in ihrer sachlich-inhaltlichen Dimension als auch in ihrer organisatorisch-personellen Dimension durch das Grundgesetz geschützt ist, wiegen Beschränkungen im Hinblick auf die organisatorisch-personelle Dimension deutlich weniger schwer als Beschränkungen in sachlich inhaltlicher Hinsicht. Beschränkungen im Hinblick auf die sachlich-inhaltliche Dimension betreffen das „Ob“ eines Programmpunktes. Den Parteien wird rechtlich oder faktisch unmöglich gemacht, ein bestimmtes Thema zu besetzen. Hingegen betreffen Beschränkungen im Hinblick auf die organisatorisch-personelle Dimension die nach dem „Ob“ nachgelagerte Frage, wie ein Programmpunkt dem Wähler präsentiert wird, mithin das „Wie“ der Programmfreiheit.

Da der Freiheitsanspruch umso stärker wirkt, je mehr ein Recht infrage steht, ist gleichzeitig die Regelungsbefugnis des Staates umso geringer. Mit anderen Worten sind die Rechtfertigungsanforderungen an eine Beschränkung des „Ob“ der Programmfreiheit – falls diese überhaupt möglich ist, was hier nicht infrage steht, weil dieser Bereich nicht betroffen ist – viel höher als eine Beschränkung des „Wie“.[597]

---

595 BVerfGE 111, 382 (juris-Tz. 88).

596 BVerfGE 111, 382 (juris-Tz. 81).

597 Vgl. zu einer ähnlichen Problematik die Rechtsprechung des Bundesverfassungsgerichts zur Berufsfreiheit und der in diesem Zusammenhang entwickelten Drei-Stufen-Theorie, nach der Beschränkungen gestaffelten nach Ausübungsregelungen,

Beschränkungen im Hinblick auf die organisatorisch-personelle Dimension betreffen lediglich die Frage, wie das Programm gegenüber dem Wähler präsentiert wird. Es geht also um das „Wie".

Das „Wie" der Programmfreiheit ist bereits jetzt schon einfachgesetzlich beschränkt und überschneidet sich mit der Chancengleichheit. Zu nennen ist hier in erster Linie die insgesamt beschränkte kostenlose Zeit für Wahlpropaganda im Rundfunk, die zudem proportional zur Bedeutung einer Partei gestaffelt ist. Kleine Parteien haben im Verhältnis zu großen Parteien grundsätzlich deutlich weniger Zeit für Wahlpropaganda im Rundfunk. Weiter ist hier zu nennen die Erstattung der Wahlkampfkosten, die sich ebenfalls an der Bedeutung einer Partei misst und die sich mittelbar und faktisch auf das „Wie" der Programmfreiheit auswirkt: Die Partei, die nur im geringen Maße eine Wahlkampferstattung erhält, kann auch nur in geringem Maße Wahlwerbung betreiben und ihr Wahlprogramm bei der Wahlbevölkerung bekannt machen – es sei denn, es gibt überproportional hohe Spenden, was in der Regel nicht der Fall sein wird.

Vor dem Hintergrund dieser gesetzgeberischen Wertung berührt die Änderung des Grundgesetzes für Geschlechterquote bei Bundestagswahlen im Hinblick auf die mit ihr einhergehende Beschränkung der Programmfreiheit der Parteien nicht das Demokratieprinzip in seinem Kernbereich im Sinne von Art. 79 Abs. 3 GG. Dies gilt umso mehr, als die Änderung des Grundgesetzes für Geschlechterquoten bei Bundestagswahlen einem Ziel dient, das Verfassungsrang hat – nämlich der tatsächlichen Gleichstellung von Männern und Frauen.

III. Verfassungsmäßigkeit der Änderung des Grundgesetzes im Hinblick auf das allgemeine Diskriminierungsverbot

1. Allgemeines Diskriminierungsverbot als Grundsatzcharakter i.S.v. Art. 79 Abs. 3 GG i.V.m. Art. 20 GG

Wie oben dargelegt (vgl. Teil 2, G. V., Seite 129), werden durch eine einfachgesetzliche Geschlechterquote bei Wahlen Männer diskriminiert. Dasselbe gilt für eine entsprechende Regelung auf der Ebene des Grundgesetzes.

---

subjektiven Voraussetzungen der Berufsaufnahme und objektiven Bedingungen der Berufszulassung die Anforderungen jeweils erhöhten Rechtfertigungsanforderungen genügen müssen, BVerfGE 7, 377.

Gemäß Art. 79 Abs. 3 GG sind Änderungen des Grundgesetzes, die unter anderem die in Art. 1 GG niedergelegten Grundsätze berühren, unzulässig. Damit ist weder Art. 1 GG in seiner Gesamtheit vor Änderungen geschützt noch über Art. 1 Abs. 3 GG, wonach Gesetzgebung, vollziehende Gewalt und Rechtsprechung an die Grundrechte der Art. 2 GG bis Art. 19 GG gebunden sind, eben jene Grundrechte.[598] Geschützt und damit änderungsfest sind aber die Grundrechte der Art. 1 GG bis 19 GG soweit sie einen Menschwürdekern enthalten. Eine Beschränkung der Grundrechte ist gemäß Art. 79 Abs. 3 GG nur zulässig, bis eine dem Art. 1 Abs. 1 und 2 GG entsprechende Ordnung nicht mehr aufrechterhalten werden kann.[599] Zu den so geschützten Gerechtigkeitspostulaten gehören unter anderem der Grundsatz der Rechtsgleichheit und das Willkürverbot.[600] Bei alledem verlangt Art. 79 Abs. 3 GG allerdings nur, dass die genannten Grundsätze nicht berührt werden. Er hindert den verfassungsändernden Gesetzgeber dagegen nicht, die positivrechtliche Ausprägung dieser Grundsätze aus sachgerechten Gründen zu modifizieren.[601]

2. *Berühren der Grundsätze gemäß Art. 79 Abs. 3 GG i.V.m. Art. 20 GG im Hinblick auf das allgemeine Diskriminierungsverbot*

Der Gleichheitssatz wird durch die Grundgesetzänderung nur geringfügig modifiziert. Es findet eine Diskriminierung statt, aber offensichtlich keine, die den Menschenwürdegehalt des Art. 3 Abs. 3 GG berührt.

IV. Verfassungsmäßigkeit der Änderung des Grundgesetzes im Hinblick auf die Volkssouveränität

1. *Volkssouveränität als Grundsatzcharakter i.S.v. Art. 79 Abs. 3 GG i.V.m. Art. 20 GG*

Es besteht kein Zweifel, dass die Volkssouveränität zu den Grundsätzen gehört, die i.S.v. Art. 79 Abs. 3 GG i.V.m. Art. 20 GG geschützt werden.

598 Dietlein, in: BeckOK GG, Art. 79, Rn. 30.
599 BVerfGE 84, 90 (juris-Tz. 125)
600 BVerfGE 94, 12 (juris-Tz. 79); 84, 90 (juris-Tz. 125); 23, 98 (juris-Tz. 32).
601 BVerfGE 84, 90 (juris-Tz. 125); 30, 1 (juris-Tz. 81).

2. Berühren der Grundsätze gemäß Art. 79 Abs. 3 GG i.V.m. Art. 20 GG im Hinblick auf die Volkssouveränität

Wie oben (vgl. Teil 2 G. III. 2. b), Seite 126) dargelegt, würde ein einfachgesetzliches Quotengesetz das Prinzip der Volkssouveränität nicht beschränken. Beschränkt eine einfachgesetzliche Regelung nicht das Prinzip der Volkssouveränität, so kann auch eine Änderung des Grundgesetzes gleichen Regelungsinhalts nicht das Prinzip der Volkssouveränität berühren.

V. Verfassungsmäßigkeit der Änderung des Grundgesetzes im Hinblick auf die Ausübung des freien Mandats

1. Das freie Mandat als Grundsatzcharakter i.S.v. Art. 79 Abs. 3 GG i.V.m. Art. 20 GG

Auch hinsichtlich des Grundsatzes der Ausübung des freien Mandats besteht kein Zweifel, dass dieser zu den Grundsätzen gehört, die i.S.v. Art. 79 Abs. 3 GG i.V.m. Art. 20 GG geschützt werden.

2. Berühren der Grundsätze gemäß Art. 79 Abs. 3 GG i.V.m. Art. 20 GG im Hinblick auf die Ausübung des freien Mandats

Wie oben dargelegt (vgl. Teil 2 G. IV. 2. b), Seite 129), würde ein einfachgesetzliches Quotengesetz den Grundsatz des freien Mandats nicht beschränken. Beschränkt aber eine einfachgesetzliche Regelung nicht den Grundsatz des freien Mandats, so kann auch eine Änderung des Grundgesetzes gleichen Regelungsinhalts nicht den Grundsatz des freien Mandats berühren.

VI. Zusammenschau

Auch eine Zusammenschau auf alle durch die Änderung des Grundgesetzes für eine Geschlechterquote bei Wahlen betroffenen Ausprägungen des Demokratieprinzips und der in Art. 1 GG niedergelegten Grundsätze lässt nicht erkennen, dass der änderungsfeste Kern des Grundgesetzes berührt wird. Denn das Demokratieprinzip des Grundgesetzes bleibt im Wesentlichen und ganz überwiegend unberührt. Allein einige Wahlrechtsgrundsätze und die Chancengleichheit der Parteien werden leicht modifiziert. Im Übrigen gelten die Konkretisierungen des Demokratieprinzips fort. Das heißt vor allem, dass die Staatsgewalt weiterhin vom Volke ausgeht, Art. 20 Abs. 2 Satz 1 GG. Die vom Volk ausgehende Staatsgewalt wird auch weiterhin gemäß Art. 20 Abs. 2 Satz 2 GG vom Volk in Wahlen und Abstimmungen ausgeübt. Die vollziehende

Gewalt und die Rechtsprechung sind gemäß Art. 20 Abs. 3 GG an Gesetz und Recht gebunden. Wie bisher wird die Öffentlichkeit der staatlichen Beratungs- und Entscheidungsprozesse gewahrt; ein Grundsatz der ebenfalls Teil des Demokratieprinzips ist.[602] Ebenso unberührt bleiben die Grundsätze der Herrschaft auf Zeit, das Mehrheitsprinzip, das freie Mandat der Abgeordneten und die vom Bundesverfassungsgericht geforderte hinreichende Legitimation der Staatsgewalt durch das Volk.[603]

VII. Berücksichtigung weiterer homogener Bevölkerungsgruppen nicht geboten

Das Wahlvolk muss auch nicht in weitere homogene Gruppen eingeteilt und wahlrechtlich entsprechend dem Bevölkerungsanteil berücksichtigt werden.

Mit der Änderung des Grundgesetzes für Geschlechterquoten bei Bundestagwahlen wird das Ziel verfolgt, einen vermutlich idealtypischen Zustand herbeizuführen, der bestehen würde, wenn man die institutionellen und sozialstrukturellen Faktoren hinwegdenken würde, die zu einer Unterrepräsentation der Frauen im Bundestag führen. Es ist nicht ersichtlich, dass eine andere nach objektiven Kriterien identifizierbare homogene Gruppe als die Frauen im Bereich der politischen Partizipation diskriminiert worden sind. Dies rechtfertigt, das Grundgesetz allein für Geschlechterquoten bei Bundestagswahlen zu ändern und nicht auch weitere Bevölkerungsgruppen zu berücksichtigen.

Zudem findet die Fokussierung auf das Geschlecht mit dem besonderen Fördergebot in Art. 3 Abs. 2 GG eine weitere Stütze. Bereits der Verfassungsgeber hat – wenn auch erst nach langer Diskussion – mit Art. 3 Abs. 2 GG a.F. einen besonderen Schwerpunkt auf die Gleichberechtigung von Männern und Frauen gesetzt. Dazu bedurfte es nicht erst des ausdrücklichen Fördergebots in Art. 3 Abs. 2 Satz 2 GG durch eine Verfassungsänderung.

Zudem vermag eine mit dem Gedanken der Berücksichtigung weiterer Bevölkerungsgruppen offensichtlich zum Ausdruck kommende Sorge vor einer schleichenden Erosion des Demokratieprinzips eine gewissermaßen präventive Verschiebung der Grenzen der Ewigkeitsgarantie begründen. Ein „Wehret den Anfängen" vermag die Unzulässigkeit einer Grundgesetzänderung gemäß Art. 79 Abs. 3 GG nicht zu begründen. Denn der verfassungsändernde Gesetzgeber, kann den ihm grundsätzlich gegebenen Gestaltungspielraum solange ausschöpfen, bis er die durch Art. 79 Abs. 3 GG gezogene Grenze erreicht und

602 BVerfGE 118, 277 (juris-Tz. 349); 70, 324 (juris-Tz. 135).
603 BVerfGE 93, 37 (juris-Tz. 135 ff.).

erst jede weitere Änderung den änderungsfesten Verfassungskern berühren würde. Entscheidend kommt es also darauf an, ob eine konkrete Grundgesetzänderung das in Art. 79 Abs. 3 GG geschützte Leitbild der Verfassung schon beschädigt oder noch nicht.[604] Das ist hier aber mit der angedachten Grundgesetzänderung wie dargelegt gerade nicht der Fall.

VIII. Rechtsvergleichende und völkerrechtliche Betrachtung

Schließlich spricht für eine Rechtmäßigkeit der angedachten Grundgesetzänderung, dass in einigen westeuropäischen Demokratien Paritätsregeln erfolgreich implementiert wurden. Zudem werben internationale Organisationen wie der Europarat oder die Vereinten Nationen, denen die Bundesrepublik Deutschland angehört, für die Einführung gesetzlicher Geschlechterquoten bei Wahlen.

1. Rechtsvergleichende Betrachtung

Bei der Frage, ob ein verfassungsänderndes Gesetz den änderungsfesten Gehalt des Demokratieprinzips des Grundgesetzes berührt, kann auch eine rechtsvergleichende Perspektive eingenommen werden.[605] Gelten in einem Staat, vornehmlich einem Rechtsstaat westlicher Prägung, dessen Verfassung auf den gleichen Prinzipien beruht wie die, die durch Art. 79 Abs. 3 GG geschützt werden, Regelungen, wie die, die einer Grundgesetzänderung zugrunde liegen, dann kann die Tatsache, dass die Regelung/Grundgesetzänderung in dem anderen Staat als prinzipienkonform angesehen wird, als Indiz für die Prinzipienkonformität der Grundgesetzänderung gewertet werden.[606]

In Frankreich waren zwei Anläufe notwendig, um die oben beschriebene Paritätsregelung für Wahlen zu erlassen (vgl. Teil 1 D. III. 3. b), Seite 65). Erst nach einer Änderung der französischen Verfassung hat das französische Verfassungsgericht das Gesetz für verfassungsgemäß erklärt. Das erste Gesetz mit Paritätsregeln für Wahlen war vom Verfassungsgericht 1982 noch für verfassungswidrig erklärt worden, weil es den Grundsatz der Wahlgleichheit verletzte sowie den Grundsatz der Einheit des Wahlvolkes.[607] Nach Änderung der Verfassung wurde das neue Wahlgesetz erneut vor dem französischen Verfassungsgericht angefochten. Die erneute Klage wurde 1999 abgewiesen. Das

---

604 Herdegen, in: Maunz/Dürig, GG, Art. 79, Rn. 85 (72. EL Juli 2014).
605 Herdegen, in: Maunz/Dürig, GG, Art. 79, Rn. 113 (72. EL Juli 2014).
606 Hain, in: von Mangoldt/Klein/Starck, GG, Art. 79, Rn. 58.
607 Möschel, German Law Journal, 19 (2018), S. 1489 (1492).

Wahlgesetz war konform mit der geänderten Verfassung und die Verfassungsänderung war ebenfalls rechtmäßig.[608]

In Italien waren auch zwei Versuche notwendig, um Paritätsregelungen für Wahlen zu erlassen. In einer ersten Entscheidung des italienischen Verfassungsgerichts 1995 wurde eine Paritätsregelung wegen Verstoßes gegen den Grundsatz der Wahlgleichheit für verfassungswidrig erklärt.[609] In der Folge wurde die italienische Verfassung geändert und für Geschlechtervorgaben bei Wahlen geöffnet.[610] Ein weiteres Wahlgesetz, das Regionalwahlen betraf und das angefochten wurde, hat das Verfassungsgericht sodann für verfassungsgemäß erklärt.[611] Seit 2015 gelten Paritätsregelungen auch für nationale Wahlen.[612]

Spanien hat seit 2007 eine gesetzlich festgelegte Quote für Kandidatenlisten der Wahlen zum nationalen Parlament, zu den Kommunalwahlen und zum Europäischen Parlament. Demnach müssen jeweils mindestens 40 Prozent der Liste mit Kandidaten unterschiedlichen Geschlechts aufgestellt sein. Auch das spanische Gesetz war Gegenstand eines Urteils des spanischen Verfassungsgerichts. Das Gesetz wurde unter anderem wegen Verstoßes gegen den Grundsatz der Wahlgleichheit, den Grundsatz der Organisationsfreiheit der Parteien und der Programmfreiheit angegriffen.[613] Die Klage war erfolglos.

Weitere EU-Staaten, die auf die eine oder andere Art und Weise gesetzliche Quoten geregelt haben, sind Belgien, Kroatien, Polen, Portugal und Slowenien.

Auch wenn weder die verfassungsrechtlich überprüften Wahlgesetze noch die jeweiligen Verfassungen der hier diskutierten Änderung und dem Grundgesetz exakt entsprechen, ist jedoch festzustellen, dass auch im europäischen Ausland die Grundsätze der Wahlrechtsgleichheit und der Parteienfreiheit einen Maßstab für die Prüfung der Verfassungsmäßigkeit von Geschlechterquoten bei Wahlen bilden und die Quotenvorgaben verfassungsgemäß waren.

Italien und Frankreich gehören zu den Gründungsmitgliedern der Europäischen Union. Genauso wie die Bundesrepublik Deutschland und Spanien sowie die weiteren EU-Staaten haben sie sich im Vertrag über die Europäische Union dem Wert der Demokratie verschrieben (Art. 2 Abs. 1, 49 Abs. 1 Satz 1 EUV). Niemand würde Frankreich, Italien und Spanien nach westlichem Maßstab ernsthaft als undemokratisch bezeichnen. Wenn aber die Verfassungen

---

608 Möschel, German Law Journal 19 (2018), S. 1489 (1494).
609 Möschel, German Law Journal 19 (2018), S. 1489 (1492).
610 Möschel, German Law Journal 19 (2018), S. 1489 (1494).
611 Möschel, German Law Journal 19 (2018), S. 1489 (1495).
612 Möschel, German Law Journal 19 (2018), S. 1489 (1505).
613 Rodríguez-Ruiz/Rubio-Marín, Alabama Law Review 60 (2009), S. 1171 (1189).

anerkannter westlicher Demokratien wie Frankreich, Italien und Spanien Geschlechtervorgaben zulassen, dann spricht dies deutlich dafür, dass auch nach dem Grundgesetz entsprechende Regelungen rechtmäßig sind.

2. Völkerrechtliche Betrachtung

Auch sprechen verschiedene Regelungen völkerrechtlicher Verträge und Empfehlungen von internationalen Organisationen, denen die Bundesrepublik als Mitglied angehört, für die Rechtmäßigkeit der angedachten Grundgesetzänderung, auch wenn keine von ihnen eine Geschlechterquote bei Frauen fordert.

Das Grundgesetz ist völkerrechtsfreundlich. Dies wird an verschiedenen Stellen deutlich: Die Präambel enthält die Verpflichtung, dem Frieden in der Welt zu dienen; gemäß Art. 1 Abs. 2 GG bekennt sich das Deutsche Volk zur Unverletzlichkeit und Unveräußerlichkeit der Menschenrechte als Grundlage jeder menschlichen Gemeinschaft, des Friedens und der Gerechtigkeit in der Welt; Art. 9 Abs. 2 GG verbietet Vereinigungen, die sich gegen den Gedanken der Völkerverständigung richten. Darüber hinaus ist das Grundgesetz offen für die Integration Deutschlands in internationale Organisationen und Systeme gegenseitiger kollektiver Sicherheit. Deutschland ist sogar bereit, in diesem Zusammenhang in die Beschränkungen seiner Hoheitsrechte einzuwilligen, die eine friedliche und dauerhafte Ordnung in Europa und zwischen den Völkern der Welt herbeiführen und sichern, vgl. Art. 24 Abs. 2 GG. Art. 23 GG ist Grundlage für die Integration Deutschlands in die Europäische Union.

Das *Übereinkommen der Vereinten Nationen zur Beseitigung jeder Form von Diskriminierung der Frau*, kurz: *CEDAW*, ist das wichtigste Menschenrechtsinstrument für die Rechte von Frauen. *CEDAW* wurde am 18. Dezember 1979 von der Generalversammlung der Vereinten Nationen verabschiedet, trat 1981 in Kraft und wurde seither von 189 Staaten angenommen. Deutschland hat *CEDAW* bereits im Jahr 1985 ratifiziert. Gemäß Art. 4 Abs. 1 CEDAW gelten zeitweilige Sondermaßnahmen der Vertragsstaaten zur beschleunigten Herbeiführung der tatsächlichen Gleichberechtigung von Mann und Frau nicht als Diskriminierung im Sinne dieses Übereinkommens. Nach Art. 7 CEDAW treffen die Vertragsstaaten alle geeigneten Maßnahmen zur Beseitigung der Diskriminierung der Frau im politischen und öffentlichen Leben ihres Landes und gewährleisten insbesondere allen Frauen in gleicher Weise wie den Männern das Recht auf Mitwirkung an der Ausarbeitung der Regierungspolitik und deren Durchführung sowie auf Bekleidung öffentlicher Ämter und auf Wahrnehmung aller öffentlichen Aufgaben auf allen Ebenen staatlicher Tätigkeit. Zu diesen geeigneten Maßnahmen werden nach dem CEDAW auch und gerade

Quoten bei Wahlen gezählt, wie sich aus Ziffer 15 der „Allgemeinen Empfehlung Nr. 23 – Politisches und öffentliches Leben" von 1997 ergibt. Zudem wird unter Ziffer 22 festgestellt, dass das Abstimmungssystem, die Sitzverteilung im Parlament, der jeweilige Wahlbezirk, einen bedeutsamen Einfluss auf den Anteil der ins Parlament gewählten Frauen habe. Zudem werden die Parteien aufgefordert, sich die Grundsätze von Chancengleichheit und Demokratie zu eigen zu machen und ein Gleichgewicht zwischen männlichen und weiblichen Kandidaten anzustreben.

Ähnliche Verpflichtungen wie aus dem CEDAW ergeben sich aus dem *Internationalen Pakt über bürgerliche und politische Rechte* von 1966, kurz: *IPbpR*. Deutschland hat den Vertrag bereits 1973 ratifiziert. Nach Art. 25 b) soll jeder Staatsbürger das Recht und die Möglichkeit haben, ohne Unterschied u.a. des Geschlechts und ohne unangemessene Einschränkungen bei echten, wiederkehrenden, allgemeinen, gleichen und geheimen Wahlen zu wählen und gewählt zu werden. Gemäß Art. 3 IPbpR hat sich Deutschland verpflichtet, die Gleichberechtigung von Mann und Frau bei der Ausübung aller im IPbpR festgelegten bürgerlichen und politischen Rechte, d.h. auch des Wahlrechts, sicherzustellen. Anders als in Art. 3 Abs. 2 Satz 2 GG geht es hier nicht nur um die Förderung der Gleichheit von Mann und Frau, sondern um eine tatsächliche Sicherstellung.

Die *Europäische Menschenrechtskonvention*, kurz: *EMRK*, enthält in Art. 14 EMRK zwar nur ein allgemeines Diskriminierungsverbot u.a wegen des Geschlechts. Allerdings werden in verschiedenen Erklärungen und Empfehlungen die Mitgliedsstaaten aufgefordert effektive Maßnahmen – dazu werden auch Quoten gezählt – zu ergreifen, um die Präsenz von Frauen in der Politik zu fördern.

Die *European Commission for Democracy through Law*, auch bekannt als *Venice Commission*, ist eine Einrichtung des Europarats, die die Mitgliedsstaaten des Europarats und weitere Mitglieder (unter anderem Canada, Korea und die Vereinigten Staaten von Amerika) in verfassungsrechtlichen Fragen berät. Während der 51. und 52. Versammlung im Juli bzw. Oktober 2002 verabschiedete die *Venice Commission* einen Verhaltenskodex in Wahlangelegenheiten[614]. Unter der Überschrift „*2.5 Gleichheit und Parität der Geschlechter*"[615] wird gefordert, dass gesetzliche Quoten nicht als Verstoß gegen den Grundsatz der

614 European Commission for Democracy Through Law (Venice Commission), Opinion 190/2002, Code of Good Practice in Electoral Matters, CDL-AD(2002)023rev2-cor.

615 2.5 Equality and parity of the sexes.

Wahl betrachtet werden sollten, wenn sie eine verfassungsrechtliche Grundlage haben.[616]

Am 27. Januar 2010 verabschiedete die Parlamentarische Versammlung des Europarates die Entschließung 1706 (2010) mit dem Titel „*Erhöhung des Frauenanteils in den Volksvertretungen durch das Wahlsystem*“[617], in der die Versammlung die Ansicht äußert, dass die fehlende gleichberechtigte Vertretung von Frauen und Männern in politischen und öffentlichen Entscheidungsprozessen eine Bedrohung für die Legitimität von Demokratien und eine Verletzung des grundlegenden Menschenrechts der Gleichberechtigung der Geschlechter darstelle. Die Parlamentarische Versammlung empfahl daher jenen Mitgliedsstaaten, die ein Verhältniswahlrecht haben, eine gesetzliche Geschlechterquote in Erwägung zu ziehen mit einer festen Rangordnung, zum Beispiel einem Reißverschlusssystem, und wirksamen Sanktionen. Mitgliedern mit einem Mehrheitswahlrecht wurde empfohlen, verpflichtende Tandems, bestehend aus einem männlichen und einem weiblichen Kandidaten, in Wahlkreisen einzuführen oder ähnliche Maßnahmen zu ergreifen, verbunden mit wirksamen Sanktionen, wenn die Vorgaben nicht eingehalten werden.

Am 21. April 2016 verabschiedete die Parlamentarische Versammlung des Europarates die Entschließung 2111 (2016) mit dem Titel „*Beurteilung der Auswirkungen von Maßnahmen zur Verbesserung der politischen Vertretung von Frauen*“.[618] Darin wird festgestellt, dass gesetzliche Quoten bei Wahlen das wirksamste Mittel sind, um den Frauenanteil in den Volksvertretungen schnell zu steigern, wenn sie dem jeweiligen Wahlsystem entsprechend geregelt werden und die Nichteinhaltung streng sanktioniert wird. Sodann werden die Mitgliedstaaten aufgefordert, Anstrengungen zu unternehmen, um den Frauenanteil in den Volksvertretungen zu erhöhen. Konkret wird gefordert, Quotenregelungen in die Parteiengesetze aufzunehmen (Ziffer 15.2.1.) und wirksame Sanktionen einzuführen, wenn Quoten und ähnliche Maßnahmen zur Steigerung des Frauenanteils in den Volksvertretungen nicht eingehalten werden (Ziffer 15.2.2.).

616 “Legal rules requiring a minimum percentage of persons of each gender among candidates should not be considered as contrary to the principle of equal suffrage if they have a constitutional basis.”

617 Parliamentary Assembly, Resolution 1706 (2010), Increasing Women’s Representation In Politics Through The Electoral System.

618 Parliamentary Assembly, Resolution 2111 (2016), Assessing the impact of measures to improve women’s political representation.

Unter Bezugnahme auf diese drei Dokumente hat der Europäische Gerichtshofs für Menschenrechte (EGMR) im Jahr 2019 folgende Entscheidung im Zusammenhang mit der Quotenregelungen bei Wahlen in Slowenien getroffen.[619] Die Beschwerdeführer wehrten sich gegen eine Entscheidung der slowenischen Wahlkommission, die bei der Parlamentswahl 2018 eine eingereichte Wahlliste ohne die Möglichkeit einer Korrektur zurückwies, weil diese weniger als die gesetzlich geforderten 35 % Frauen enthielt. Damit waren die Beschwerdeführer von der Wahl ausgeschlossen. Die Beschwerdeführer argumentierten, dass die Zurückweisung der Liste sie in ihrem Recht auf freie Wahlen im Sinne von Art. 3 des Protokolls Nr. 1 der EMRK verletzt hätte. Die Zurückweisung sei rechtswidrig gewesen, jedenfalls aber unverhältnismäßig. Ihnen hätte ein Nachbesserungsrecht eingeräumt werden müssen. Jedenfalls hätte es mildere Maßnahmen als eine vollständige Zurückweisung der Liste gegeben, z.B. hätte man die männlichen Kandidaten von der Liste streichen können, bis die gesetzliche Quote erreicht gewesen wäre oder man hätte sie finanziell sanktionieren können. Der EGMR hat die Klage abgewiesen. Die slowenische Regelung stehe im Einklang mit dem Rechtsstaatsprinzip und entspreche den Zielen der EMRK. Sie verletze nicht die slowenische Verfassung, die ausdrücklich gesetzliche Maßnahmen zur Förderung der Chancengleichheit von Männern und Frauen bei Wahlen erlaube. Der EGMR betonte, dass Fördermaßnahmen zur Herstellung tatsächlicher Gleichheit zwischen den Geschlechtern eines der Hauptziele der Mitgliedsstaaten der EMRK sei und dass die Organisationen der EMRK die Unterrepräsentation der Frauen in der Politik als Bedrohung für die Akzeptanz der Demokratie ansähen. Da die slowenischen Sanktionen das Ziel verfolgten, die Akzeptanz der Demokratie zu stärken, sei das Recht auf freie Wahlen nicht verletzt. Auch seien die Rechtsfolgen des Verstoßes gegen die Quote nicht unverhältnismäßig. Insoweit verwies der EGMR auf die Dokumente der Parlamentarischen Versammlung des Europarates, die den Mitgliedsstaaten nicht nur strenge Sanktionen erlaubten, sondern diese ausdrücklich aufforderten, Quoten mit einem strengen Sanktionsregime einzuführen.

Alle beschriebenen Regelungen und Dokumente verpflichten die Bundesrepublik Deutschland nicht, ein Quotengesetz zu erlassen. Sie zeigen aber deutlich, dass die durch ein Quotengesetz betroffenen Ausprägungen des Demokratieprinzips nicht zu dessen Grundfesten gehören.[620]

619 EGMR, Entscheidung vom 12. November 2019, Az. 54893/18, Metka ZEVNIK and others against Slovenia, BeckRS 2019, 37057.

620 Klafki, DÖV 2020, S. 856 (866).

F. Ergebnis

Die Änderung des Grundgesetzes für eine Geschlechterquote bei Wahlen ist verfassungsrechtlich zulässig.

I. Eine Vielzahl von Gesichtspunkten spricht dafür, dass eine Verfassungsänderung zur Implementierung von Geschlechterquoten bei Wahlen den in Art. 20 GG niedergelegten Grundsatz des Demokratieprinzips in seiner Ausformung, wie er ihn in den Wahlrechtsgrundsätzen erfahren hat, nicht im Sinne von Art. 79 Abs. 3 GG berührt. Die mit einer Verfassungsänderung verbundenen Beschränkungen der Wahlrechtsgrundsätze sind gering, so dass unter Berücksichtigung des Sinns und Zwecks der Änderung einerseits und der Maßgabe, dass Art. 79 Abs. 3 GG eng auszulegen ist, andererseits, keine durchgreifenden Gründe dafür sprechen, dass der von Art. 79 Abs. 3 i.V.m. Art. 20 GG geschützte Kern des Demokratieprinzips berührt ist.

II. Demokratie ist die Herrschaft der Freien und Gleichen. Eines ihrer konstitutiven Elemente ist die freie Selbstbestimmung aller Bürgerinnen und Bürger. Das Recht der Bürgerinnen und Bürger, in Freiheit und Gleichheit durch Wahlen die öffentliche Gewalt personell und sachlich zu bestimmen, ist der elementare Bestandteil des Demokratieprinzips. Der Anspruch auf freie und gleiche Teilhabe an der öffentlichen Gewalt ist in der Würde des Menschen verankert.[621]

Durch die Verfassungsänderung würde das Recht der Bürgerinnen und Bürger, in Freiheit und Gleichheit durch Wahlen die öffentliche Gewalt personell zu bestimmen, nur in geringem Maße eingeschränkt.

Das aktive Wahlrecht ist nicht betroffen. Die Wählerinnen und Wähler, die am Wahltag zur Wahl gehen, würden durch die angedachte Grundgesetzänderung in ihrer Selbstbestimmung nicht eingeschränkt. Für sie würde sich am Status quo nichts ändern. Durch die angedachte Grundgesetzänderung wäre das aktive Wahlrecht nicht betroffen. Das Demokratieprinzip wird daher insoweit nicht gemäß Art. 79 Abs. 3 i.V.m. Art. 20 GG berührt.

Betroffen ist nur das passive Wahlrecht. Was durch die angedachte Grundgesetzänderung angetastet wird, ist das Recht der Bürgerinnen und Bürger in Freiheit und Gleichheit zu bestimmen, wer mit welchen Erfolgsaussichten zur Wahl aufgestellt wird, was wichtige Voraussetzung ist, in

---

621 BVerfGE 144, 20 (juris-Tz. 542); 142, 123 (juris-Tz. 124); 129, 124 (juris-Tz. 169); 123, 267 (juris-Tz. 211); Häberle, in: Isensee/Kirchhof, HStR, Bd. 2, 3. Auflage, 2004 § 22, Rn. 61 ff.; Unger, S. 252 ff.

Freiheit und Gleichheit durch Wahlen die öffentliche Gewalt personell zu bestimmen.[622] Die damit einhergehende Beschränkung des Demokratieprinzips berührt dieses aber nicht gemäß Art. 79 Abs. 3 i.V.m. Art. 20 GG. Das Demokratieprinzip des Grundgesetzes ist als Parteiendemokratie ausgestaltet. Die Mitglieder der Parteien bestimmen, wer als Wahlkreiskandidatin oder -kandidat und wer als Listenkandidatin und -kandidat zur Bundestagswahl aufgestellt wird. Die Parteien bilden so die Nahtstelle zwischen den von ihnen weitgehend autonom zu gestaltenden Angelegenheiten ihrer inneren Ordnung und dem auf die Bürgerinnen und Bürger bezogenen Wahlrecht.[623] Wird den Parteien nun gesetzlich vorgeschrieben, wie sie die Kandidatinnen und Kandidaten aufzustellen haben, beschränkt dies die Grundsätze der Freiheit und Gleichheit der Wahl. Eine Beschränkung der Wahlrechtsgrundsätze ist dem Grundgesetz aber nicht fremd. Das Grundgesetz kennt verfassungsunmittelbare Beschränkungen der Wahlgrundsätze und gestaltet damit das Demokratieprinzip aus. Insbesondere die Beschränkung durch das Wahlalter beschränken die Bürgerinnen und Bürger in ihrem Recht in Freiheit und Gleichheit die öffentliche Gewalt personell zu bestimmen. Insoweit hilft auch nicht der Verweis auf die Rechtsprechung des Bundesverfassungsgerichts weiter, dass die Wahlfreiheit zum Verfassungskern gehöre und nicht abwägungsfähig sei oder dass das Gebot einer freien Kandidatenaufstellung zu den unabdingbaren Voraussetzungen einer freien Wahl gehöre.[624] Denn wie ein Blick auf die verfassungsunmittelbaren und einfachgesetzlichen Beschränkungen der Wahlgrundsätze zeigt, hat diese kategorische Aussage des Bundesverfassungsgerichts keinen Absolutheitsanspruch.

III. Da das Demokratieprinzip für die Frauenförderung offen ist und damit auch für die angedachte Grundgesetzänderung, spricht wenig dafür, dass die damit verbundenen Beschränkungen das Demokratieprinzip derart einschränken, dass der Kernbereich berührt wird. Zumal die Möglichkeit gleichberechtigter Teilnahme aller Bürgerinnen und Bürger am Prozess der politischen Willensbildung unverzichtbar für das demokratische System ist.[625] Der Verwirklichung dieser Möglichkeit dient die beabsichtigte Grundgesetzänderung. Es wird ein mutmaßlich idealtypischer Zustand

---

622 BVerfGE 89, 243 (juris-Tz. 39).

623 BVerfGE 89, 243 (juris-Tz. 41)

624 So aber Burmeister/Greve, ZG 2019, S. 154 (169) mit Verweis auf Entscheidungen des Bundesverfassungsgerichts.

625 BVerfGE 144, 20 (juris-Tz. 543).

herbeigeführt, der bestehen würde, wenn man die institutionellen und sozial-strukturellen Faktoren hinwegdenken würde, die zu einer Unterrepräsentation der Frauen im Bundestag führen. Somit sind die mit der angedachten Grundgesetzänderung verbundenen Veränderungen aus einer übergeordneten Sichtweise keine Einschränkungen der Freiheit der Willensbildung, sondern führen zu einem Zustand, der bestehen würde, wenn sich das politische System der Bundesrepublik Deutschland unbeeinflusst von diskriminierenden Einflüssen entwickelt hätte.

IV. Schließlich ist es widersprüchlich, eine Maßnahme, die der Stärkung der demokratischen Teilhabe und damit der Stärkung des Demokratieprinzips dient, unter Verweis auf die Verletzung eben diesen Demokratieprinzips für unzulässig zu erachten. Es ist nicht im Sinne des Gedankens der Demokratie, einen Zustand zu verfestigen, der historisch Folge eines höchst undemokratischen Verhaltens war. Man würde den Gedanken der Demokratie und das Demokratieprinzip des Grundgesetzes ins Negative verkehren, wenn man dieses als Begründung heranzieht, um die Folgen eines zutiefst undemokratischen Verhaltens in der Vergangenheit zu manifestieren.

Teil 4 Zusammenfassung und rechtspolitischer Ausblick

A. Zusammenfassung

I. Frauen sind in den Parlamenten weltweit im Verhältnis zu ihrem Anteil an der Bevölkerung schon immer unterrepräsentiert. Geht man davon aus, dass die Geschlechter in der ganz überwiegenden Zahl der Länder der Erde zu jeweils etwa 50 % gleichmäßig verteilt sind, sind in nur drei nationalen Parlamenten die Frauen geschlechterparitätisch vertreten. In allen übrigen nationalen Parlamenten sind sie unterrepräsentiert.
Der Frauenanteil im Bundestag ist seit der Bundestagwahl von 1987 innerhalb von elf Jahren stark angestiegen und stagniert seit der Wahl von 1998 bei etwas über 30 %. Die Wahl im Jahr 2013 führte zwar nochmals zu einem deutlichen Anstieg. Dieser war jedoch auf den „Sondereffekt" zurückzuführen, dass die FDP nicht in den Bundestag einzog und drei der fünf im Bundestag vertretenen Parteien (SPD, DIE LINKE, BÜNDNIS 90/DIE GRÜNEN) sich parteiinterne Frauenquoten auferlegt hatten.

II. Die Gründe für die Unterrepräsentation der Frauen in den Parlamenten sind komplex. Es wird auf die vorgefundenen Rahmenbedingungen verwiesen, in denen sich eine Person politisch engagiert (institutionelle Faktoren). Verschiedene Studien belegen, dass für die Höhe des Frauenanteils an den Mitgliedern eines Parlaments das Parteiensystem (Zwei- oder Viel-Parteiensystem), die politischen Rekrutierungs- und Laufbahnmuster sowie das Wahlsystem von besonderer Bedeutung sind. Weiter wird argumentiert, dass die traditionelle Rollenzuweisung eine politische Karriere für Frauen nicht vorsehe. Aus diesem Grund hätten Frauen tendenziell ein geringeres Interesse an Politik als Männer – jedenfalls in stark formalisierten Strukturen wie man sie in Parteien vorfindet (kulturelle Faktoren). Schließlich wird auf die persönlichen Rahmenbedingungen von Frauen verwiesen (sozial-strukturelle Faktoren). So verfügen viele Frauen wegen der noch immer vorherrschenden geschlechtsspezifischen Arbeitsteilung und der damit verbundenen Doppelbelastung von Beruf und Sorgearbeit über ein zu geringes Zeitbudget für die kontinuierliche politische Arbeit.
In Deutschland spielen vor allem institutionelle und sozial-strukturelle Faktoren eine Rolle. In Deutschland ist der Weg in die Kommunal- oder Landesparlamente oder in den Bundestag nur als Mitglied einer Partei

möglich. Als Parteimitglied mit Ambitionen auf ein Mandat muss man sich jedoch auf die Struktur der Partei und ihre Eigenheiten einlassen. Man muss sich in der Partei bemerkbar machen, sich engagieren. Das nimmt viel Zeit in Anspruch. Das politische Engagement entwickelt sich so typischerweise von einer gelegentlichen Freizeitbeschäftigung über eine Feierabendtätigkeit hin zu einer vollen Nebentätigkeit. Dies können sich häufiger Männer leisten, weil Frauen noch immer häufiger Sorgearbeit leisten als Männer und mit einer beruflichen Tätigkeit auch ohne parteipolitische Ambitionen bereits doppelt belastet sind.

III. Will man diese Situation durch eine verpflichtende Quotenregelung bei der Aufstellung der Wahlkandidatinnen und -kandidaten ändern, muss man die Regelung an das Wahlsystem anpassen und Verstöße deutlich sanktionieren. In Verhältniswahlsystemen lassen sich Quoten relativ einfach implementieren, zum Beispiel durch ein Reißverschlusssystem. Beim Reißverschlusssystem werden für die Wahllisten Kandidatinnen und Kandidaten abwechselnd nominiert. Bei Mehrheitswahlsystemen ist die Einführung von verpflichtenden Quoten problematischer, vor allem bei Einpersonenwahlkreisen. In Einpersonenwahlkreisen stellt sich in jedem Wahlkreis jeweils nur eine Person zur Wahl. So kann es passieren, dass, obwohl in allen Wahlkreisen gleichermaßen Frauen und Männer zur Wahl antreten, nur Männer oder nur Frauen gewählt werden. Dieses Problem lässt sich durch die Einführung von Zweipersonenwahlkreisen lösen, in denen die Kandidaten verpflichtet werden, als unterschiedlich-geschlechtliches Tandem anzutreten und das Tandem nur als „Gesamtpaket" gewählt werden kann.

Im Rahmen des in Deutschland geltenden personalisierten Verhältniswahlsystems muss die Quote sowohl für die Verhältniswahl (Zweitstimme) gelten als auch für die Wahl der Wahlkreiskandidatinnen und -kandidaten (Erststimme). Würde man sich nur auf die Verhältniswahl beschränken, würde sich dies auf die Parteien und das Ergebnis sehr unterschiedlich auswirken. Plastisch zeigt dies das Beispiel der CSU und der FDP bei der Bundestagwahl 2017. Die CSU gewann in Bayern alle 18 Wahlkreise. Da ihr aufgrund der Zweitstimmen gleichzeitig 18 Mandate im Bundestag zustanden, zog kein Kandidat über die CSU-Landesliste in den Bundestag ein. Die FDP gewann keinen Wahlkreis, erhielt jedoch aufgrund des Zweitstimmenanteils 80 Mandate. Wäre bei der Bundestagwahl 2017 eine paritätische Landesliste verpflichtend gewesen, hätte sich dies bei der CSU nicht ausgewirkt, bei der FDP hingegen wohl. Um diese unterschiedliche Betroffenheit zu unterbinden, müssen Quoten für die gesamte Wahl gelten.

IV. Im Rahmen eines Quotengesetzes für die Aufstellung von Wahlkandidatinnen und -kandidaten ist das „dritte Geschlecht" zu berücksichtigen.

Dies kann grundrechtskonform berücksichtigt werden, indem Kandidaten, die bei der Geschlechtsentwicklung Besonderheiten aufweisen, wählen können, ob sie für das Aufstellungsverfahren als Mann berücksichtigt werden wollen oder als Frau.

V. Eine gesetzlich verpflichtende Quote für die Aufstellung von Wahlkandidatinnen und -kandidaten ist weder Teil des Wahlorganisationsrechts noch gestaltet sie das Demokratieprinzip aus. Sie stellt einen Eingriff in grundgesetzlich geschützte Rechtspositionen dar. Die Auffassung in der Literatur, die meint, eine Geschlechterquote gestalte lediglich das Demokratieprinzip aus, geht auf ein spiegelbildliches Repräsentationsverständnis zurück, das sich so nicht aus dem Grundgesetz ergibt. Wäre das Parlament nur dann demokratisch legitimiert, wenn es ein gesellschaftliches Abbild des Staatsvolkes wäre, so ließe sich zudem nicht rechtfertigen, warum nur eine Spiegelung der Geschlechter erfolgen sollte.

VI. Eine die Parteien verpflichtende Quote bei der Aufstellung von Kandidatinnen und Kandidaten bei der Wahl zum Bundestag greift in die Wahlrechtsgrundsätze der Allgemeinheit, Freiheit und Gleichheit ein, jeweils im Bereich des passiven Wahlrechts. Weiter greift sie in die Parteienfreiheit in der Ausprägung der Programmfreiheit und der Chancengleichheit ein, sowie als Maßnahme der „positiven" Diskriminierung in das Diskriminierungsverbot. In die Chancengleichheit der Parteien wird eingegriffen, weil kleine Parteien mit einer geringen Mitgliederzahl und einem deutlich weniger als hälftigen Anteil an Frauen größere Schwierigkeiten haben, die gesetzlichen Paritätsanforderungen zu erfüllen als große Parteien. Kleine Parteien haben unter Umständen Schwierigkeiten, die notwendige Anzahl an geeigneten und gewillten Frauen zu Kandidatinnen zu küren.

Nicht eingegriffen wird in das Prinzip der Volkssouveränität und das Prinzip des freien Mandats. Mit der Geschlechterquote soll keine weibliche Perspektive in die Politik gebracht werden, sondern es soll der tatsächlichen Benachteiligung der Frauen in der Politik begegnet werden. Werden Teile der Bevölkerung – wenn auch nicht rechtlich, so doch tatsächlich – benachteiligt, so ist die für die Demokratie erforderliche gleiche Freiheit und Selbstbestimmung aller nicht gegeben.

VII. Die Eingriffe lassen sich durch kollidierendes Verfassungsrecht rechtfertigen, sowohl durch das Gleichbehandlungsgebot gemäß Art. 3 Abs. 2 Satz 2 GG als auch als „zwingender Grund" im Sinne der Rechtsprechung des Bundesverfassungsgerichts zur Einschränkung der Wahlrechtsgrundsätze gemäß Art. 38 Abs. 1 GG.

Art. 3 Abs. 2 Satz 2 GG findet auch im Anwendungsbereich des Art. 38 Abs. 1 GG Anwendung. Die Änderung der Rechtsprechung des

Bundesverfassungsgerichts zum Verhältnis der beiden Vorschriften, aus der in der Literatur ein Exklusivitätsverhältnis abgeleitet wird, diente allein dazu, das Bundesverfassungsgericht aus Wahlrechtsstreitigkeiten in den Ländern herauszuhalten. Durch Art. 3 Abs. 2 Satz 2 GG können im besonderen Fall auch starre Quoten gerechtfertigt werden, da es aufgrund fehlenden Anforderungsprofils keine Leistungsmerkmale gibt, von denen eine leistungsbezogene Quote abhängig gemacht werden könnte.

Unter dem Aspekt der Partizipation der Bevölkerung an und Integration der Bevölkerung in die Politik verfolgt ein Quotengesetz ein von der Verfassung legitimiertes Ziel, das sich mit den Wahlrechtsgrundsätzen die Waage hält. Es stellt somit auch einen zwingenden Grund für die Beschränkung der Wahlgrundsätze im Sinne der Rechtsprechung des Bundesverfassungsgerichts dar.

Bezugsgröße für die Feststellung der tatsächlichen Benachteiligung ist der Frauenanteil an der Wahlbevölkerung, nicht der Frauenanteil unter den Parteimitgliedern. Die Bezugsgröße für die Feststellung einer tatsächlichen Benachteiligung ist dort zu verorten, wo die Diskriminierung stattfindet. Da der geringe Frauenanteil in der Politik in Deutschland auf institutionelle und sozial-strukturelle Faktoren zurückzuführen ist, findet die tatsächliche Benachteiligung jedenfalls auch zu einem erheblichen Teil bereits beim Zugang zu den Parteien statt.

VIII. Die mit einem Wahlgesetz verbundenen Eingriffe, das verpflichtend Geschlechtertandems für die Wahlkreise und ein Reißverschlusssystem für die Landeslisten für alle Parteien vorsieht, ist unverhältnismäßig. Um kleine Parteien nicht zu unterdrücken und die Neubildung von Parteien nicht unverhältnismäßig zu erschweren, muss die paritätische Leistungsfähigkeit der Parteien berücksichtigt werden. Nach der hier bevorzugten Art und Weise erfolgt dies durch eine gestaffelte Absenkung der Quote, abhängig von der absoluten Zahl der Frauen in den Parteien. Eine Staffelung könnte wie folgt aussehen, wobei Einzelheiten bei der konkreten Umsetzung empirisch und mathematisch zu ermitteln sind: Parteien mit mehr als 25.000 weiblichen Mitgliedern haben eine Quote von 50 % zu berücksichtigen; Parteien mit 15.000 bis 25.000 weiblichen Mitgliedern haben eine Geschlechterquote von 40 % zu erfüllen und Parteien mit weniger als 15.000 weiblichen Mitgliedern haben eine Quote von 30 % zu erfüllen. Kleinstparteien sind von dem Quotenerfordernis vollständig zu befreien.

IX. Geht man davon aus, dass eine Geschlechterquote bei Bundestagswahlen nicht ohne Verletzung des Grundgesetzes einfachgesetzlich geregelt werden kann, kann das Grundgesetz entsprechend angepasst werden. Eine

Grundgesetzänderung würde nicht an der „Ewigkeitsgarantie“ des Art. 79 Abs. 3 GG scheitern.

B. Rechtspolitischer Ausblick

Abschließend soll noch die Frage beantwortet werden, ob Deutschland für eine Geschlechterquote bei Bundestagswahlen bereit ist. Es ist zu bezweifeln.

I. Das Wahlrecht ist ein Bestandteil der gewachsenen „politischen Kultur“ eines Landes.[626] Um dies zu ändern und eine Geschlechterquote bei Bundestagswahlen (und Landtagswahlen) einzuführen, bedarf es eines parteiübergreifenden und breiten gesellschaftlichen Konsenses, dass der jetzige Zustand Anlass zum Handeln gebietet und eines ebenso breiten gesellschaftlichen und parteiübergreifenden Willens, dies durch eine Geschlechterquote zu ändern.[627]

In der Gesellschaft und bei den politischen Eliten des Landes ist die Erkenntnis angekommen, dass die politische Beteiligung von Frauen in Deutschland defizitär ist. Es fehlt aber der parteiübergreifende und breite gesellschaftliche Konsens, diesen Zustand zu ändern.

1. Deutlich über 80 Prozent der Wahlberechtigten begrüßen eine Übernahme verantwortungsvoller Positionen durch mehr Frauen in Regierungen und Parteien. Vor allem Frauen wünschen sich mit über 90 Prozent einen größeren Frauenanteil, während die Zustimmung der Männer zurückhaltender ausfällt. 82 Prozent der Männer wünschen sich mehr Frauen in den Regierungen und 77 Prozent mehr Frauen in den Parteien. Unter den im Bundestag vertretenen Parteien zeigt sich dabei ein deutliches Gefälle zwischen der AfD und den anderen Parteien. Während sich von den Anhängern der AfD nur 54 Prozent mehr Frauen in den Regierungen und 48 Prozent in den Parteien wünschen, liegt die Quote bei den Übrigen Parteien im Hinblick auf mehr Frauen in den Regierungen durchgehend bei über 90 Prozent, während sie im Hinblick auf mehr Frauen in den Parteien etwas darunter liegt.[628]
2. Politikerinnen und Politiker greifen den Wunsch der Bevölkerung auf und fordern regelmäßig, dass mehr getan werden müsse, um den Frauenanteil in der Politik zu erhöhen. Taten sind jedoch nicht zu erwarten. Die Fraktionen im Bundestag sind zerstritten. Eine Gruppe von Frauen aus allen im Bundestag vertretenen Fraktionen, mit Ausnahme der Fraktion der AfD traf sich in der Zeit zwischen Februar 2019 und Ende 2019,

626 Klein, in: Maunz/Dürig, GG, Art. 38, Rn. 157 (60. EL Januar 2010).
627 Steg, in: Festschrift für Eckhard Jesse, S. 349.
628 Neu/Henry-Hutmacher, S. 4.

um Maßnahmen zu erarbeiten, wie der Frauenanteil im Bundestag erhöht werden könne. Man einigte sich offenbar auf die Einrichtung einer Kommission aus Sachverständigen und Abgeordneten, die Vorschläge für gesetzliche Regelungen und Maßnahmen für Listen und Wahlkreise, mögliche Ausnahmeregelungen und Sanktionierungen, rechtliche Möglichkeiten im Rahmen der staatlichen Parteienfinanzierung sowie Verbesserung der Rahmenbedingungen für Frauen im Vorfeld von Kandidaturen und im parlamentarischen Alltag erarbeiten und prüfen sollte.[629] Der Vorschlag fand in den Fraktionen aber offensichtlich keine Mehrheit. Stattdessen brachten Fraktionsmitglieder der Parteien BÜNDNIS 90/DIE GRÜNEN und DIE LINKE im Januar 2020 einen Antrag mit dem Titel *„Mehr Frauen in den Deutschen Bundestag – Kommission zur Erarbeitung von Vorschlägen für gesetzliche Regelungen und weiteren Maßnahmen“*[630] ein. Die FDP brachte gleichzeitig einen eigenen Antrag ein mit dem Titel: *„Mehr Frauen in den Bundestag – Kommission zur Erarbeitung von Vorschlägen für mehr Repräsentanz von Frauen im Parlament“*.[631] Beide Anträge wurden im Ausschuss für Inneres und Heimat beraten und deren Ablehnung empfohlen – jeweils gegen die Stimmen der antragstellenden Fraktionen. Die CDU/CSU und SPD verwiesen zur Begründung ihrer ablehnenden Haltung auf den Beschluss des Koalitionsausschusses vom 25. August 2020, noch in der laufenden Legislaturperiode eine Reformkommission einzusetzen, die – auch im Lichte aktueller Rechtsprechung – verfassungsgemäße Vorschläge erarbeiten soll, um auf den Kandidatenlisten sowie im Bundestag eine gleichberechtigte Repräsentanz von Frauen und Männern herzustellen und die Parlamentsarbeit zu modernisieren. Deren Ergebnisse sollen bis 30. Juni 2023 vorgelegt werden. Die AfD hob hervor, dass mit beiden Entwürfen verfassungswidrige Ziele verfolgt würden. Die Fraktion der FDP erklärt, dass sie die Erhöhung des Frauenanteils im Bundestag für ein wichtiges und erstrebenswertes politisches Ziel halte, es jedoch ablehne, das Ziel durch eine rechtliche Verankerung zu erreichen, die auf die Entscheidungsfreiheit von Delegierten auf Parteitagen und von Landesverbänden bei der Aufstellung von Wahllisten oder Direktkandidaten in Wahlkreisen eingreife. Die Fraktion DIE LINKE betonte, dass ein politisches Ziel sehr wohl in Recht gegossen werden könne und in diesem

---

629 BÜNDNIS 90/DIE GRÜNEN, Mehr Frauen in die Parlamente, https://www.gruene-bundestag.de/themen/frauen/grosse-koalition-blockiert-parite-kommission (abgerufen: 15. Mai 2021).

630 Antrag vom 14. Januar 2020, Drucksache 19/16485.

631 Antrag vom 14. Januar 2020, Drucksache 19/16486.

Fall zwingend erfolgen müsse. Die streitige Bewertung der Verfassungsmäßigkeit sei nicht so eindeutig zu beantworten wie in manchen Redebeiträgen dargestellt, da auch die verfassungsrechtliche Staatszielbestimmung der Gleichberechtigung der Geschlechter im Grundgesetz berücksichtigt werden müsse. Ähnlich argumentierte auch die Fraktion von BÜNDNIS 90/DIE GRÜNEN.[632] Im Plenum des Bundestags wurden die Anträge, wie vom Ausschuss empfohlen, abgelehnt.[633]

Von einem parteiübergreifenden Konsens ist man also weit entfernt. Hierzu müsste man aber jedenfalls auch die Unionsparteien überzeugen.[634] Sie stellen die größte Fraktion im Bundestag und sind im Hinblick auf Geschlechterquoten sehr zurückhaltend. Der Plan der CSU-Führung, die bestehenden parteiinternen Frauenquoten von 40 % auf 50 % zu erweitern und erstmalig eine Frauenquote auf Kreisvorstandsebene einzuführen, stieß auf dem CSU-Parteitag im Oktober 2019 auf massiven Widerstand vor allem auch der weiblichen Delegierten.[635] Der Vorstoß der CDU-Frauenunion, das Drittel- Quorum[636] zu einer verbindlichen Mindestvorgabe weiterzuentwickeln und schrittweise bis zur Parität zu ergänzen, wurde auf dem CDU-Parteitag im November 2019 an eine Kommission überwiesen, die „verbindliche Regeln" bis zum Parteitag 2020 ausarbeiten sollte.[637] Soweit ersichtlich wurde das Thema auf dem Parteitag im Januar 2021 nicht erneut beraten.

3. Fehlt der politische Wille, etwas zu ändern, ist eine Öffentlichkeit umso wichtiger, die dem Anliegen Nachdruck verleiht und die Politik zum Handeln auffordert. Aber eine solche Öffentlichkeit fehlt. Der Deutsche Frauenrat setzt sich seit Jahren für ein Paritätsgesetz ein. Ihm gelingt es jedoch nicht, Menschen in gleicher Art und Weise zu mobilisieren, wie dies in Frankreich vor dem Erlass des dortigen Parité-Gesetzes gelungen ist. Ähnliches gilt für das Aktionsbündnis „Parité in den Parlamenten", das – wenn überhaupt – nur in interessierten

---

632 Beschlussempfehlung und Bericht des Ausschusses für Inneres und Heimat vom 7. Oktober 2020, Drucksache 19/2327.

633 Plenarprotokoll 19/184 vom 9. Oktober 2020, S. 23183 A ff.

634 Steg, in: Festschrift für Eckhard Jesse, S. 350.

635 Clauss/ Friedmann, DER SPIEGEL (online), 19. Oktober 2019.

636 § 15 Abs. 2, Statut der CDU, Stand: 25. Februar 2019.

637 „Das sind die wichtigsten Beschlüsse des CDU-Parteitags", Tagesspiegel (online), 23. November 2019, https://www.tagesspiegel.de/politik/von-huawei-bis-kopftuchverbot-das-sind-die-wichtigsten-beschluesse-des-cdu-parteitags/25262024.html (abgerufen: 15. Mai 2021).

Kreisen wahrgenommen wird. Zudem polemisieren konservative Medien gegen Geschlechterquoten bei Wahlen (vgl. oben Fußnote 1). Auch dem Deutschen Juristinnenbund, der zuletzt mit seinem Forderungspapier „Mehr Frauen in die Parlamente"[638] vom 11. Januar 2019 in Erscheinung getreten ist, gelingt es nicht, eine breite Öffentlichkeit zu mobilisieren. Erforderlich wäre daher eine Kommunikationsstrategie mit prominenten Botschafterinnen und Botschaftern, um das Anliegen populär zu machen und um Unterstützung in der Öffentlichkeit zu werben.[639] Die ist aber derzeit nicht erkennbar.

4. Schließlich sind auch die Stimmen in der Rechtswissenschaft deutlich in der Überzahl, die eine einfachgesetzliche Geschlechterquote für nicht verfassungsgemäß halten. Und man muss kein Hellseher sein, um vorherzusagen, dass die Mehrheit der strukturell-konservativen Rechtswissenschaften auch eine Verfassungsänderung, wie sie hier befürwortet wird und die bisher kaum in der Wissenschaft diskutiert wird, für verfassungswidrig halten. Geschlechterquoten bei Wahlen stoßen unter Juristen auf irrationalen Widerstand. Die Meinungen, eine gesetzlich geregelte Geschlechterquote bei Bundestagswahlen führe zu einer Identitätsdemokratie, die in letzter Konsequenz zur Rechtfertigung von Diktaturen herangezogen werden könne[640] und zeige ein ständisches Repräsentationsverständnis[641], kann man nur als polemisch bezeichnen. Eine *ernsthafte* Auseinandersetzung mit solchen „Argumenten" fällt schwer. Weder steht eine gesetzliche Geschlechterquote bei Bundestagswahlen am Beginn einer Diktatur, noch gibt es zwischen Männern und Frauen eine formalisierte soziale Hierarchie, die gemeinhin als Voraussetzung für eine ständische Gliederung gesehen wird. Frauen sind ebenso wenig eine „Gruppe" wie Männer, sondern in allen Bevölkerungsgruppen vertreten.[642] Allerdings zeigen diese Meinungen und die zu Beginn der Arbeit zitierten Äußerungen (vgl. oben Fn. 1), wie aufgeregt und emotional die Diskussion geführt wird.

II. Der oben geforderte parteiübergreifende Konsens für eine Geschlechterquote ist auch aus einem anderen Grund dringend notwendig. Denn substanzielle Änderungen des Wahlrechts gegen den Willen der Opposition können die Legitimations- und die Integrationswirkung von Wahlen

---

638 Abrufbar unter: https://www.djb.de/verein/Kom-u-AS/K5/st19-02/ (abgerufen: 15. Mai 2021).

639 Steg, in: Festschrift für Eckhard Jesse, S. 350.

640 Burmeister/Greve, ZG 2019, S. 154 (171).

641 Udo di Fabio im Interview mit DER SPIEGEL, Nr. 1 / 29.12.2018, S. 30 ff.

642 Hohmann-Dennhardt, Stellungnahme NRW, S. 8.

gefährden. Bei dem Wahlrecht handelt es sich um eine politisch hochsensible Materie. Das liegt vor allem daran, dass die Abgeordneten, die über das Wahlrecht entscheiden, von den Regelungen des Wahlrechts unmittelbar betroffen sind. Aus dem Mehrheitsprinzip als Teil des Demokratieprinzips ergibt sich, dass die Partei oder die Parteien, die aus einer Wahl als Sieger hervorgehen, auf Zeit die Gesetzgebungsmehrheit im Parlament erlangen und die Regierung stellen. Dadurch erwachsen ihnen verschiedene Wettbewerbsvorteile, was systemimmanent und unvermeidlich ist.[643] Einfachgesetzliche Änderungen des Wahlrechts durch die die Regierung tragenden Mehrheitsparteien stehen daher immer im Verdacht, die Macht der Mehrheitsparteien zu zementieren. Es entspricht deshalb einer guten Tradition, dass Änderungen des Wahlrechts bisher stets im Einvernehmen mit der parlamentarischen Opposition erfolgt sind.[644]

III. Ungeachtet dessen, dass nach hiesiger Auffassung eine gesetzliche Geschlechterquote bei Bundestagswahlen auf Ebene des Grundgesetzes mit dem Ziel möglich ist, die tatsächliche Gleichberechtigung von Männern und Frauen herzustellen, könnte die derzeit aktuelle Diskussion um Geschlechterquoten bei Wahlen und die Gesetzesänderungen in Brandenburg und Thüringen zum Anlass genommen werden, sich die Frage zu stellen, welche Form der politischen Repräsentation wir uns wünschen und ob wir mit der jetzigen Form zufrieden sind.[645]

Viele Gruppen sind im Deutschen Bundestag im Verhältnis zur Bevölkerung deutlich über- bzw. unterrepräsentiert. Das trifft nicht nur auf das Geschlecht zu, sondern auch auf das Alter, die Religionszugehörigkeit, die Frage des Migrationshintergrunds und ähnliche Eigenschaften. Besonders ausgeprägt ist die Disparität bei den Bildungsabschlüssen. Abgeordnete im Deutschen Bundestag mit einem höheren Bildungsabschluss sind deutlich überrepräsentiert.[646] Ein Bundestag, in dem Bevölkerungsgruppen deutlich überrepräsentiert sind, kann das Volk nur noch formal repräsentieren, nicht aber substanziell.[647] Mit dem Erstarken des

643 Klein, in: Maunz/Dürig, GG, Art. 21, Rn. 301 (64. EL Januar 2012).

644 Klein, in: Maunz/Dürig, GG, Art. 38, Rn. 157 (60. EL Januar 2010).

645 Möllers, faz.net, 13. Februar 2019.

646 Brunner, u.a., Süddeutsche Zeitung (online).

647 Klein, in: Maunz/Dürig, GG, Art. 48, Rn. 25 (79. EL Dezember 2016), der die Kritik an dem in den Parlamenten des Bundes und vor allem der Länder häufig anzutreffenden hohen Anteil von Beamten, erst recht, wenn es sich um Beamte einer bestimmten Kategorie, etwa Lehrer, handelt, im Grundsatz für berechtigt hält; ebenso Friehe, NVwZ 2021, S. 39 (42).

Rechtspopulismus in Deutschland ist die Frage der sozialen Herkunft der Abgeordneten von den Rechtspopulisten vermehrt in den Mittelpunkt gerückt worden. Sie machen sich die Diskrepanz zu Nutze, weil es ihrem Narrativ von den politischen Eliten „da oben“ entspricht, die sich um die Bedürfnisse des „kleinen Mannes“ nicht mehr kümmern. Ob das unsere Demokratie, wie wir sie kennen, letztendlich in Gefahr bringt? Vielleicht irgendwann. Jedenfalls mag aber die Repräsentationsdisparität – nicht nur bei den Geschlechtern – Anlass genug sein, über das Repräsentationsmodell nachzudenken. Wenn auch politische Entscheidungen in erster Linie entlang der Parteigrenzen verlaufen und nicht entlang der Herkunft und Sozialisation eines Abgeordneten, wollen sich Bürger doch selbst im Parlament wiedererkennen. Diese psychologische Komponente sollte nicht übersehen und noch weniger unterschätzt werden. Nur weil die Diskussion von Seiten der Rechtspopulisten verstärkt wird, ist sie nicht weniger wert, diskutiert zu werden.

Literaturverzeichnis

A. Artikel, Kommentare, Festschriften, Monografien, Lehrbücher

ALBERTS, HANS-W. Auflösung der Verfassung? – Noch einmal BVerfGE 30, 1, JuS 1972, S. 319

ALEMANN, ULRICH VON Das Parteiensystem 7der Bundesrepublik Deutschland, 2003

BADURA, PETER Staatsrecht, 7. Auflage, 2018

DERS. Verfassung und Verfassungsgesetz, in: EHMKE, HORST/KAISER, JOSEPH H./KEWENIG, WILHELM A./MEESSEN, KARL MATTHIAS/RÜFNER, WOLFGANG, Festschrift für Ulrich Scheuner zum 70. Geburtstag, 1973

BARCZAK, TRISTAN Verfassungswidrigkeit der verfassungsunmittelbaren Sperrklausel für Kommunalwahlen, NWVBl. 2017, S. 133

BENDA, ERNST Notwendigkeit und Möglichkeit positiver Aktionen zugunsten von Frauen im öffentlichen Dienst, 1986

BENDA, ERNST/MAIHOFER, WERNER/VOGEL, HANS-JOCHEN Handbuch des Verfassungsrechts der Bundesrepublik Deutschland, 2. Auflage, 1994 (zit. als: [Bearbeiter/in], in: Benda/Maihofer/Vogel, Handbuch des Verfassungsrechts)

BIRD, KAREN Who are the Women? Where are the Women? And What Difference Can They Make? Effects of Gender Parity in French Municipal Elections, French Politics 1/2003, S. 5

BLANKE, THOMAS Antidemokratische Effekte der verfassungsgerichtlichen Demokratietheorie, KJ 1998, S. 452

BLECKMANN, ALBERT Vom Sinn und Zweck des Demokratieprinzips: ein Beitrag zur teleologischen Auslegung des Staatsorganisationsrechts, 1998

BLUM, DIETER JOHANNES Das passive Wahlrecht der Angehörigen des öffentlichen Dienstes in Deutschland nach 1945 im Widerstreit britisch-amerikanischer und deutscher Vorstellungen und Interessen. Ein alliierter Versuch zur Reform des deutschen Beamtenwesens, 1972

BÖCKENFÖRDE, ERNST-WOLFGANG Staat, Verfassung, Demokratie, 1991

BOYSEN, SIGRID Repräsentation und Repräsentativität, in: ECKERTZ-HÖFER, Marion/SCHULER-HARMS, MARGARETE, Gleichberechtigung und Demokratie – Gleichberechtigung in der Demokratie: (Rechts-)Wissenschaftliche Annäherungen, S. 85

BREUER, MARTEN Kinderwahlrecht vor dem BVerfG, NVwZ 2002, S. 43

BRUNSBACH, SANDRA Machen Frauen den Unterschied? Parlamentarierinnen als Repräsentantinnen frauenspezifischer Interessen im deutschen Bundestag, ZParl 1/2011, S. 3

BRYDE, BRUN-OTTO Verfassungsentwicklung, 1982

DERS. Das Demokratieprinzip des Grundgesetzes als Optimierungsaufgabe, in: Redaktion KJ, Demokratie und Grundgesetz, 2000, S. 59

DERS. Die bundesrepublikanische Volksdemokratie als Irrweg der Demokratietheorie, StWStP 1994, S. 305

BURMEISTER, JÖRG/GREVE, HOLGER Parité-Gesetz und Demokratieprinzip: Verfassungsauftrag oder Identitätsverstoß? ZG 2019, S. 154

BUTZER, HERMANN Diskussionsstand und Verfassungsfragen einer Paritégesetzgebung auf Bundes- und Landesebene, NdsVBl. 2019, S. 10

CLASSEN, CLAUS DIETER Parité-Gesetze: Frauen sollen Frauen wählen können, ZRP 2021, S. 50

CORDES, MECHTILD Frauenpolitik: Gleichstellung oder Gesellschaftsveränderung // Ziele – Institutionen – Strategien, 1996

CORNILS, MATTHIAS Leitbilder des Abgeordneten – Das Mandat als Lebensberuf oder Zeitengagement?, Jura 2009, S. 289

DAHLERUP, DRUDE Women, Quotas and Politics, 2006 (zitiert als: [BEARBEITER/IN], in: DAHLERUP)

DAHLERUP, DRUDE/FREIDENVAL, LENITA Geschlechterquoten bei Wahlsystemen und ihre Umsetzung in Europa, Studie des Europäischen Parlaments, 2008 (zitiert als: Geschlechterquoten bei Wahlsystemen (2008))

DAHLERUP, DRUDE/FREIDENVAL, LENITA Electoral Gender Quota Systems and their implementation in Europe, 2011 (Update zu *Geschlechterquoten bei Wahlsystem und ihre Umsetzung in Europa* aus dem Jahr 2008) (zitiert als: [BEARBEITER/IN], in: DAHLERUP/FREI-DENVAL: Electoral Gender Quota Systems (2011))

DANKER, CLAUDIA Paritätische Aufstellung von Landeswahllisten – Beeinträchtigung der Wahlrechtsgrundsätze, NVwZ 2020, S. 1250

DÄUBLER, WOLFGANG/BERTZBACH, MARTIN Allgemeines Gleichbehandlungsgesetz: AGG, 4. Auflage 2018 (zitiert als: [BEARBEITER/IN], in: DÄUBLER/BERTZ-BACH)

DAVIDSON-SCHMICH, LOUISE K./KÜRSCHNER, ISABELLE Stößt die Frauenquote an ihre Grenzen? – Eine Untersuchung der Bundestagswahl 2009, ZParl 1/2011, S. 25

DETTERBECK, STEFFEN Öffentliches Recht, 11. Auflage, 2018

DREIER, HORST Grundgesetz, Kommentar, Band 1: Präambel, Art. 1–19, 3. Auflage, 2013; Band 2: Art. 20–82, 3. Auflage 2015; Band 3: Art. 83–146, 3. Auflage, 2015 (zitiert als: [BEARBEITER/IN], in: DREIER, GG)

EBSEN, INGWER Verbindliche Quotenregelungen für Frauen und Männer in Parteistatuten, 1988 (zitiert als: EBSEN, Quotenregelungen)

DERS. Quotierung politischer Entscheidungsgremien durch Gesetz? JZ 1989, S. 553.

ECKERTZ-HÖFER, MARION Frauen kommen … Art. 3 Abs. 2 GG in Verbindung mit dem Sozialstaatsgebot in: BRANDT, WILLY (Hrsg.)/SIMON, HELMUT, Ein Richter, ein Bürger, ein Christ: Festschrift für Helmut Simon, 1987, S. 447

EPPING, VOLKER/HILLGRUBER, CHRISTIAN Beck'scher Online-Kommentar Grundgesetz (BeckOK GG), 46. Ed., 15. Februar 2021 (zitiert als: [BEARBEITER/IN], in: BeckOK GG)

ERICHSEN, HANS-UWE Zu den Grenzen von Verfassungsänderungen nach dem Grundgesetz, VerwArch 62 (1971), S. 291

FELTEN, THOMAS Zur Verfassungswidrigkeit des neuen Wahlrechts für Auslandsdeutsche, DÖV 2013, S. 466

FONTANA, SINA Parität und Wahlrechtsgleichheit, djbz 2019, S. 128

FRIEDHOFF, CAROLINE/HOLTKAMP, LARS/WIECHMANN, ELKE Frau Doktor steht zur Wahl. Eine quantitative Analyse des bundesdeutschen Wahlverhaltens auf lokaler Ebene aus der Genderperspektive, GENDER 1/2016, S. 91

FRIAUF, KARL-HEINRICH/HÖFLING, WOLFRAM Berliner Kommentar zum Grundgesetz, Loseblattsammlung (zitiert als: [BEARBEITER/IN], in: FRIAUF/HÖFLING, GG)

FRIEHE, MATTHIAS Wir sind ein Volk – Die landesverfassungsrechtliche Rechtsprechung zur Parité, NVwZ 2021, 39

FUCHS, GESINE/HOECKER, BEATE Ohne Frauen nur eine halbe Demokratie – Politische Partizipation von Frauen in den osteuropäischen Beitrittsstaaten, Europäische Politik, Eurokolleg 49, April 2004

FUCHSLOCH, CHRISTINE Erforderliche Beseitigung des Gleichberechtigungsdefizits oder verfassungswidrige Männerdiskriminierung? NJW 1991, S. 442

GALETTI, NINO/WISSMANN, NELE KATHARINA Parität und Patriarch, Französische Frauen in der Politik, Konrad-Adenauer-Stiftung, Länderbericht, Länderbüro Frankreich, März 2019.

GERSDORF, HUBERTUS Das Paritätsurteil des Thüringer Verfassungsgerichtshofes springt doppelt zu kurz, DÖV 2020, S. 779

GRIMM, DIETER Die Meinungsfreiheit in der Rechtsprechung des Bundesverfassungsgerichts, NJW 1995, S. 1697

GROSS, THOMAS Das Kollegialprinzip in der Verwaltungsorganisation, 1999

GRÖPL, CHRISTOPH, BECKER, THOMAS/HECK, JOHANNES (Original-)Referendarexamensklausur – Öffentliches Recht: Verfassungsrecht – Wahlrechtliche Paritätsklauseln, JuS 2020, S. 961

GUCKELBERGER, ANNETTE Wahlsystem und Wahlrechtsgrundsätze Teil I – Allgemeinheit, Unmittelbarkeit, Freiheit und Geheimheit der Wahl, JA 2012, S. 561.

HÄBERLE, PETER Die Abhörentscheidung des Bundesverfassungsgerichts vom 15.12.1970, JZ 1971, S. 145

HAIN, KARL-EBERHARD Die Grundsätze des Grundgesetzes, 1999

HALL, KARL-HEINRICH Abhörentscheidung und Grundgesetz – BVerfGE 30, 1, JuS 1972, S. 132

HANEBECK, ALEXANDER Der demokratische Bundesstaat des Grundgesetzes, 2004

HAVERKATE, GÖRG Verfassungslehre, 1992

HECKER, WOLFGANG Verfassungsgerichtliche Entscheidungen zu Landesparitätsgesetzen, NJW 2020, S. 3563–3566.

DERS. Verfassungsrechtliche Fragen der neueren Paritätsgesetzgebung, ZRP 2020, S. 226

DERS. Urteilsanmerkung zu BVerfG, Beschluss vom 15. Dezember 2020 – 2 BvC 46/19, NVwZ 2021, S. 479

HEEPE, KATRHIN Geschichte des Frauenwahlrechts, Jura 1989, S. 232

HELLMANN, DANIEL Der mühselige Weg zum Mandat – aber welcher? Empirische Untersuchungen zu Inhalt und Bedeutung der Ochsentour, ZParl 1/2020, S. 49

HERGENHAN, JUTTA Das französische Paritätengesetz: Inhalt, Entstehung, Auswirkungen, Feministische Studien 2002, S. 260

HESSE, KONRAD Grundzüge des Verfassungsrechts der Bundesrepublik Deutschland, 20. Auflage (Neudruck), 1999

HOECKER, BEATE Handbuch politische Partizipation von Frauen in Europa, 1998 (zitiert als: [BEARBEITER/IN], in: HOECKER, Handbuch)

DIES. Politische Partizipation zwischen Konvention und Protest, 2006 (zitiert als: [BEARBEITER/IN], in: HOECKER, Politische Partizipation)

DIES. Politische Repräsentation von Frauen in den Mitgliedstaaten der Europäischen Union im Vergleich, ZParl, Heft 1/2011, S. 50

HOFMANN, HASSO Recht – Politik – Verfassung, 1986

HOLTKAMP, LARS/SCHNITTKE, SONJA Die Hälfte der Macht im Visier – Der Einfluss von Institutionen und Parteien auf die politische Repräsentation von Frauen, 2010

HÖMIG, DIETER/WOLFF, HEINRICH AMADEUS Grundgesetz für die Bundesrepublik Deutschland, 12. Auflage 2018 (zitiert als: [BEARBEITER/IN], in: HÖMIG/WOLFF, GG)

HÖHNE, BENJAMIN Frauen in Parteien und Parlamenten – Innerparteiliche Hürden und Ansätze für Gleichstellungspolitik, AZuP 38/2020, S. 32

DERS. Mehr Frauen im Bundestag? Deskriptive Repräsentation und die innerparteiliche Herausbildung des Gender Gaps, ZParl 1/2020, S. 105

HUFEN, FRIEDHELM Staatsrecht II, Grundrechte, 8. Auflage, 2020

IPSEN, JÖRN. Parteiengesetz, Kommentar, 2. Auflage, 2018

ISENSEE, JOSEF Das Volk als Grund der Verfassung; Mythos und Relevanz der Lehre von der verfassunggebenden Gewalt, 1995

DERS./KIRCHHOF, PAUL Handbuch des Staatsrechts der Bundesrepublik Deutschland Gesamtausgabe in 13 Bänden (zitiert als: [BEARBEITER/IN], in: ISENSEE/KIRCHHOF, HBStR)

JARASS, HANS D./PIEROTH, BODO Grundgesetz für die Bundesrepublik Deutschland, Kommentar, 16. Auflage, 2020 (zitiert als: [BEARBEITER/IN], in: JARASS/PIEROTH, GG)

JÜRGENSEN, SVEN/ORLOWSKI, FREDERIK Informalität im Verfahren der Kandidatenaufstellung, DÖV 2019, S. 141

JUTZI, SIEGFRIED Gendergerechte Demokratie – eine verfassungsrechtliche Repräsentationsanforderung? LKRZ 2012, S 92

KAHL, WOLFGANG/WALDHOFF, WOLFGANG/WALTER, CHRISTIAN Bonner Kommentar zum Grundgesetz (zitiert als: [BEARBEITER/IN], in: KAHL/WALDHOFF/WALTER, BK GG)

KALKBRENNER, HELMUT Ist die Telefonüberwachung nach GG Art 10 Abs 2 mit GG Art 79 Abs 3 vereinbar?, BayVBl, 1971, S. 146

KERSTEN, JENS/RIXEN, STEPHAN Parteiengesetz (PartG) und europäisches Parteienrecht – Kommentar, 2009 (zitiert als: [BEARBEITER/IN], in: JENS/RIXEN, PartG-Kommentar)

KINZIG, SILKE Auf dem Weg zur Macht? Zur Unterrepräsentation von Frauen im deutschen und U.S.-amerikanischen Regierungssystem, 2007

KLAFKI, ANIKA Parität – Der deutsche Diskurs im globalen Kontext, DÖV 2020, S. 856

KLUTH, WINFRIED Funktionale Selbstverwaltung: verfassungsrechtlicher Status – verfassungsrechtlicher Schutz, 1997

LANGE, KLAUS „Frauenquoten" in politischen Parteien, NJW 1988, S. 1174

LASKOWSKI, SILKE Wann bekommt Deutschland ein Parité-Gesetz?, Streit – Feministische Rechtszeitschrift 2015, S. 51

DIES. Pro Parité: Ohne gleichberechtigte Parlamente keine gleichberechtigten Gesetze und keine gleichberechtigte Gesellschaft!, djbZ 2014, S. 93

LEIBHOLZ, GERHARD Das Wesen der Repräsentation unter besonderer Berücksichtigung des Repräsentativsystems, 3. Auflage, 1966

LIMBACH, JUTTA/ECKERTZ-HÖFER, MARION Frauenrechte im Grundgesetz des geeinten Deutschland, 1993

LÜBBE-WOLFF, GERTRUDE Europäisches und nationales Verfassungsrecht, VVDStRL 60 (1991), S. 246

LUKOSCHAT, HELGA/BELSCHNER, JANA Frauen führen Kommunen. Eine Untersuchung zu Bürgermeisterinnen und Bürgermeistern in Ost und West, 2014

MAIDOWSKI, ULRICH Umgekehrte Diskriminierung: Quotenregelungen zur Frauenförderung im öffentlichen Dienst und in den politischen Parteien, 1988

MANGOLD, ANNA KATHARINA Repräsentation von Frauen als demokratisches Problem, in: ECKERTZ-HÖFER, MARION/SCHULER-HARMS, MARGARETE, Gleichberechtigung und Demokratie – Gleichberechtigung in der Demokratie: (Rechts-)Wissenschaftliche Annäherungen, S. 109

VON MANGOLDT, HERMANN/KLEIN, FRIEDRICH/STARCK, CHRISTIAN Kommentar zum Grundgesetz, Band 1: Präambel, Art. 1–19, Band 2: Art. 20–82, Band 3: Art. 83–146, 7. Auflage, 2018 (zitiert als: [BEARBEITER/IN], in: VON MANGOLDT/KLEIN/ STARCK, GG)

MAUERSBERGER, AXEL Die Freiheit der Parteien – Der Rechtscharakter des Art. 21 GG, 1994

MAUNZ, THEODOR /DÜRIG, GÜNTER Grundgesetz, Kommentar (zitiert als: [BEARBEITER/IN], in: MAUNZ/DÜRIG, GG)

MAYER, INGRID ALICE Gleichstellung von Männern und Frauen auf der Kandidatenebene im Wahlrecht Frankreichs, EuGRZ 2005, S. 17

MEYER, HANS Verbietet das Grundgesetz eine paritätische Frauenquote bei Listenwahlen zu Parlamenten?, NVwZ 2019, S. 1245

MICHAEL, LOTHAR, Verfassungsunmittelbare Sperrklauseln auf Landesebene, 2015

MÖSCHEL, MATHIAS "Gender Quotas" in French and Italian Public Law: A Tale of Two Overlapping and Then Diverging Trajectories, German Law Journal, 19 (2018), S. 489

MORLOK, MARTIN/HOBUSCH, ALEXANDER Ade parité? – Zur Verfassungswidrigkeit verpflichtender Quotenregelungen bei Landeslisten, DÖV 2019, S. 14

DIES. Sinnvoll heißt nicht verfassungsgemäß – zu Meyers Kritik an der Paritätskritik, NVwZ 2019, S. 1734

VON MÜNCH, INGO/KUNIG, PHILIP Grundgesetz-Kommentar, 7. Auflage, 2021 (zitiert als: [BEARBEITER/IN], in: VON MÜNCH/KUNIG, GG)

MURSWIEK, DIETRICH Die Verfassungswidrigkeit der 5 %-Sperrklausel im Europawahlgesetz, JZ 1979, S. 48

MUSSGNUG, REINHARD Das Wahlrecht für Minderjährige auf dem Prüfstand des Verfassungsrechts, in: Stober, ROLF, Recht und Recht: Festschrift für Gerd Roellecke. Zum 70. Geburtstag, S. 165.

NIEDERMAYER, OSKAR Parteimitglieder in Deutschland: Version 2016-NEU Arbeitshefte aus dem Otto-Stammer-Zentrum, Nr. 26, Freie Universität Berlin, 2016

DERS. Parteimitglieder in Deutschland: Version 2018 Arbeitshefte aus dem Otto-Stammer-Zentrum, Nr. 29, Freie Universität Berlin 2018

DERS. Parteimitglieder in Deutschland: Version 2020 Arbeitshefte aus dem Otto-Stammer-Zentrum, Nr. 31; Freie Universität Berlin 2020

VON NIEDING, BERND Politische Wahlen und Frauenquote – Eine Betrachtung zur verfassungsrechtlichen Zulässigkeit von geschlechtsbezogenen Förderungsmaßnahmen in der Politik, NvWZ 1994, S. 1171

NEU, VIOLA/HENRY-HUTHMACHER, CHRISTINE Mehr Frauen in die Politik – Ergebnisse einer repräsentativen Umfrage vom Herbst 2019, Konrad-Adenauer-Stiftung, Analysen & Argumente, Nr. 375, November 2019

NORRIS, PIPPA/KROOK, MONA LENA Gender Equality in Elected Office: A Six-Step Action Plan, OSCE-Study, 2011.

OEBBECKE, JANBERND Quotierung auf Landeslisten – Zur Zulässigkeit des Reißverschlussverfahrens bei der Aufstellung von Landeslisten für die Bundestagswahl, JZ 1988, S. 176.

OPPERMANN, THOMAS/WALKLING, TOBIAS Zur rechtlichen Zulässigkeit der Herabsetzung des Wahlalters auf 16 Jahre, RuP 1995, S. 85

PAPIER, HANS-JÜRGEN/HEIDEBACH, MARTIN Die Einführung einer gesetzlichen Frauenquote für die Aufsichtsräte deutscher Unternehmen unter verfassungsrechtlichen Aspekten, ZGR 2011, S. 306

DIES. Mehr Frauen in Führungspositionen des öffentlichen Dienstes durch Fördermaßnahmen, -verfassungs- und europarechtliche Bewertung, DVBl. 2015, S. 125

PAUTSCH, ARNE Geschlechterparität im Bundestag? Die Paritätsgesetzgebung vor den Schranken der Wahlrechtsgrundsätze des Art. 38 Abs. 1 S. 1 GG, Jura Studium & Examen (JSE), 2009, S. 1

PECHSTEIN, MATTHIAS Wahlrecht für Kinder?, FuR 1991, S. 142

PERNICE-WARNKE, SILVIA Parlamente als Spiegel der Bevölkerung, DVBl. 2020, S. 81

PIEROTH, BODO Das Demokratieprinzip des Grundgesetzes,JuS 2010, S. 473

PITKIN, HANNA The Concept of Representation, 1967

PHILLIPS, ANNE The Politics of Presence, 1995, Reprinted 2003

RIXEN, STEPHAN Demokratieprinzip und Gleichberechtigungsgebot: Verfassungsrechtliche Relation, in: ECKERTZ-HÖFER, MARION/SCHULER-HARMS, MARGARETE, Gleichberechtigung und Demokratie – Gleichberechtigung in der Demokratie: (Rechts-)Wissenschaftliche Annäherungen, S. 59

RODRÍGUEZ-RUIZ, BLANCA/RUBIO-MARÍN, RUTH Constitutional Justification of Parity Democracy, Alabama Law Review 60 (2009), S. 1171

RÖHNER, CARA Ungleichheit und Verfassung – Vorschlag für eine relationale Rechtsanalyse, 2019

DIES. Die Unterrepräsentation von Frauen in der Politik aus verfassungsrechtlicher Sicht – Paritätsgesetze und eine geschlechtergerechte repräsentative Demokratie, Harriet Taylor Mill-Institut für Ökonomie und Geschlechterforschung, Discussion Paper 40, 01/2020

DIES. Gerechte Staatlichkeit – Zur politischen Gleichheit von Frauen in der Demokratie und dem Bedarf eines Paritätsgesetzes, djbz 2019, S. 125

VON ROETTEKEN, TORSTEN Zur Verwerfung des Paritätsgesetzes in Thüringen durch den ThürVerfGH, Gleichstellung in der Praxis (GiP), 1/2021, S. 19

VON ROTBERG, KONRAD FREIHERR Das Kommunalwahlrecht in Baden-Württemberg – Erfahrungen und Probleme, in: Lorenz-von-Stein-Institut (Hrsg.), Neues Kommunalwahlrecht in Schleswig-Holstein? Dokumentation der Fachtagung vom 12. Juni 1992, S. 27

ROTH, GERALD Zur Durchsetzung der Wahlrechtsgrundsätze vor dem Bundesverfassungsgericht, DVBl. 1998, S. 214

ROTH, WOLFGANG Verfassungsmäßigkeit der Einführung einer 3 %-Sperrklausel bei Kommunalwahlen durch Verfassungsänderung, insbesondere für das Land Nordrhein-Westfalen, 2015

RÜFNER, WOLFGANG Paritätsvorstellungen und tatsächliche Durchsetzung der Gleichberechtigung von Frauen und Männern, in: NIERHAUS, MICHAEL/BURMEISTER, JOACHIM/STERN, KLAUS, Verfassungsstaatlichkeit: Festschrift für Klaus Stern zum 65. Geburtstag, 1997, S. 1011

RUPP, HANS HEINRICH Anmerkung zu BVerfGE 30, 1, NJW 1971, S. 275 (284)

SACHS, MICHAEL Grundgesetz, Kommentar, 9. Auflage, 2021 (zitiert als: [BEARBEITER/IN], in: SACHS, GG)

DERS. Quotenregelungen für Frauen im staatlichen und im gesellschaftlichen Bereich, insbesondere für die Wirtschaft, ZG 2012, S. 52

DERS. Gleichberechtigung und Frauenquoten, NJW 1989, S. 553.

SCHLOTE, SARA Ursachen für die Unterrepräsentanz von Frauen in der Kommunalpolitik – Befunde und Handlungsempfehlungen, Studie im Auftrag der SPD-Landtagsfraktion Baden-Württemberg, Wissenschaftszentrum Berlin für Sozialforschung (WZB) 2013

SCHMIDT, CHRISTOPHER Anmerkung zu BayVerfGH, Entscheidung vom 26. März 2018, Vf. 15-VII-16, NVwZ 2018, S. 882

SCHMIDT-ASSMANN, EBERHARD Verwaltungslegitimation als Rechtsbegriff, AöR 116 (1991), S. 335

SCHMIDT-BENS, WALTER Meilensteine in der Entwicklung der rechtlichen Stellung der Frau in Deutschland seit dem Allgemeinen Landrecht für die Preußischen Staaten, NZFam 2016, S. 1118

SCHMIDT-BLEIBTREU, BRUNO/HOFMANN, HANS/HENNEKE, HANS-GÜNTER Kommentar zum Grundgesetz, 14. Auflage, 2018 (zitiert als: [BEARBEITER/IN], in: SCHMIDT-BLEIBTREU/ HOFFMANN/HENNEKE, GG)

SCHMITT, CARL Verfassungslehre, 11. Auflage, 2017

SCHNEIDER, SEBASTIAN/TEPE, MARKUS Dr. Right and Dr. Wrong: Zum Einfluss des Doktortitels auf den Wahlerfolg von Direktkandidaten bei der Bundestagswahl 2009, PVS Politische Vierteljahresschrift 2011, S. 248

SCHREIBER, WOLFGANG BWahlG – Bundeswahlgesetz – Kommentar, 10. Auflage, 2017 (zitiert als: [BEARBEITER/IN], in: SCHREIBER, BWahlG)

SCHRÖDER, ULRICH JAN Das Demokratieprinzip des Grundgesetzes, JA 2017, S. 809

SODAN, HELGE Grundgesetz, 4. Auflage, 2018 (zitiert als: [BEARBEITER/IN], in: SODAN, GG)

STAAKE, MARCO Das Ziel der Auslegung, Jura 2011, S. 177

STEG, CHRISTIAN Mehr Frauen braucht das Land – Wie ein Paritätsgesetz zur Gleichberechtigung in der Politik beiträgt, in: SEBASTIAN LIEBOLD, TOM

Mannewitz, Madeleine Petschke, Tom Thieme (Hrsg.): Demokratie in unruhigen Zeiten: Festschrift für Eckhard Jesse, 2018, S. 345

Stern, Klaus Das Staatsrecht der Bundesrepublik Deutschland Gesamtwerk in 5 Bänden (zitiert als: Stern, Staatsrecht, [Bd.], [Auflage], [Jahr])

Strauss, Walter Zur Frage der Wählbarkeit von Beamten, DÖV 1949, S. 143

Umbach, Thomas/Clemens, Dieter C. Grundgesetz, Mitarbeiterkommentar, Band 1 Art. 1–37, Band 2 Art. 38–146, 2002 (zitiert als: [Bearbeiter/in], in: Umbach/Clemens, GG)

Unger, Sebastian Das Verfassungsprinzip der Demokratie, 2008

von Ungern-Sternberg, Antje Parité-Gesetzgebung auf dem Prüfstand des Verfassungsrechts, JZ 2019, S. 525

Völzmann, Berit Je freier desto besser? – Parteienfreiheit und Parität, djbZ 2019, S. 130

Vorländer, Hans Demokratie – Geschichte, Formen, Theorien, 2. Auflage, 2010

Vosskuhle, Andreas Grundwissen – Öffentliches Recht: Der Grundsatz der Verhältnismäßigkeit, JuS 2007, S. 429

Wapler, Friederike Die Krux mit der Quote – Paritätsgesetze und demokratische Repräsentation, Konrad-Adenauer-Stiftung, Analysen & Argumente, Nr. 369, September 2019

Dies. Politische Gleichheit: demokratietheoretische Überlegungen, JöR 67/1 (2019), S. 427

Wegge, Georg Zur normativen Bedeutung des Demokratieprinzips nach Art. 79 Abs. 3 GG, 1996

Wehling, Hans-Georg Gemeinderat – Das Ansehen des Bewerbers entscheidet, Die Gemeinde 1994, S. 565

Weinrich, Sheyda Vom Wahlrecht zur Parität – der steinige Weg in die Parlamente, djbZ 2018, S. 147

Wiechmann, Elke Frauen in der Politik, GiP 4/2019, S. 21

Dies. Politische Repräsentanz von Frauen ...und die Attraktivität der Parteien, Konrad-Adenauer-Stiftung, Analysen & Argumente, Nr. 416, November 2020

Wieland, Joachim Bindungen und Spielräume der Parteienverfassung für die Herstellung von Parität in: Eckertz-Höfer, Marion/Schuler-Harms, Margarete, Gleichberechtigung und Demokratie – Gleichberechtigung in der Demokratie: (Rechts-)Wissenschaftliche Annäherungen, S. 147

Zimmermann, Andreas Gleichheit und politische Repräsentation von Frauen, EuGRZ 2000, S. 431

Zypries, Brigitte/Holste, Heiko 90 Jahre Frauenwahlrecht in Deutschland – Geschichte, Bilanz, Perspektive, NJW 2008, S. 3400

B. Fachbeiträge aus dem Internet

Brosius-Gersdorf, Frauke Ergebnisparität oder Chancengleichheit? Quotenmodelle zur Steigerung des Frauenanteils im Parlament, Verfassungsblog, 25. Februar 2019, https://verfassungsblog.de/ergebnisparitaet-oder-chancengleichheit-quotenmodelle-zur-steigerung-des-frauenanteils-im-parlament/ abgerufen: 15. Mai 2021

Debus, Marc/Stecker, Christian Repräsentationseffekte geschlechterparitätischer Listen https://www.mzes.uni-mannheim.de/publications/misc/paritaet.html abgerufen: 15. Mai 2021

Dietlein, Johannes Kommunale Sperrklauseln durch Verfassungsänderung? Das Grundgesetz sitzt immer am längeren Hebel, Legal Tribune Online (LTO), 28. August 2014 https://www.lto.de/recht/hintergruende/h/verfgh-nrw-sperrklausel-drei-prozent-grundgesetz-kommunalwahlen/ abgerufen: 15. Mai 2021

Gärditz, Klaus Keine Normen gegen röhrende Platzhirsche, Legal Tribune Online (LTO), 19. November 2018 https://www.lto.de/recht/hintergruende/h/frauenquote-parlament-wahlrecht-selbstbestimmung/ abgerufen: 15. Mai 2021

Gremmels, Timon Wählen á la carte – Kumulieren und Panaschieren als differenziertes Wahlrecht – Tagung Bürgermacht vor Ort – Demokratie in den Kommunen https://www.mehr-demokratie.de/fileadmin/pdf/Kumulieren_und_Panaschieren_lang.pdf abgerufen: 15. Mai 2021

Hobusch, Alexander Wahlrechtliche Irrwege in Brandenburg, Legal Tribune Online (LTO), 4. Februar 2019 https://www.lto.de/recht/hintergruende/h/paritaetsgesetz-brandenburg-verfassungswidrig-quoten-wahlrecht-geschlecht-landesliste/ abgerufen: 15. Mai 2021

Holtkamp, Lars/Wiechmann, Elke/Schnittke, Sonja Unterrepräsentanz von Frauen in der Kommunalpolitik – Vorläufiger Abschlussbericht des Forschungsprojekts „Frauenunterrepräsentanz in der Kommunalpolitik“, gefördert von der Heinrich-Böll-Stiftung, 2009 https://www.boell.de/sites/default/files/assets/boell.de/images/download_de/demokratie/Studie_Frauen-Unterrepraesentanz_in_Kommunen.pdf abgerufen: 15. Mai 2021

Polzin, Monika Parité-Gesetz in Brandenburg – Kein Sieg für die Demokratie, Verfassungsblog vom 8. Februar 2019 https://verfassungsblog.de/parite-gesetz-in-brandenburg-kein-sieg-fuer-die-demokratie/ abgerufen: 15. Mai 2021

Röhner, Cara Unitäres Volk oder Parität? Für eine materiale Perspektive auf die Demokratie, Verfassungsblog vom 4. Januar 2019, https://verfassungsblog.de/unitaeres-volk-oder-paritaet-fuer-eine-materiale-perspektive-auf-die-demokratie/ abgerufen: 15. Mai 2021

von Ungern-Sternberg, Antje Kein Parité-Gesetz ohne Grundgesetzänderung, Zur Geschäftsordnung, 8. Februar 2019 http://zurgeschäftsordnung.de/kein-parite-gesetz-ohne-grundgesetzaenderung/ abgerufen: 15. Mai 2021

Volkmann, Uwe Notizen aus der Provinz: Brandenburg gibt sich ein Paritätsgesetz, Verfassungsblog vom 9. Februar 2020 https://verfassungsblog.de/notizen-aus-der-provinz-brandenburg-gibt-sich-ein-paritaetsgesetz/ abgerufen: 15. Mai 2021

C. Sachverständige Gutachten und Stellungnahmen zu Gesetzentwürfen

Demir, Didem/Donau, Fabienne Gutachten zu den rechtlichen Rahmenbedingungen für politische Parität im Land Brandenburg – Im Auftrag des Ministeriums für Arbeit, Soziales, Gesundheit, Frauen und Familie (MASGF) des Landes Brandenburg und der Landesgleichstellungsbeauftragten (LGBA) des Landes Brandenburg, 2018

Ebsen, Ingwer Zur verfassungsrechtlichen Zulässigkeit gesetzlicher Geschlechterquotierung von Wahlvorschlägen für die rheinland-pfälzischen Kommunalparlamente – Rechtsgutachten im Auftrag des Landes Rheinland-Pfalz, 2012 (unveröffentlicht)

Fisahn, Andreas/Maruschke, Jana Gutachten zur Verfassungskonformität einer Geschlechterquotierung bei der Aufstellung von Wahllisten, 27. September 2018

Gassner, Hartmut/Neusüss, Peter/Viezens, Linus Verfassungsrechtliche Zulässigkeit einer zwingenden paritätischen Besetzung von Wahllisten im Kommunalwahlrecht Baden-Württemberg, Gutachten im Auftrag der Fraktion BÜNDNIS 90/ DIE GRÜNEN im Landtag von Baden-Württemberg, 2012

Hahlen, Johann Überarbeitete Stellungnahme vom 12.03.2020 für die gemeinsame Anhörung des Hauptausschusses und des Ausschusses für Gleichstellung und Frauen des Landtags Nordrhein-Westfalen am 11.03.2021 in Düsseldorf zu dem Gesetzentwurf der Fraktionen der SPD und BÜNDNIS 90/DIE GRÜNEN Drucksache 17/7753 vom 05.11.2019 Gesetz zur Änderung des Landeswahlgesetzes in Nordrhein-Westfalen – Einführung einer paritätischen Aufstellung der Wahllisten mit Frauen und Männern, Stellungnahme 17/3674.

HEIDEBACH, MARTIN Stellungnahme zum Entwurf eines Gesetzes für die gleichberechtigte Teilhabe von Frauen und Männern an Führungspositionen in der Privatwirtschaft und im öffentlichen Dienst u.a. im Auftrag des Ausschusses für Familie, Senioren, Frauen und Jugend, Ausschuss-Drs. 18(13)43c.

HOHMANN-DENNHARDT, CHRISTINE Stellungnahme vom 4. März 2020 zum Gesetz zur Änderung des Landeswahlgesetzes in Nordrhein-Westfalen – Einführung einer paritätischen Aufstellung der Wahllisten mit Frauen und Männern – Gesetzentwurf der Fraktionen der SPD und BÜNDNIS 90/DIE GRÜNEN, Drs. 17/7753, Stellungnahme 17/2295.

JUTZI, SIEGFRIED Schriftliche Stellungnahme zur Anhörung „Gendergerechte Demokratie“ am 10. Februar 2012 in der Enquete-Kommission 16/2 „Bürgerbeteiligung“, Landtag Rheinland-Pfalz https://www.landtag.rlp.de/landtag/vorlagen/2-32-16.pdf abgerufen: 15. Mai 2021

LASKOWSKI, SILKE Stellungnahme: Siebtes Gesetz zur Änderung des Thüringer Landeswahlgesetzes – Einführung der paritätischen Ordnung, Gesetzentwurf der Fraktionen DIE LINKE, SPD, BÜNDNIS 90/DIE GRÜNEN, Drs. 6/6964 vom 5. Juni 2018 – Anlage zum Protokoll der 73. Sitzung des Innen und Kommunalausschusses des Thüringer Landtags vom 6. Juni 2019; (zitiert als: LASKOWSKI, Stellungnahme Thüringen)

DIES. Zur verfassungsrechtlichen Zulässigkeit gesetzlicher Pariteregelungen für die Kommunal- und Landtagswahlen in Thüringen, Gutachten im Auftrag von BÜNDNIS90/DIE GRÜNEN Landtagsfraktion Thüringen, 2014 (zitiert als: LASKOWSKI, Gutachten 2014)

DIES. Stellungnahme vom 16. März 2020: Gesetz zur Änderung des Landeswahlgesetzes in Nordrhein-Westfalen – Einführung einer paritätischen Aufstellung der Wahllisten mit Frauen und Männern, Gesetzentwurf der Fraktionen SPD und BÜNDNIS 90/DIE GRÜNEN, Drs.17/7753, Stellungnahme 17/2365 (zitiert als: LASKOWSKI, Stellungnahme NRW)

LYNDIAN, HENRIETTE/FONTANA, SINA Stellungnahme vom 12. März 2020 zum Entwurf der Fraktionen SPD und BÜNDNIS 90/DIE GRÜNEN für ein Paritätsgesetz im Landtag Nordrhein-Westfalen – Landtag Nordrhein-Westfalen, 17. Wahlperiode, Drucksache 17/7753, Gesetzentwurf der Fraktion der SPD und der Fraktion BÜNDNIS 90/DIE GRÜNEN: Gesetz zur Änderung des Landeswahlgesetzes in Nordrhein-Westfalen – Einführung einer paritätischen Aufstellung der Wahllisten mit Frauen und Männern, Stellungnahme 17/2358

MERTEN, HEIKE Stellungnahme zum Gesetz zur Änderung des Landeswahlgesetzes in Nordrhein-Westfalen – Einführung einer paritätischen Aufstellung der Wahllisten mit Frauen und Männern Gesetzentwurf der Fraktionen der SPD und BÜNDNIS 90/DIE GRÜNEN, Drucksache 17/7753, Stellungnahme 17/2324

Morlok, Martin/Hobusch, Alexander Schriftliche Stellungnahme zur Anhörung „Inklusives Parité-Gesetz – (Drittes Gesetz zur Änderung des Brandenburgischen Landeswahlgesetzes), Gesetzentwurf der Fraktion BÜNDNIS 90/DIE GRÜNEN (Drs. 6/8210) u.a." am 25. Mai 2018 im Ausschuss für Inneres und Kommunales des Landtages Brandenburg – Anlage zum Protokoll des Ausschusses für Inneres und Kommunales des Landtags Brandenburg vom 25. Mai 2018, Drs. P-AIK 6/45 (zitiert als: Morlok/Hobusch, Stellungnahme Brandenburg)

Dies. Stellungnahme zu dem Gesetzentwurf der Fraktionen der SPD, DIE LINKE und BÜNDNIS 90/DIE GRÜNEN (LT-Drs. 6/6964) – Anlage zum Protokoll der 73. Sitzung des Innen und Kommunalausschusses des Thüringer Landtags vom 6. Juni 2019 (zitiert als: Morlok/Hobusch, Stellungnahme Thüringen)

Oebbecke, Janbernd Öffentliche Anhörung des Hauptausschusses und des Ausschusses für Kommunalpolitik des Landtags Nordrhein-Westfalen am 21. Januar 2016 zum Gesetz zur Änderung der Verfassung für das Land Nordrhein-Westfalen und wahlrechtlicher Vorschriften (Kommunalvertretungsstärkungsgesetz) Gesetzentwurf der Fraktionen der SPD, CDU und BÜNDNIS 90/DIE GRÜNEN, Drs. 16/9795, Stellungnahme 16/3334 (zitiert als: Oebbecke, Stellungnahme)

Schuler-Harms, Margarete/Valentiner, Dana-Sophia Rechtsgutachten zur Frage der wirkungsvollen Ausgestaltung gesetzlicher Regelungen zur Realisierung eines ausgewogenen Geschlechterverhältnisses in Gremien im Auftrag des Ministeriums für Gesundheit, Emanzipation, Pflege und Alter des Landes Nordrhein-Westfalen, 2016

Wawzyniak, Halina Stellungnahme zu dem Gesetzentwurf der Fraktion BÜNDNIS 90/DIE GRÜNEN für ein Inklusives Paritätsgesetz (Drs. 6/8210) und zu dem Gesetzentwurf der SPD-Fraktion und der Fraktion DIE LINKE zu einem Gesetz zur Erweiterung des Wahlrechts im Land Brandenburg (Drs. 6/8540) – Anlage zum Protokoll des Ausschusses für Inneres und Kommunales des Landtags Brandenburg vom 25. Mai 2018, Drs. P-AIK 6/45 (zitiert als: Wawzyniak, Stellungnahme Brandenburg)

Dies. Anhörung im Innen- und Kommunalausschuss des Thüringer Landtages 6. Juni 2019, „Siebtes Gesetz zur Änderung des Thüringer Landeswahlgesetzes – Einführung der paritätischen Quotenregelung" (Drucksache 6/6964) – Anlage zum Protokoll der 73. Sitzung des Innen und Kommunalausschusses des Thüringer Landtags vom 6. Juni 2019 (zitiert als: Wawzyniak, Stellungnahme Thüringen)

Wissmann, Hinnerk, Stellungnahme zum Gesetzentwurf der Fraktionen von SPD, CDU und BÜNDNIS 90/DIE GRÜNEN zur Änderung der Verfassung für das Land Nordrhein-Westfalen und wahlrechtlicher Vorschriften („Kommunalvertretungsstärkungsgesetz") LT-Drs. 16/9795, Stellungnahme 16/3313

D. Gutachten wissenschaftlicher Dienste deutscher Parlamente

- Parlamentarischer Beratungsdienst des Landtags Brandenburg, Geschlechterparität bei Landtagswahlen, Gutachten vom 18. Oktober 2018

  (zitiert als: PBD LT Brandenburg, Gutachten)
- Wissenschaftlicher Dienst des Thüringer Landtags, Gutachterliche Stellungnahme zu der Frage, ob die im Gesetzentwurf der Fraktionen DIE LINKE, SPD und BÜNDNIS 90/DIE GRÜNEN zum „Siebten Gesetz zur Änderung des Thüringer Landeswahlgesetzes – Einführung der paritätischen Quotierung" vom 20. März 2019 (Drucksache 6/6964) vorgesehene Pflicht zur alternierenden Besetzung der Wahllistenmit Männern und Frauengegen Verfassungsprinzipien verstößt vom 24. Juni 2019

  (zitiert als: WD LT Thüringen, Gutachten)
- Wissenschaftlicher Parlamentsdienst des Abgeordnetenhauses von Berlin, Gutachten zu den verfassungsrechtlichen Grenzen einer gesetzlichen Regelung über den Frauenanteil im Abgeordnetenhaus von Berlin und in den Bezirksverordnetenversammlungen vom 27. Juni 2018.

  (zitiert als: WPD AH Berlin, Gutachten)
- Wissenschaftlicher Dienst des schleswig-holsteinischen Landtags, Gutachten zu der Frage, ob die gesetzliche Festlegung auf einen Mindestanteil von Frauen im Parlament und Kommunalvertretungen mit höherrangigem Recht vereinbar ist vom 13. November 2018, Umdruck 19/1996.

  (zitiert als: WD LT Schleswig-Holstein, Gutachten)
- Wissenschaftliche Dienste Deutscher Bundestag, Neuregelung der Wahl der französischen Nationalversammlung, 26. März 2018, WD 3 – 3000 – 087/18

  (zitiert als: WD BT, Neuregelung der Wahl der französischen Nationalversammlung)
- Wissenschaftliche Dienste Deutscher Bundestag, Geschlechterparität bei Wahlen nach französischem und tunesischem Vorbild, 16. Mai 2017, WD 3 – 3000 – 101/17

  (zitiert als: WD BT, Geschlechterparität bei Wahlen nach französischem und tunesischem Vorbild)

E. Tages- und Wochenzeitungen

Brunner, Katharina/Ebitsch, Sabrina; Endt, Christian/Hosse, Julian/Schories, Martina/Witzenberger, Benedict/Zajonz, Moritz „Volk und Vertreter“, Süddeutsche Zeitung (online), ohne Datum https://projekte.sueddeutsche.de/artikel/politik/bundestag-diese-abgeordneten-fehlen-e291979/ abgerufen: 15. Mai 2021.

Clauss, Anna/Friedmann, Jan „AKK langweilt, die Frauenquote spaltet“, DER SPIEGEL (online), 19. Oktober 2019 https://www.spiegel.de/politik/deutschland/csu-parteitag-reizthema-frauenquote-a-1292369.html abgerufen: 15. Mai 2021

Groll, Tina „Männlich oder weiblich? Divers!“ Zeit (online), 8. November 2017 https://www.zeit.de/gesellschaft/zeitgeschehen/2017-11/bundesverfassungsgericht-intersexualitaet-drittes-geschlecht-geburtenregister abgerufen: 15. Mai 2021

Harman, Harriet „Labour’s 1997 victory was a watershed for women – but our gains are at risk“, The Guardian (online), 10. April 2017 https://www.theguardian.com/commentisfree/2017/apr/10/labour-1997-victory-women-101-female-mps abgerufen: 15. Mai 2021

Möllers, Christoph „Die Krise der Repräsentation“, Frankfurter Allgemeine Zeitung (online),13. Februar 2019 https://www.faz.net/aktuell/feuilleton/debatten/ist-die-frauenquote-in-brandenburg-verfassungswidrig-16037714.html?premium abgerufen: 15. Mai 2021

Müller, Reinhard „Wider die Demokratie“, Frankfurter Allgemeine Zeitung, 13. November 2018

Rentoul, John/Ward, Stephen/Macintyre, Donald „Labour blow as all-women lists outlawed“ The Independent (online), 9. Januar 1996 https://www.independent.co.uk/news/labour-blow-all-women-lists-outlawed-1323046.html abgerufen: 15. Mai 2021

Rosenfeld, Dagmar „Wie ich Kohls Mädchen wurde“, Welt (online), 30. Juni 2017 https://www.welt.de/politik/deutsch-land/plus166120291/Wie-ich-Helmut-Kohls-Maedchen-wurde.html abgerufen: 15. Mai 2021

Staib, Julian/Steppat, Timo „Die Trophäen der Jungen Union“, Frankfurter Allgemeine Zeitung (online), 17. März 2021 https://www.faz.net/aktuell/politik/inland/f-a-z-exklusiv-die-trophaeen-der-jungen-union-17250230.html?premium abgerufen: 15. Mai 2021

Stüvel, Heike „Zwitter – Mann und Frau zugleich“, Welt (online), 20. Juli 2008, https://www.welt.de/gesundheit/article2126690/Zwitter-Mann-und-Frau-zugleich.html abgerufen: 15. Mai 2021

Volkert, Lilith „Frankreichs Parlament wird jünger, weiblicher, vielfältiger", Süddeutsche Zeitung (online), 19. Juni 2017 http://www.sueddeutsche.de/politik/parlamentswahl-in-frankreich-frankreichs-parlament-wird-juenger-weiblicher-vielfaeltiger-1.3551305 abgerufen: 15. Mai 2021